교육과정
주체로서의 참모습

교사의
재발견

허 숙 · 이승렬 · 고대혁 · 김미정 · 이근호
오만석 · 홍영숙 · 박세원 · 김대군 · 김영훈
공저

학지사

머리말

    2014년 한국직업능력개발원에서 발표한 자료에 따르면 '교사'는 학생들이 선망하는 직업 1순위이고, 초 · 중학생 자녀를 둔 학부모들이 선망하는 직업으로 의사에 이어 2순위로 꼽았으며, 고등학생의 학부모들은 1순위로 꼽았다. 그러나 막상 선망의 직업을 가진 교사들은 교육현장에서 얼마 지나지 않아 교직의 어려움을 겪는다.

    오늘날 일선에 근무하는 다수의 교사는 과중한 업무, 교사 간 또는 학교 간의 경쟁적 분위기, 교실에서 통제되지 않는 학생, 수시로 변하는 교육정책 때문에 많은 고충을 겪고 있다. 현실에서 상처받거나 흔들리는 교사들이 학생들을 교실에서 만날 때, 그 교실은 결코 행복한 교실이 되지 못한다. 이제 지치고 상처받은 교사들을 위로하고 치유하여, 그들을 다시 일으켜 세워 교사의 자존감을 회복하여야 하는 시기가 왔다.

    최근 출판된 교사 관련 도서들은 교사가 직면하는 현실을 어떻게 풀어 나가야 하는지에 대해 다루고 있다. 이런 도서는 교사들이 수업이나 학생들의 생활지도 면에서 적용할 수 있는 기술적인 측면은 다루고 있지만, 아쉽게도 교사의 정체성을 확립하는 데 필요한 근본적인 인식론이나 방법론은 다루지 못하고 있다. 다시 말해서 현재 시중에 나온 교사 관련 도서들은 교사가 당면한 학교 내 여러 문제의 근본 원인에 대해 깊고 폭넓은 성찰이 부족하고, 겉으로 드러난 문제가 있는 현상들을 대증적으로 치료하거나 완화하려는 데 그치고 있다. 물론 현재 교사들이 겪고 있는 어려움에 대해 대증적인 접근도 필요하다고 본다. 그러나 상처받고 흔들리고 있는 오늘날의 교사들이 다시 교사로서 정체성을 확립하기 위해서는 더욱 근본적인 시각에서의 접근이 필요할 것이다.

교사와 교육과정에 대한 근본적이면서 새로운 시각의 필요성은 집필자 모두 공감하고 있다. 이러한 공감대 형성에는 집필자들의 캐나다 앨버타대학교(University of Alberta)에서의 수학 경험이 큰 영향을 끼쳤다. 앨버타대학교 사범대학의 학풍은 현상학, 해석학, 정신분석학, 내러티브 연구와 같은 (철학적) 담론을 기반으로 교육과정과 교사교육을 재개념화하는 작업을 꾸준히 해 오고 있다. 이런 환경에서 공부한 집필자들은 현재 한국 학교의 내·외적 환경 때문에 교사가 지녀야 할 자긍심과 품위를 잃고 흔들리고 있는 교사들의 위상에 대해 심각한 우려를 하게 되었다. 그래서 집필자들은 교육과정의 주체로서 교사의 위상을 바로 세우기 위해 미래 지향적인 관점에서 '교사란 누구인가?'라는 근본적인 질문을 가지고 교사를 재발견하려고 고민하였다. 그리고 각자의 연구접근에 따라 교사의 정체성과 교육과정 속에서 교사의 삶을 재해석하는 작업을 하게 되었다.

이런 논의를 바탕으로 집필자들은 연구 분야와 관심사를 접목해 교사의 참모습 탐색, 교사교육 및 교육과정 재개념화를 통한 '다시 쓰기'라는 집필 주제를 도출했다. 제1부는 한국 및 동·서양의 다양한 담론에 비추어 교사의 참모습을 탐색한다. 제1장은 교사는 누구이고 가르침이란 무엇인지에 대한 실존적 인식을 다루었고, 제2장은 철학으로서 해석학의 관점에서 교사의 모습을 탐색한다. 제3장은 동아시아 전통을 통해 스승의 의미와 위상에 대한 논의를 바탕으로 오늘날의 학교에서 흔들리는 교사의 위상을 바로 세우는 근거를 전통 사회의 교육과 교사 담론에서 모색한다.

제2부는 교사교육의 새로운 방향을 모색한다. 제4장은 싱가포르 대학교에서 교사교육을 하였고 현재 캐나다 대학교에서 교사교육을 담당하고 있는 집필자가 자신의 경험을 바탕으로 세계화 시대의 교사교육의 방향을 제시한다. 제5장은 현재 사범대학이나 교육대학에서의 교사교육에 대한 대안적 방향을 현상학적으로 접근하여 논의한다. 마지막으로 제3부는 교육과정에 대한 재개념화에

집중한다. 제6장은 교육과정의 바탕이 되는 담론으로 포스트모더니즘의 한계를 밝히면서 그 대안으로 생명 존중 사상을 바탕으로 한 생태적 접근을 모색한다. 제7장은 교사를 교육과정 구성의 주체로 보고 내러티브를 기반으로 교육과정의 재개념화를 탐색한다. 제8장 또한 교육과정의 재개념화를 다룬다. 이 장에서는 학생들에 대한 이해를 기반으로 교사가 교육과정을 재구성하는 방안을 탐색한다. 제9장은 해석학과 내러티브적 접근을 통하여 중등교사의 전문성을 높이려 시도한 장이다. 마지막으로 제10장은 교사의 성찰을 통하여 (인)문학 교육과정과 세계화의 관계를 재해석하는 시도다.

이 도서의 집필자들의 생각이 책으로 세상에 나오기까지 많은 분이 도움을 주셨다. 먼저 집필자들의 생각을 모아 책을 내 보라고 권유하시고 멘토로서 많은 조언을 해 주신 허 숙 교수님께 감사 인사를 드린다. 또한, 원고도 준비하지 않은 상태에서 출판을 흔쾌히 승낙하신 학지사 김진환 사장님과 편집과 출판에 애를 쓰신 관계자 여러분의 노고에 진심으로 감사드린다. 끝으로 바쁜 가운데 이 책이 나오기까지 궂은일을 도맡아 해 주신 김영훈 교수님께도 고마운 마음을 전한다.

2016년 5월

집필자 대표 이승렬

차 례

제2부 교사교육 다시 쓰기

제3부 교육과정 다시 쓰기

제 **1** 부

교사의 참모습 탐색하기

13

제1장
교사와 가르침: 실존적 이해

허 숙[1]

1. 서 론

교사(教師)는 무엇을 하는 사람인가? 교사는 가르치는 사람이다. 단어의 뜻을 더 풀어서 말한다면 '教(가르칠 교)'자에 '師(스승 사)'자이니 '가르치는 스승'이란 의미일 것이다. 그런데 가르친다는 것은 무엇을 하는 일이며, 스승이란 어떤 사람을 말하는 것인가? 교사와 스승 또는 선생님이란 용어는 같은 의미를 갖는 말인가, 아니면 서로 다른 의미가 있는 말인가? 교사가 된다는 것은 어떠한 삶을 사는 것인가? 하나의 직업으로써 교사가 되어 교단에서 학생들을 가르친다는 것은 어떤 의미가 있는 것인가? 교사로서의 '나'와 가르치는 '일'과의 관계는 어떤 것인가?

교사로 근무하고 있는 사람이나 교사가 되고자 하는 예비교사라면 누구나 학생들을 잘 가르치는 좋은 교사가 되고 싶을 것이다. 좋은 교사란 어떤 교사를 말하는가? 또 잘 가르친다는 것은 어떻게 가르치는 것을 말하는가? '유능한 교사'

---

1) 현 경인교육대학교 명예교수

'좋은 교사' '잘 가르치는 사람'은 같은 뜻을 갖는 말인가, 아니면 다른 뜻을 갖는 말인가? 교사와 학생의 관계는 어떤 관계인가? 흔히 말하는 혈연, 학연, 지연도 아니라면, 어떤 근거로 맺어지는 관계인가? 법률적 관계인가, 사회적 계약의 관계인가? '사제지간(師弟之間)'으로 일컬어지는 스승과 제자의 관계는 무엇을 근거로 하고, 어떤 성격을 갖는 관계를 말하는 것인가?

교사를 주제로 논의하다 보니 여러 가지 질문이 떠오르게 된다. 물론 이러한 질문들은 너무 상식적인 질문이어서 누구나 쉽게 그 답을 말할 수 있을지도 모른다. 사전을 찾거나 아니면 교육학 교과서에 나와 있는 용어의 해설로도 답을 모두 말할 수 있을 것이다. 교사는 학생들에게 지식이나 정보를 전달해 주는 사람이고, 교육목표를 많이 달성하는 사람이 유능한 교사이며, 교직도 하나의 전문직으로써 가르치는 일에 대한 전문적인 지식과 기술을 요구하는 일이라는 설명으로도 답은 가능할 것이다.

그러나 가르치는 일을 평생의 업으로 삼고 살아가는 교사 개인의 측면에서 보면 앞의 질문들은 그렇게 간단히 답할 수 있는 문제가 아닐 것이다. 교사 개인에게 있어서 가르치는 일은 단순히 법률적이거나 행정적인 문제만이 아니며, 더구나 이론적이거나 관념적인 문제가 아니다. 교사 개인에게 있어서 가르치는 일은 바로 그의 삶에 관한 문제이기 때문이다. 교사와 가르침에 관한 질문들을 단지 이론적이고 행동주의적인 해답을 넘어서서 교사의 삶이라는 문제와 연관 지어 생각할 때, 우리는 교사와 교직에 대한 보다 깊은 이해가 가능할 것이다.

2. 교사와 가르침의 관계

교육이 어떻게 정의되든, 어떤 이론적 관점에서 교육의 실제를 이해하든, 교육은 교사와 학생의 만남으로 이루어진다는 사실만으로 논리적인 당연성을 갖는다. 물론 오늘날 여러 가지 통신 매체의 발달로 교사와 학생이 직접 교실에서 얼굴을 마주하지 않고 이루어지는 교육의 형태들도 많이 있지만, 어떠한 형태의 교육이든 그 속에는 가르치는 사람과 배우는 사람이 있게 마련이다. 어떤 학생이 아무도 없는 빈 교실에서 혼자 앉아 책을 읽는다면 '공부'나 '학습'이라고 말할 수 있겠지만, 교육을 받았다고 말하지는 않는다. 더구나 학생이 한 명도 없는 빈 교실에서 교사가 혼자 열심히 가르쳤다는 말은 그 의미가 성립되지 않는다. 따라서 교육 속에는 언제나 '가르치는 일'과 '배우는 일'이라고 하는 인간의 두 가지 행위의 양태가 공존하고 있다. 이 경우 우리는 배우는 입장에 있는 사람을 학생이라 부르고, 가르치는 입장에 있는 사람을 교사라고 부르게 되는 것이다.

'교사는 가르치는 사람이다.'라고 규정하고 나면, 그 뒤에 따르는 질문은 응당 '무엇을 어떻게 가르쳐야 할 것인가?'와 같은 논의가 이어지게 마련이다. 지금까지 교육학의 이론에서 '교육과정'이나 '교육방법', 또는 '교수이론'이란 이름으로 탐구되고 이루어진 많은 논의는 가르치는 교사가 알고 따라야 할 여러 가지 이론이나 법칙 또는 원리를 말해 주고 있지만, 정작 가르치는 일을 하는 교사 자신에 대해서는 별로 말해 주고 있는 것이 없다. '교육'이나 '교사', 또는 '가르치는 일' 등의 말이 교육이론을 이야기하는 교육학자의 처지가 아니라 실제 그 일을 하는 교사의 입장에서 본다면, 이 용어들의 의미는 어떻게 달라질 수 있는가?

교사에게 있어 가르친다는 것은 어떤 의미를 갖는 것인가? 교사가 되어 교단에서 아이들을 가르치는 일을 하는 직업은 대체 어떤 성격의 일인가? 교사라는 직업을 갖고 월급을 받아 생계를 유지하기 위해 가르치는 일을 하고 있는 것인가? 교사로서의 '나'와 가르치는 '일'과의 관계는 어떤 것인가? 내가 어제 입었던 검은색 양복을 벗고 오늘은 흰 옷을 입어도 역시 '나'이듯이, 나는 단지 '교사'라는 옷을 입고 학교에서 학생들을 가르치는 '일'을 하고 있는 사람인가? 그리하여 내가 학교에서의 하루 일과를 마치고 집으로 돌아오면 교사라는 옷을 벗고 이제 나는 '나'가 되는가? 이때의 '나'는 누구인가?

세계는 나와 별개로 떨어져 있고 내가 생각하는 대상이 아니라, 내가 지금 살아가고 있는 곳이다. 내가 성형수술로 코를 높게 만들었을 때, 나의 소유물인 코만 변한 것이 아니다. 바로 '나'가 변한 것이다. 마찬가지로 교사로서의 나에게 가르치는 일은 나의 소유물이 아니요, 나의 삶을 위한 수단도 아니다. 교사인 나에게 가르치는 일은 바로 나 자신이요, 나의 삶 자체다. 가르치는 일을 업으로 하는 교사인 나에게서 가르치는 일을 떼어 냈을 때, 그것은 이미 지금의 내가 아니다. 그 어떤 다른 사람일 뿐이다.

교사는 교실에서 가르치는 행위를 하는 사람일 뿐만 아니라, 그곳에서 가르치는 사람으로 존재한다. 우리가 교직에 관해 이야기할 때에는 흔히 교사의 임무가 무엇이며, 훌륭한 교사가 되기 위해서는 그러한 일들을 어떻게 수행해야 하는가에 대해 많은 논의가 있지만, 그 일을 하는 교사가 누구인가에 대해서는 별로 관심을 기울이지 않는 것 같다. 우리는 교사가 교실에서 아이들을 가르치는 일을 하는 기계나 로봇이 아니요, 그도 한 실존적 인간이라는 아주 단순한 사실을 이따금 잊고 있는 것 같다.

교육의 역사를 다루는 일부 서적들은 우리의 오랜 교육적 전통이 교사중심으로 이루어져 왔다고 말한다. 그리고 이러한 전통에 대한 대안으로 이따금 주창된 것이 아동중심의 교육사상이라고 한다. 아동중심 교육의 대표적인 주창자로 Rousseau, Fröbel, Pestalozzi 또는 Dewey 등의 이름이 거론된다. Dewey의 설명에 따르면 전통적인 교육에서는 교사가 중심이 되어 아동들을 일방적으로 훈육하거나, 아동들에게 아무런 의미도 갖지 못하는 단편적인 지식이나 기능을 맹목적으로 전달하고 부과했기 때문에 아동들의 지적 또는 도덕적인 발달을 촉진하기보다는 저해해 왔다고 비판하면서, 새로운 교육은 아동들의 개성과 흥미 또는 관심을 바탕으로 그들의 자유로운 활동과 경험이 강조되어야 한다고 주장하였다.

그러면 이 경우 전통적인 교육이 교사중심이었다는 것은 무엇을 의미하는가? 전통적인 교육에서는 아동 대신에 교사의 개성과 흥미, 그리고 그들의 개인적인 활동과 경험이 강조되었다는 것을 의미하는가? 혹은 우리의 전통 사회에서 교사들은 아동들과 달리 더욱 개인적인 존재로 이해되었다는 것을 의미하는가? 아마 그 어느 것도 아닐 것이다. 전통적인 교육에서 교사들도 아동들과 마찬가지로 그 사회의 강한 구속을 당하는 존재였다. 오히려 교사는 그 사회가 가지고 있던 가치와 규범을 지키는 파수꾼으로서 지식을 전달하고, 도덕적 행위의 표본을 보여야 하는 등 보다 엄격한 기존의 틀 속에서 행동할 것이 요구되었다. 따라서 전통 사회의 교사도 개인적인 또는 인간적인 측면에서 볼 때 잘못 이해되었다고 하는 점은 아동의 경우에서도 마찬가지다. Rousseau나 Dewey 등과 같은 아동중심 교육사상가들의 주장은 결국 전통 사회에서 성인의 한 축소판으로만 여겨져 왔던 아동을 하나의 독립적인 인간적 주체로 재인식하고자 하는 노력이라고 볼 수 있을 것이다. 또한 최근 일부 학교교육 비판론자들의 공통적인 가정도 제도화되고 형식화된 오늘날의 학교교육 속에서 상실되어 가고 있는 학생들의 개인적인 삶과 의미를 강조하고자 하는 것으로 이해될 수 있을 것이다.

그러나 교사의 경우는 어떠한가? 교육의 역사 속에서 교사를 하나의 주체적이고 개인적인 인간으로 이해하려는 노력은 얼마나 있었는가? 아동들은 피동적이고 기계적인 학습자의 신분에서 벗어나 자발적이고 인간적인 교육의 주체가 될 때도, 교사는 언제나 교육의 목적 달성을 위해 봉사해야 하는 수단적이고 도구적인 존재일 뿐인가? 학생들은 교실 속에서 생동적인 경험을 통해 개인적인 의미를 추구할 때, 교사는 그러한 주관적인 경험을 가져서는 안 되는가? 아동중심 교육이나 소비자중심 교육에서 교사는 그저 아동이나 소비자들의 만족을 위해서 노동만 제공할 뿐 자기 자신을 위해서는 아무런 의미도 없는 존재인가?

교실 속에 있는 학생들이 교사에 의해 조형되어야 할 원료가 아니듯이, 교사도 교육을 맹목적으로 수행하는 도구나 수단이 아니다. 미국의 여류 철학자 Greene(1973)이 말하듯이 교실 속의 교사도 한 인간이기에 나름대로 생각하고 느끼며 행위를 하고, 때로는 즐거워하기도 하고 혹은 화를 내기도 한다. 무엇보다도 그는 학생들과 함께 자신의 경험과 관점에 따라 세계에 대한 의미를 추구하고 구성해 가는 실존적 존재다. 실존적인 인간은 결코 조각이나 부분으로 존재하지 않는다. 나의 지적인 부분은 교실 속에 있고, 정서적인 조각은 집에 있는 것이 아니다. '나'는 언제나 하나의 '나'로서 존재한다.

교사와 학생은 교실 속에서 두 개의 분리된 대립적인 개념이 아니다. 전통적인 교육에서는 교사가 학생을 지배하고, 현대적인 교육에서는 교사가 학생을 위해 무조건 봉사해야 한다고 하는 일방적인 논리는 성립되지 않는다. 교사와 학생은 교실 속에 함께 존재하고, 교육 속에 함께 참여하는 두 인간의 주체인 것이다. 독일의 철학자 Gadamer(1984)의 말을 빌리면, 참여란 전체를 부분으로 쪼개서 나눠 갖는 일이 아니라, 부분들을 보태어 전체를 보강하는 일이다. 교사와 학생은 삶의 과정에 함께 참여하는 두 삶의 존재 방식일 뿐이다.

3. 잘 가르친다는 것의 의미

현재 교단에서 학생들을 가르치고 있는 교사나 앞으로 교사가 되고자 하는 사람이라면 누구라도 좋은 교사가 되고 싶을 것이다. 교직에 들어와 학생들 앞에 서게 되면 이왕 학생들에게서 '좋은 선생님' 또는 '잘 가르치는 선생님'이라는 이야기를 듣고 싶고, 학교 관리자나 학부모로부터는 '유능한 교사'라는 이야기를 듣고 싶을 것이다. 그러면 어떤 교사가 '좋은 교사'이고, 어떻게 가르치는 것이 '잘 가르치는 것'일까?

어느 날 산신령께서 학생들을 가르치고 있는 선생님에게 선물 보따리를 가지고 오셨다. 선물 보따리는 세 가지였는데, 하나는 학생들을 가르치는 데 필요한 풍부한 지식의 보따리이고, 둘째는 학생들을 가르치는 뛰어난 수업기술의 보따리였으며, 그리고 세 번째는 학생들을 사랑하고 아끼는 애정의 보따리였다. 선생님은 산신령께 세 선물 보따리를 모두 달라고 요구했지만, 산신령께서는 오직 한 가지만 가질 수 있다고 말씀하셨다. 여러분은 어떤 선물을 선택하여 받기를 원하는가?

　흔히 교직은 전문직이라 불리고, 가르치는 일을 전문으로 하는 사람은 자기 자신의 주관이나 감정을 떠나 보편타당성에 바탕을 둔 객관적인 지식에 따라 행동하는 사람으로 논의되기도 한다. 따라서 훌륭한 교사가 되는 일은 웬만하면 자기 자신을 부정하고, 자신의 감정이나 의견을 숨긴 채 행동해야만 가능한 것으로 여겨진다. Gordon(1974)이 열거하고 있는 교사에 대한 몇 가지 잘못된 신화 (神話)2)를 들어 보면, 훌륭한 교사가 된다는 것은 얼마나 자신을 숨기고 부정하며 가면을 써야 하는 일인지를 잘 말해 준다.

신화 1. 훌륭한 교사는 언제나 냉정하고 침착하며, 자신의 정서적 변화를 나타내지 않는다.

신화 2. 훌륭한 교사는 결코 편견을 갖지 않는다. 공부 잘하는 아이나 못하는 아이나, 예쁜 아이나 못생긴 아이나, 남자아이거나 여자아이거나 훌륭한 교사에게는 그들이 모두 똑같이 보인다.

신화 3. 훌륭한 교사는 학생에 대한 자신의 느낌을 숨길 줄 안다.

신화 4. 훌륭한 교사는 모든 학생을 똑같은 정도로 수용한다. 그에게는 특별히 귀여워하는 학생이 없다.

신화 5. 훌륭한 교사는 흥미롭고 자극적이며 자유로운 학습 환경을 제공하지만, 그것은 언제나 조용하고 질서 정연한 것이다.

신화 6. 훌륭한 교사는 언제나 일관성을 가진다. 그들은 이랬다저랬다 하지 않으며, 실수를 저지르지 않는다.

신화 7. 훌륭한 교사는 모든 문제에 해답을 갖고 있다. 따라서 그들은 절대 '잘 모르겠다.'는 말을 사용하지 않는다.

신화 8. 훌륭한 교사는 자신의 가치나 신념과는 관계없이 학생들에게 항상 옳은 면만을 보여 준다.

---

2) 여기서 신화(神話)란 사실인지 아닌지 확실하지 않은 내용을 마치 사실인 것처럼 믿는 것을 말한다.

앞과 같은 훌륭한 교사에 대한 우리의 잘못된 믿음은 교사들에게 자아의 상실을 요구할 뿐만 아니라, 목석과도 같이 무감각하고 무표정한 비인간적인 사람이 될 것을 요구하고 있다. 교사는 교실 속에서 자신이 갖는 인간으로서의 생동적인 감정은 무시한 채 객관적인 지식이나 정보를 전달해 주는 기술자가 되거나, 혹은 아무 생각 없이 주어진 매뉴얼에 따라 학생들을 정해진 목표지점으로 몰고 가는 기계적인 존재가 되고 만다.

교사가 단지 가르치는 일에 대해 과학적인 법칙이나 심리학적인 원리에 따라 움직이는 교실에서의 아동들은 모두 학습자로 변해 버리고, 가르치고 배우는 일은 교수·학습 과정으로, '이해'라는 말은 학업성취로 바뀐다. 또, 경험보다는 행동이, 행위보다는 반응이, 애정보다는 전문적 기능이 강조됨으로써 교육은 결국 아동들의 행동을 계획하고, 통제하고, 수정하는 공학적 기법이 되고 만다.

이러한 공학적 언어의 논리에 따르면, 유능한 교사란 오직 높은 학업성적의 생산자요, 숙련된 행동 통제자일 뿐이다. '훌륭한 선생님' '좋은 선생님' 또는 '유능한 교사'의 의미는 곧 생산성과 효율성 이외에는 아무런 뜻도 없게 된다. 가르치는 일은 많은 부분이 기술적이고 공학적인 과정으로 이해되며, 그 일에서의 숙련된 기술은 흔히 교직의 전문성이란 말로 표현된다. 이제 교사의 가르치는 일은 학생의 학업성취에 영향을 주는 객관적이고 관찰 가능한 행동의 항목들로 쪼개지며, 한 교사의 훌륭한 정도는 교사의 행동특성과 학생의 학업성취 결과 간의 상관관계라는 숫자로 나타내어진다. 결과적으로 교사는 교육에 대한 과학적 탐구들이 밝혀 놓은 일정한 법칙과 원리에 따라 움직이는 공장 안의 복잡한 기계조직의 일부가 되고 마는 것이다.

다시 산신령의 선물 이야기로 돌아가 보자. 어떤 선물 보따리를 받으면 훌륭한 선생님 또는 좋은 선생님이 될 수 있는가? 어떤 선생님이 풍부한 지식의 보따리를 선물로 받아 학생들 앞에서 다양한 지식을 뽐내며 가르치고 있다면, 우리는 그를 좋은 선생님이라 할 수 있는가? 또는 가르치는 방법적(기술의) 보따리를 선물로 받아 지금 학생들을 왜 가르치는지, 교육이 어디로 가야 하는지도 모르면서 지식 전달의 방법만 능숙하다고 해서 우리는 그를 훌륭한 교사라고 부를 수 있는가? 설혹 세 가지 선물 보따리를 다 받았다 하더라도, 그 상태에 만족하면서 자기가 가지고 있는 현재의 지식과 기술을 뽐내기만 하고 있다면, 우리는 그를 유능한 교사라고 말할 수 있는가?

교사에게 가르치는 일은 삶을 위한 수단도, 도구도 아니다. 가르치는 일은 교사의 일과이며, 하루 중 긴 시간을 학생들을 가르치는 일로 보낸다. 학생들과 함께하는 그 시간은 교사의 삶의 밖에 있는 것이 아니라, 바로 그 시간이 교사의 삶의 시간인 것이다. 다시 말해서 가르치는 일은 바로 교사의 삶 그 자체. 교사도 인간이라서 자신의 삶이 행복하고 잘 사는 삶이기를 바라는 것은 당연하다. 어떻게 사는 삶이 잘 사는 것이요, 행복한 삶인가? 가르치는 일을 업(業)으로 하는 교사가 잘 산다는 것은 어떻게 사는 것이며, 행복한 삶이란 어떤 모습을 말하는 것인가?

우리는 어떻게 행복한 삶에 도달할 수 있는가? 행복은 어디에 있으며, 행복에 도달한 상태는 어떤 모습인가? "나는 이제 행복에 도달했으니 더는 아무것도 바라지 않으며 아무 일도 하지 않을 거야." 라고 말하는 사람이 있는가? 아마도 그런 사람은 없을 것이다. 행복이란 마치 신기루와 같아서 우리가 끝없이 바라고 추구하기는 하지만, 그것은 어떤 종착점이 있는 삶의 모습은 아닐 것이다. 오히려 신기루와 같은 행복을 좇는 그 과정이 바로 행복인지 모른다. 오늘보다 나은 내일이 있을 것이라는 희망과 내년은 올해보다 더 좋아질 것이라는 기대를 하고 끊임없이 행복하고자 노력하고 애쓰는 삶 그 자체가 곧 행복일 것이다.

교사의 가르침도 이와 같은 것이 아닌가? 가르치는 일이 삶인 교사에게 '잘 가르친다는 것'은 곧 한 교사가 가지는 '존재의 질(a quality of being)'인지도 모른다. 교사에게 가르치는 일은 곧 그의 삶 자체라고 할 때, 잘 가르친다는 것은 결국 그가 잘 산다는 것과 동의어가 되기 때문이다. 신기루와 같은 행복을 추구하는 인간의 삶은 결코 고정적일 수 없듯이, 교사의 가르침도 어떤 완벽한 모습이란 존재하지 않을 것이다. 항상 자기 성찰적인 사고를 통하여 자신이 누구이며, 지금

하는 일이 무엇인지를 생각하고, 오늘보다 나은 내일의 가르침을 찾아 끊임없이 묻고 추구하는 교사라면, 그는 진정으로 '잘 사는 교사' '행복한 교사', 그리고 '유능한 교사'가 아닌가?

영어에 유능, 능력, 역량 등의 의미를 나타내는 말로 'competence'라는 단어가 있다. 이 단어의 라틴어 어원은 'com'과 'petere'가 합쳐져서 만들어진 단어라고 한다. 'com'은 '함께(together)'라는 의미를, 그리고 'petere'는 '무언가를 찾아 탐험하다(to venture forth)'의 의미가 있는 말이라고 한다. 결국 '유능(competence)'이라는 것은 어원적으로 보더라도 너와 내가 함께 인간의 삶의 질을 추구하는 끊임없는 과정이라고 할 수 있을 것이다. 결국 '좋은 선생님' 또는 '잘 가르치는 교사'의 의미도 이와 같은 것이 아닐까?

4. 교사와 교육적 권위

전통적으로 우리 사회에서는 교사를 스승으로 표현하고, 군사부일체(君師父一體)라 하여 스승은 임금이나 부모와 동격의 존재라는 인식을 가져 왔다. 선생님은 우리에게 지식이나 지혜를 가르쳐 주실 뿐만 아니라, 사람의 도리와 인생의 길을 가르쳐 주시는 지고한 분으로 여겨져 왔다. 따라서 스승의 그림자도 밟지 않는다는 말이 있듯이 가르치는 사람은 최고의 존경 대상이었다.

그러나 작금의 우리 사회에서는 교권의 추락을 염려하는 목소리가 커지고 있고, 학교현장에서는 교사가 설 자리를 잃어 가고 있는 것이 현실이다. 학생들은 교사의 훈육을 받아들이지 않고 있으며, 학교 교사는 학원 강사만도 못한 실력 없는 사람으로 여겨지고 있다. 심지어 학생들은 공부는 학원에서 하고 학교에서는 잠이나 자는 곳으로 생각하기도 한다. 교사들에게 더욱 참기 어려운 것은 교사집단에 대한 사회의 부정적 시각이다. 일부 교사들의 잘못된 처신이 알려질 때면 언론매체들은 마치 모든 교사가 아이들이나 때리는 폭력교사요, 촌지나 바라고 강요하는 부도덕한 집단인 것처럼 매도한다. 사회 여론은 교사집단을 스스로 변화나 개혁을 거부하는 철밥통으로 여기기도 한다. 자기 몸을 돌보지 않고 학생을 가르치는 일에 온 힘을 다하고 있는 보통의 많은 교사는 묻어 둔 채, 학부모에게 구타당하는 교사, 극성 학부모 앞에 무릎 꿇는 교사의 모습만을 이야깃거리로 만드는 사회 분위기에 교사들은 그만 주눅이 들고 마는 것이 현실이다.

이러한 현실 속에서 학교현장의 교사들은 많은 갈등을 느끼고 있다. 교직은 성직이요, 천직이라는 논리로 조건 없는 사랑과 헌신을 요구하는 전통적 교직관과 교사도 사회의 한 노동자로서 정당한 권익과 보상을 요구해야 한다는 조합주의적 교직관 사이에서 갈등하고 있다. 대학에서 배운 대로 전인교육, 창의교육을 하는 것이 좋다고 생각은 하지만, 실제로 입시중심 교육에 빠져들 수밖에 없는 현실에서 갈등하고 있다. 교사로서 학생들을 열심히 가르치는 일이 무엇보다 중요하다고 생각하지만, 승진을 위해서는 수업보다 행정업무를 우선하여 잘 처리해야 하는 현실 속에서 갈등하고 있다. 학원 공부에 지친 아이들이 수업시간에 잠을 자도 나무라지 못하며 독백수업을 하는 자기 모습에 비애를 느끼기도 한다.

교사들과 대화하며 듣게 되는 가장 흔한 이야기는 무력감과 좌절감이다. 교육적으로 보람 있는 무엇인가를 해 보고 싶지만 제도나 규정에 묶여 할 수 없는 무력감, 자신의 교육적 판단에 따라 새로운 활동을 계획하고 시행해 보고 싶지만 안전과 관리를 중시하는 행정가의 만류로 포기해야 하는 허무감, 입시교육의 틀에서 벗어나고자 몸부림쳐 보지만 점점 그 속으로 빠져들 수밖에 없는 자신의 좌절감, 학생이나 학부모로부터 항의나 질책을 참고 들어야 하는 순간에 느끼는 자신의 초라함, 이러한 모든 일이 우리 교사들을 힘들게 하고 주눅이 들게 하는 것이 오늘의 현실이다.

최근 우리 학교현장에서 벌어지고 있는 이러한 현상들을 들여다보면 우리 교육의 가장 심각한 문제 중의 하나는 교사의 권위가 실추되고, 사기가 저하되고 있다는 것이다. 교육은 교사의 권위에 의해서만 가능한 활동이라고 할 수 있다. 교사의 권위가 없다면 교사와 학생 사이에 교육적 관계가 성립될 수 없다. 가르치는 교사는 당연히 배우는 학생보다 지식의 면에서나 인격적인 면에서 앞서가는 사람이며, 이러한 까닭에 우리는 교사를 '선생(先生)님'이라 부르는 것이다. 배우는 학생들이 교사의 말을 신뢰하지도 않고 따르려 하지도 않는다면, 어떻게 가르치고 배우는 교육이 이루어질 수 있겠는가?

최근 '권위(權威)'라는 용어가 부정적인 의미로 받아들여지기도 한다. 즉, 권위라는 말이 권위주의 또는 권력이라는 말과 혼동되고 있다. 권위주의는 지도자적 위치에 있는 사람이 자기의 권위를 주장하면서 자신의 신념이나 행위에 대한 도전을 거부하는 사고방식이나 태도를 일컫는 말이다. 이러한 권위주의를 갖는 사람은 흔히 정치적인 권력이나 경제적 또는 신체적 힘을 이용하여 타인을 강제적으로 자기의 의지에 복종시키는 방법을 사용한다. 이러한 권위주의는 민주주의적 사고와 생활의 원리에 어긋나는 것이기에 배척되거나 비난의 대상이 되는 것이다.

그러나 권위라는 말이 모두 부정적인 의미를 가지고 있는 것은 아니다. 예컨대, '권위 있는 학자'라든가 '미생물학 분야의 권위자'라는 표현에서 사용되는 권위는 그 사람이 그 분야에서 특별한 훈련을 받았거나 지식과 통찰력을 가졌음을 뜻하는 것이다. 또, 우리는 사회적 체제 내에서 모종의 규범적 질서를 인정하고 이를 지키기 위해 특정한 위치에 있는 사람들—예컨대, 성직자, 경찰, 재판관—에게 권위를 부여하고 인정하기도 한다. 어떤 두 사람 사이에 이해 관계와 갈등이 생겨 해결이 어려울 때, 우리는 판사에게 최종적인 판단을 요구하게 된다. 이 경우 물론 판사는 법률에 따라 재판을 하지만, 법조문을 기계적으로 적용하는 것이 아니라 사회적 윤리나 사건의 정황 등을 참작하여 주관적으로 판결을 내리게 된다. 판결의 결과에 따라 이익을 보는 사람과 손해를 보는 사람이 결정되지만, 승자와 패자가 모두 판결의 결과에 승복하게 하는 것은 바로 판사가 갖는 권위 때문이다.

교육도 마찬가지다. 교사와 학생의 관계는 '가르치는 사람'과 '배우는 사람'의 관계이며, 교사는 지식이나 인격적인 면에서 학생보다 앞선 사람으로 학생을 옳은 방향으로 이끌고 가야 하는 사람이다. 그런데 교육이 이루어지는 교실에서 학생들이 교사가 가르치는 지식을 전혀 신뢰하지도 않고, 또 교사의 가르침을 따르려 하지도 않는다면 도대체 교육이 성립될 수 있겠는가? 한마디로 배우는 학생들이 가르치는 교사의 권위를 인정하지 않는다면 교육이라는 용어 자체가 성립될 수 없다. 교육이 권위와 떨어질 수 없는 관계를 맺고 있는 것은 바로 이러한 이유 때문이다.

오늘날 우리의 교육 현실은 그동안 학교나 교사의 교육활동 속에 남아 있던 전통적이고 권위주의적인 요소들을 바꾸어 가는 과정에서 지키고 유지해야 할 교사의 정상적인 권위마저 흔들리는 상황이 아닌가 생각한다. 소위 '수요자중심 교육'이니 '교육서비스'니 하는 용어들이 과거의 전통적인 교육에서의 교사중심 교육을 개선하는 데 크게 이바지하고 있는 것은 사실이지만, 동시에 교사의 입지를 점점 좁게 만들고 위상이 작아지게 하는 결과를 초래하고 있는 것이 아닌지 생각해 보아야 할 것이다. 교육에서 권위주의적인 요소들을 몰아내는 일은 바람직하지만, 교육을 위해 본질에서 요구되는 교사의 진정한 권위마저 부정하는 상태가 되어서는 안 될 것이다.

교권(教權)이란 교사가 행사하는 권리가 아니라 교사가 갖는 '교육적 권위'라고 규정하고자 한다. 교육적 권위란 교사가 갖는 교육의 전문성에 대한 신뢰와 그에 대한 자발적인 복종과 추종이라고 할 수 있다. 학생들이 교사의 가르침을 믿고 따르려는 마음이 없다면, 어떤 여건 아래서도 교육은 이루어질 수 없다. 물론 전통적인 교실에서는 교사의 권위가 오래된 관습이나 권위주의적인 방식에 의해 유지될 수 있었다. 그러나 오늘날과 같이 민주화되고 평등화된 사회에서 교사는 다시 회초리를 들고 학생들에게 교사의 권위를 인정하도록 강요할 수는 없다.

그렇다면 우리는 어떻게 교사의 교육적 권위를 바로 세울 수 있는가? 이제 우리가 할 수 있는 오직 한 가지 방법은 교사 스스로가 새로운 교육적 권위를 확립해서 학생과 학부모들에게 신뢰와 존경을 얻는 일이라고 할 수 있다. 교사가 나를 믿고 존경해 달라고 학생들에게 강요하거나 애걸한다고 해서 교사의 권위가 만들어지는 것이 아니라, 학생과 학부모들이 스스로 교사에 대한 신뢰와 존경의 마음을 갖도록 만들어 가는 길밖에는 없는 것이다. 이러한 새로운 교육적 권위의 확립을 위해 필요한 요건 중의 하나는 교사의 전문성 확립이다. 교사는 아무 일이나 주어지는 대로 다할 수 있는 사람도 아니고, 또 해야 하는 사람도 아니다. 아무나 할 수 없고 오직 전문가만이 할 수 있는 교육의 막중한 일을 담당한다는 자존문화(自尊文化)가 학교사회에 정착되어야 한다. 이러한 자존문화는 외부에서 주어지는 것이 아니라, 교사 집단 스스로가 만들어 가야 하는 것이다.

학생들은 어떤 교사를 좋아하고, 어떤 선생님을 믿고 존경하고 따르는가? 사실 학생들이 가장 좋아하는 선생님은 지식을 많이 갖고 있거나 가르치는 기술이 뛰어난 선생님이 아니다. 교실에서 우리 선생님이 자기들을 가르치는 일에 최선의 노력과 열정을 다하고 있다고 느낄 때, 학생들은 선생님을 존경하고 따르는 것이다. 교사가 학생들로부터 교육적 권위를 인정받는 일은 지식이나 기술이 아니라 교육에 대한 교사의 열정이라고 할 수 있다. 교사도 인간이니 모든 것이 완벽할 수는 없다. 모든 교사가 전문가로서의 풍부한 지식과 고도의 교수기술을 갖추고 있으면 좋겠지만, 그런 상태를 기대하기는 어려울지 모른다. 오히려 유능한 교사란 어떤 완벽한 상태에 도달한 사람이기보다 끊임없는 자기 성찰을 통하여 자기가 하는 일을 계속하여 개선해 가고자 노력하는 사람인지 모른다. 학생들이 존경하고 학부모가 신뢰하는 교육적 권위란 바로 이러한 교사에게서 나오는 것이 아닌가?

5. 존재로 가르치기

교사는 가르치는 일을 하며 사는 사람이다. 인간의 삶에 있어 일이란 삶과 떨어져 있는 별개의 것이 아니라, 삶의 의미를 규정하는 중요한 부분이다. 교사에게 가르치는 일은 삶을 위한 수단이나 도구가 아니며, 그의 삶 자체다. 교사로서 교단에서 아이들을 가르치는 일을 하던 내가 어느 날 사표를 내고 학교를 떠나 회사원이 되었다면, 나의 직업이 바뀌었는가, 아니면 나의 삶이 바뀌었는가? 혹자는 나의 직업이 바뀌었을 뿐 나는 역시 나라고 생각할지 모르지만, 교사로 있을 때의 나와 회사원으로 일할 때의 나는 하는 일, 만나는 사람, 생각하는 것 등 모든 것이 달라진다. 교사로서의 나와 회사원으로서의 나는 분명히 다른 나다. 아마도 변하지 않는 것은 '나'라는 단어뿐일 것이다.

교사인 나는 학생들에게 내가 알고 있는 것, 내가 경험한 것, 그리고 내가 생각하고 있는 것을 가르친다. 이것은 나의 소유물이거나 나와 별개의 것이 아니다. 그것은 곧 나 자신이다. 나는 학생들에게 바로 나 자신, 곧 나의 존재(存在)를 가르치고 있는 것이다.

> 날이면 날마다 학생들은 교사에게 온다. 그들은 교사가 아는 것의 일부를 알고자 하고, 그들은 교사가 이해하는 것의 일부를 이해하고자 하며, 그들은 교사가 생각하는 것의 일부를 생각하고자 한다. 따라서 교사가 꿈꾸고 믿고 살아가는 모습은 바로 학생들의 꿈과 믿음과 삶이 된다.

참고문헌

Gadamer, H. (1984). The Hermeneutics of Suspicion. In G. Shapiro, & A. Sica (Eds.), *Hermeneutics: Questions and Prospects*. Amherst: The University of Massachusetts Press.

Gordon, T. (1974). *Teacher Effectiveness Training*. New York: P.H. Wyden.

Greene, M. (1973). *Teacher as Stranger*. Belmont: Wadworth.

제2장
교사상: 해석학적 이해

이승렬[1]

1. 서 론

지금까지 교직에 몸담으면서 필자의 마음 깊이 자리 잡고 있는 교사의 모습은 대학생 때 읽었던 오천석(1972)의 『스승』이라는 책과 성래운(1977)의 『다시, 선생님께』라는 책에 그려진 모습이다. 이 두 권의 책을 읽으면서 필자의 마음속에 그려진 교사상은 사랑과 희생을 바탕으로 소명의식을 지닌 성직자와 같은 모습의 교사와 학교에서 지시받는 대상이 아닌 교육적 신념에 따라 전문성을 마음껏 펼치는 교육주체로서 교사의 모습이었다.

오천석(1972)은 교사들이 가야 할 길이 험난하다고 하였다. 그는 교사의 길을 다음과 같이 묘사했다. "이 많은 길 중에서 교사는 고달픈 길을 간다. …… 이 길은 또한 외로운 길이다. 세상의 영광이 버리고, 부(富)와 귀(貴)가 그를 돌보지 않는 길이다."(85) 오천석 박사는 교사들은 세상적 가치에 흔들리지 말고 고고하게 힘든 일을 해 나가야 한다고 생각했다. 이런 견해는 교직을 일종의 성직자관으

로 보고, 무엇보다도 교직의 소명의식으로 교사의 정체성을 피력하고 있다. 그
렇기에 오천석 박사가 생각하는 교직은 고달프고 힘들지만, 그렇기에 더욱 가치
있고 명예로우며, 존경받는 직업이라는 자부심을 내포하고 있다.

성래운(1977)은 교사의 자주성을 존중하는 장학의 모습을 명확하게 보여 주는
말로 책을 시작한다. "선생님의 뒷받침을 받게 될 귀교 교사님들과 그 교사님에
게서 배우게 될 여러 학생을 위해서 선생님의 교장 취임을 진심으로 축하합니
다."(5)라며 학교 관리자인 교장은 교사들에게 지시가 아닌 뒷받침을 해 주어 교
사들이 자주적이고 독립적으로 마음껏 수업할 때 학생들도 행복해질 수 있다는
점을 상기시켰다.

2. 힘든 교사의 길

앞의 두 권의 책이 나온 지도 40여 년이 흘렀다. 시간이 흐른 만큼 우리 사회와
교육계에 큰 변화가 있었다.[2] 그러나 오늘날의 교사도 과거와 마찬가지로 힘든
길을 가고 있는 것은 변함이 없는 듯하다. 필자가 만난 교사들은 출근 후 등교 지
도를 시작으로, 수업, 점심급식 지도, 행정공문처리, 출장 등으로 종일 바쁜 일상
을 살고 있다. 더불어 많은 교사가 방학 동안에도 전문성 함양을 위해 이곳저곳
에서 연수를 받느라 바쁘게 보내고 있다.

교사들이 오천석(1972)의 성직관으로서 교직관을 갖고 소명의식으로 가치와
명예를 존중하며, 그만큼 존경을 받고 있다고 생각하는지, 그리고 성래운(1977)이
생각하는 것처럼 교실에서 자주적이고 주도적으로 교육하고 있는지 묻는다면

---

2) 우리나라 교육계에서 대표적인 큰 변화는 김영삼 정부에서 시행한 1995년 5월 31일에 발표한 교육개
   혁을 들 수 있다. 1995년 교육개혁은 신자유주의적 교육개혁이라 할 수 있는데, 크게 수요자 중심교육
   확대(수요자 중심교육, 열린 교육, 다양화 및 특성화), 국가적 규제 철폐 또는 완화를 통한 교육질서
   개편(교육의 자율성 확보) 및 정보화가 핵심이다.

회의적이다. 교육현장을 지키는 교사들의 이야기에서 교사들은 오로지 학생들을 키우는 일에만 관심을 가지고, 바쁘고 고달픈 일상을 감내하며 묵묵히 교육자의 길을 가고 있지만, 과거와 같은 존경을 받지도 못하고, 명예도 지키기 힘들다고 말한다. 또한, 오늘날 많은 교사는 자주적이면서 주도적으로 교육을 실천하기보다는 상부교육청이나 교장의 지시에 따라 수동적으로 일하게 됨으로써 윗사람이 지시한 업무를 수행하는 피동적 교사로 자신을 인식하고 있는 듯하다.

　무엇 때문에 교사들은 힘들어하고, 피동적이 되는가? 교실에서 교사들이 학생들과 함께하는 수업 때문인가? 아니면 다른 이유가 있는가? 필자가 만난 교사들은 모두 수업보다는 다른 곳에서 그 원인을 찾았다. 일부 학부모가 보여 준 자녀에 대한 지나친 관심이나 방기로 인해 교육이나 학생생활지도의 어려움이 있다고 한다. 교사들은 빈번하게 바뀌는 교육정책 때문에 혼돈스럽다고 한다. 그런데도 교사들은 불평 없이 교육정책을 따르며, 더 나은 교육을 위하여 땀 흘리고 있다. 이런 노력에도 사회 일각에서는 교사들이 변화를 싫어하고 현실에 안주하고 수구적인 태도를 보이고 있다고 치부하고 교육개혁의 대상으로 파악하는 듯하다. 이 모든 것이 오늘날의 교사들을 힘들게 하는 현실이다.

　이 시대에서 교육을 담당하고 있는 교사들이 겪는 어려움은 우리나라만의 문제는 아닌 것 같다. 캐나다의 교육과정학자인 Smith(1999)는 서구교육이 신자유주의적 접근에 따라 교육정책을 펼친 결과로 교사들이 겪게 되는 어려움을 'pedagon'[3]이란 단어로 표현하였다. '교육의 고통'이라는 'pedagon'이란 말은 오늘날의 교사의 삶을 잘 드러낸 말이라 할 수 있다. 세계화[4] 시대에서 오늘날의 교사들은 '무엇 때문에 힘들어하고 있는가?'라는 의문을 갖게 된다. 이 의문에 대한 근원적인 답을 구하기 위해서는 교사들과 관련된 사회나 조직을 세계화

---

3) 'pedagon'은 Smith(1999)가 'pedagogy'와 'agony'를 합하여 만든 합성어다.

4) 영어인 globalization을 국제화, 세계화, 지구촌 등으로 번역한다. 아직 어느 하나로 통일되지 않은 것 같다. 이 중에서 국제화는 영어로 internationalization이란 별개의 단어가 있고, 지구촌은 영어로 옮기면 global village로 될 수 있으므로 이 장에서는 세계화로 사용하겠다.

시대의 문화와 이데올로기라는 측면에서 밝힐 필요가 있다.

　이 장에서는 대화를 통한 이해의 철학인 해석학적 입장에서 세계화 시대와 신자유주의가 교사의 삶(교사의 정체성)에 어떠한 영향을 미치는지, 나아가 어떻게 교사의 정체성을 왜곡시키는지를 밝히고 교사의 정체성 회복을 위한 교사상을 논의하고자 한다.[5]

3. 세계화의 두 얼굴

　오늘날을 말할 때 흔히 세계화 시대라고 한다. 세계화란 용어는 비교적 최근인 1983년에 등장하였다.[6] 우리나라에서는 김영삼 정부(1993~1998) 때 세계화라는 용어가 실질적으로 사용되었다(Kim, 2000). 김영삼 정부는 우리나라에서의 세계화는 선택이 아닌 필수로 받아들였다. 세계화의 개념은 매우 포괄적이고 국가나 문화에 따라 종종 달리 이해된다(Stromquist, 2002). 한국에서의 세계화는 '개방'이나 '정치, 경제, 사회, 문화면에서 선진국 수준에 이르는 것'으로 받아들여진다(Kim, 2000). 그러나 그 이면을 보면 세계화에는 '경제 (신)자유주의'를 함의하고 있다. 어원적으로 세계화의 영어 표현인 'globalization'을 살펴보면 라틴어인 '*glēba*(*gel−*)'에서 나온 것으로 '결합하거나 뭉치는 것'을 뜻한다(Onions, 1966). 이런 맥락에서 세계화는 국가 간의 교류와 결합으로 이해할 수 있다.

　국제교류와 결합이라는 관점에서 세계화는 고대 그리스 시대에도 존재했으므로 기원전부터 이루어졌다고 할 수 있다. 고대시기 세계화로부터 오늘날의 현

---

5) 해석학을 교육학적으로 접근할 때 흔히 질적 연구론으로 접근할 수 있으나, 이 장에서는 연구론의 입장뿐만 아니라 이해의 철학으로써 접근하겠다.

6) 세계화(globalization)란 단어는 1983년 Theodore Levitt이 Harvard Business Review에 투고한 논문에서 사용되었다(http://www.nytimes.com/2006/07/06/ business/06 levitt.html?_r=2&).

대시기 세계화에 이르기까지 관통하고 있는 세계화의 본질은 '국경 또는 지역경계를 넘어서 연관 맺기'다.[7] 다만 근대 세계화를 거쳐 현대 세계화로 변화하는 과정에서 시간, 수단, 공간, 빈도, 양의 면에서 차이가 있을 뿐이다. 고대보다는 근대, 그리고 근대보다는 현대 세계화에서 국가 간이나 지역 간에 상호 연관을 맺는 속도나 빈도가 잦아졌는데, 이는 새로운 연결−통신 수단의 발달 때문이다. 이 과정에서 또 하나 볼 수 있는 현상은 공간의 확장[8]이다. 물리적으로 경제 활동 영역이 확장되었을 뿐 아니라, 인터넷의 등장은 '사이버스페이스'라는 가상의 공간으로까지 세계화의 영역을 확장하는 계기가 되었다.

세계화를 통하여 인력이나 유 · 무형 자산 또는 자본의 국가 간 교류를 보는 시각은 긍정적인 면과 부정적인 면을 아울러 갖고 있다(Smith, 2007). 긍정적인 면으로는 국가 간 교류 협력을 과학기술문명의 보편적 확대, 그리고 이로 인한 일상생활에서의 편리함의 증대에서부터 학문적 교류의 증가를 통해 새로운 시각과 학문 발전의 기여까지 다양한 예가 있다.

반면 부정적인 면은 세계화를 추진하는 원동력인 신자유주의 정책과 관련이 깊다. 신자유주의의 사상적 바탕은 두 차례에 걸친 세계전쟁을 거치면서 파시즘 정부가 보여 준 국가통제경제의 문제점에 대한 대안으로 1950년대와 1960년에 걸쳐 일기 시작한 개인의 자유추구와 자생적 질서에 대한 믿음을 바탕으로 한 자유주의적인 사회 철학적 접근이다(나병현, 2003). 그러나 이런 사회철학적인 접근이 정치 · 경제와 접목되면서 자기중심의 사고로 타자에 대한 배려가 없는 경쟁을 통하여 이익을 많이 거두려고 하는 과정에서 공동체 삶의 윤리를 무너뜨리고 경제나 정보 면에서 계층 간의 격차가 심각하게 벌어지는 문제를 갖게 된 것이다.[9] 특히 주로 유럽이나 미국과 같이 경제력이 강한 국가들은 아시아나 아프리카

---

7) 세계화의 시기별 구분은 1807년 증기선의 개발을 기준으로 19세기 이전까지를 고대시기, 그 후 1970년대 인터넷 개발까지를 근대시기, 그 후 오늘날까지를 현대시기로 구분한다.

8) 공간의 확장이란 개념은 Appadurai(1990)에 따른 영토해체(deterritorialization)와 재영토화(reterritorialization)를 포함한 개념이다.

같은 경제력이 약한 국가들에 대하여 신자유주의라는 이름으로 경제뿐만 아니라 정치나 정책도 지배하는 자본적 제국주의 정책을 펼치고 있다(Smith, 2007).

　세계화 과정에서 우리나라 교육도 신자유주의의 논리를 받아들여 교육을 상품화하고 학생을 수요자로 보는 등 교육의 본질을 바꾸는 결과를 가져왔다.[10] 신자유주의적 교육 논리는 우리나라에서도 1995년 문민정부의 교육개혁방안으로 본격적으로 도입되기 시작했고, 그 이후의 정권에서도 계승되어, 특히 이명박 정부에서 강화되었다(안병영, 하연섭, 2014). 세계화와 관련해 어떤 이데올로기보다 신자유주의적 교육관은 교육현장에 직접 영향을 미치고 있는 듯하다. 신자유주의적 교육관에 따르면 교육은 하나의 공급과 수요라는 경제원리 시각에서 학생과 학부모를 교육수요자로 인식하고 있다. 교육수요자인 학생들과 학부모들은 좋은 교육을 받을 권리(소비자 주권 또는 선택권)를 앞세워 교사들의 교원능력평가에서 평가자의 지위를 갖게 된다. 그 결과 교실에서 학생들과 학부모들의 영향력은 커지고 반면에 교사들은 평가자의 눈치를 보느라 학생에 대한 지도력은 약해질 수밖에 없다. 이런 문제점으로 김성규(2015)는 "학생들의 무례한 행동이 늘어나고, 학부모들의 무분별한 교권침해는 결국 교사의 지도력을 무능하게 하여 교단에서 혼란을 초래할 수밖에 없다."고 지적하였다. 교사들이 교실에서 학생들에 대한 지도력을 잃었다는 의미는 교사로서의 정체성을 잃었다고 할 수 있다. 학생들의 옳지 못한 행동에 대해서 지도하지 못하는 교사는 단지 지식 전달을 주 임무로 하는 반쪽짜리 교사로 전락할 수밖에 없다.

　신자유주의 교육관이 초래한 또 다른 문제점은 교육을 하나의 상품 생산과정으로 보고 상품 생산의 실적과 같이 교사들은 교육활동의 실적(결과)을 가시적

---

9) 신자유주의를 흔히 경제와 결부시켜 논의하지만, Harvey(2005)는 신자유주의적 경제가 정치와 결탁하여 사회에 영향을 주었다고 하였고, 신자유주의 정책의 대표적인 예인 대처리즘과 레이거노믹스에서 볼 수 있듯이 경제뿐만 아니라 정치와 긴밀하게 결부되어 있다.

10) 그 원인 중 하나는 교육과 경제의 관계에서 찾을 수 있는데, Smith(2007)는 신자유주의와 교육 또는 교사와 관계면으로 교육 및 교사를 '시녀(handmaiden)'로 기술하였다.

으로 보여 주어야 하는 데 있다. 교육에 가시적이면서 정량적인 실적을 요구할 때 교육현장에서는 비교육적인 모습이 드러난다. 이러한 예로 학교와 교사들에게 (교원)성과 상여금을 매년 지급하는 정책에서 볼 수 있다. 매년 교육성과를 정량이나 정성으로 보여 주고 평가를 받는 교육현장에서는 매년 초 교육계획을 세울 때 공개 수업, 학생 건강 체력 향상 등과 같은 겉으로 드러날 수 있는 성과 위주의 교육활동을 많이 계획하는 것이 현실이다.[11]

우리나라 헌법에는 교육의 정치적 중립성이 보장되어 있고 중립적이어야 한다.[12] 그러나 현실은 정치적으로도 중립적이지 못하다. 교육지방자치제도가 시행된 후 언론과 시민들은 시·도 교육청 교육감의 성향을 보수적이거나 진보적으로 분류하고 있다. 보수와 진보라는 표현을 사용한다는 것도 교육이 정치적 중립성이 없다는 것을 드러낸 것이다. 이런 정치적 성향은 정책에서도 그대로 드러난다. 일례로 서울시교육청에서 보듯이 보수 성향의 교육감이 인가한 '자율형 사립고'를 진보 성향의 교육감은 폐지하려 시도한다. 또한, 몇 년 전 경기도교육청에서 추진한 '무상급식'이라는 교육정책은 교육 외적으로 보수와 진보 정당 간의 정치 문제가 되어 한동안 사회 및 정치 논란의 중심이 되었다. 이런 교육정책들은 표면적으로는 교육 문제이지만 그 이면에는 지역 주민의 이해와 맞물린 정치적 문제라고 할 수 있다.

교육개혁이나 교육혁신을 추진하는 과정을 보면 학교나 교사들의 자발적인 참여를 기대하기보다는 일방적으로 신자유주의적인 접근 방식을 채택하고 있다.[13] 예산지원이라는 유인책을 사용하여 학교 간의 경쟁을 부추기는 정책이 증가하고 있다. 문제는 이런 교육정책 입안부터 시행까지 볼 때 교사들을 수동적

---

11) 필자와 익명의 교사와의 대화에서 교사가 밝힌 내용이다.

12) 헌법 제31조 ④항

13) 신자유주의적 접근은 시장 논리에 방해되는 공동체 구조를 파괴하는 접근이다(Harvey, 2005). 이를 테면 집단 내에서는 개인별 업무 수행을 평가하고 이를 바탕으로 급여를 지급함으로써 개인 간 경쟁체제가 형성되어 공동체 구조가 붕괴하는 접근이다. 이런 접근은 개인 간뿐만 아니라 집단 간에도 적용된다.

이고 교육개혁이나 혁신에 참여 의지가 없다고 보고 있다는 것이다.[14] 교육개혁이나 혁신이 문서로만 남지 않으려면 교사들이 교육개혁이나 혁신의 주체가 되어야 한다. 그러나 교육개혁이나 혁신이 교사들에게서 나오지 않았고, 형식적인 공청회나 연수가 아닌 교사들과의 대화를 통한 합의 과정 없이 결정되고 시행되면서 교사들의 자발성을 기대하기는 더욱 어려운 형국이다.

교사들이 교실에서 학생들에게 더 좋은 교육을 위하여 애쓴 노력은 종종 당연한 것으로 치부된다. 교사들 스스로가 교육개혁이나 혁신의 주체가 아닌, 오히려 혁신되어야 하는 대상으로 보는 시각에 교사들은 교사로서의 자존감을 잃고 교직에 회의가 들 수밖에 없다. 많은 교사는 오천석 박사의 말처럼 금전보다는 명예를 존중하고 전문성을 바탕으로 학생들을 위해 봉사와 헌신하려 한다. 이들은 성래운 교수의 이야기에서 보듯 교장이나 장학사(관)들의 신자유주의적 정책적 지시가 아닌 진정 마음에서 우러나오는 따뜻한 교육적 지원을 바라고 있다.

4. 해석학적 교사상

이제까지 오늘날 교육에 영향을 미치는 사회·문화적인 요인으로 세계화와 신자유주의 담론에 대한 논의를 거론하고, 이를 통해 교사들이 교실에서 교육하는 데 힘들어하며 교사로서의 자존감을 잃고 정책에 따라 이리저리 흔들릴 수밖에 없는 현실을 지적하였다. 교육개혁이나 혁신이란 이름으로 앞으로도 계속 교실을 흔들면 교사들은 어쩔 수 없이 비틀거릴 것이다. 교사가 흔들리면 교육이 흔들린다. 이는 학생뿐만 아니라 사회에도 결코 도움이 되지 않을 것이다.

---

14) 2015년 4월 경기도교육청 행복나눔추진단에서 만든 연수자료를 살펴보면, 첫 번째 슬라이드의 학교교육을 진단하는 내용에 '교사들의 자기효능감과 자발적이고 능동적인 참여 의지 저하'를 언급하고 있고, 마지막 슬라이드의 아쉬움이란 제목 아래 '교사들의 혁신 의지와 비전 교육, 교사의 자발성'이라고 언급하고 있다.

따라서 교사들이 자신의 정체성을 굳건하게 갖고 흔들림이 없어야 교육이 바로 설 수 있고, 우리 사회에도 건전한 발전을 기약할 수 있다.

상호 교류와 급변으로 대변되는 세계화 시대와 인간적 가치보다 경제적 가치를 중시하는 신자유주의적 사고가 지배하는 사회에서 사람의 가치를 중시하는 인문학적 사색을 통하여 교사가 자신의 정체성을 회복하는 일이 절실하게 필요하다. 이를 통해 교사들은 헌법에 보장된 자주성, 전문성, 정치적 중립성을 확보할 수 있을 것이다. 이 절에서는 인문학 전통 가운데 Gadamer(1989)의 해석학 전통과 자기교육(self-education)을 바탕으로 세계화 시대 교사상에 대한 논의를 전개하고자 한다.[15]

1) 이해[16]를 추구하는 교사

Gadamer(1989)는 해석학을 계몽주의에 뿌리를 둔 기능적 · 도구적 방법론, '풀어서 설명하기'를 넘어서 인간을 이해하는 데에서 핵심적인 철학적 학문, 즉 이해의 철학으로서 해석학을 정립했다. Gadamer의 사상에 바탕을 둔 이해를 살펴보면 이해의 궁극적인 지향은 사람들 간이나 사람과 대상물의 지평 융합(fusion of horizons)이다. Gadamer(1989)는 지평 융합을 영향사의식(historically effected consciousness)이라는 역사의식을 통해서 개인이 간주관적으로 과거와 현재가 끊임없이 작용하고, 전통 안에 자기 자신을 정립시키는 것으로 보았다. 다시 말하면 지평 융합이란 사람들이 각자 살아온 경험을 통한 인식의 융합이다.

---

15) Gadamer가 99세이던 1999년 5월 독일에서 '교육은 자기교육이다(Education is self-education)'란 주제로 강연하였다. 이 강연에서 Gadamer는 교육은 상호작용을 통하여 사람들이 스스로 문제 해결 능력을 기를 수 있도록 해야 한다고 했다. 이런 관점에서 '교사 되기'는 교사들이 스스로(자주성) 교육문제를 해결하는 능력(전문성)을 기르기 위해서 갖추어야 하는 자질(정체성의 속성)을 논의해야 한다.

16) 우리말 이해라는 표현은 중의적이어서 이익과 손해의 의미가 있는 이해(利害)와 깨달아 앎과 남의 사정을 헤아려 그럴 수 있다고 여겨 줌의 의미인 이해(理解)가 있다. Gadamer의 이해는 후자의 이해(理解, understanding)를 의미한다.

사람들은 서로 대화를 통하여 자신의 인식과 대화 상대의 인식을 만나게 된다. 이때 대화 상대들은 서로 간의 인식의 다름과 유사함을 느끼고 동시에 둘 사이의 비교를 통하여 부족함도 알게 되고, 결과적으로 서로 간에 받아들임이 일어난다. 이런 과정을 통하여 사람들의 지평 융합, 즉 인식의 융합이 발생하는데, 이는 곧 이해에 이르게 되는 것이다.

지평 융합을 통한 이해는 인지적 만남, 깨달음 그리고 받아들임의 과정이다. 사람들은 대화를 통하여(만남) 인식의 차이, 유사함, 부족함을 깨닫고(깨달음) 받아들임(받아들임)의 과정을 거친다. 이런 지평 융합으로써의 이해는 교사들이 교실에서 학생들과 함께하는 교수·학습활동과정과도 맥을 같이한다. 교육이 단순한 지식 전달(transfer)이 아니라 학생의 변화(transform)를 지향한다면 교실에서 교수·학습활동은 학습자인 학생이 가진 기존의 지식이나 인식의 지평과 수업을 통하여 새로운 지식이나 인식을 만나게 되고, 기존의 지식이나 인식에서 유사성이나 차이를 찾고 부족한 부분은 받아들여, 즉 지평 사이에 융합되어 새로운 지식이나 지혜를 갖게 된다. 이런 일련의 과정을 Gadamer의 지평 융합과 비교하면 교수·학습활동은 이해의 활동이라고 할 수 있다.

Gadamer는 이해를 위해서는 대화를 강조하였는데, 이 대화에는 사람들 간의 대화뿐만 아니라 텍스트나 예술적 조형물 등과의 대화도 포함된다. 또한, Gadamer는 대화를 통한 이해를 하려면 이해의 대상에 대한 부분과 전체의 유기적인 관계에서 해석학적 순환(hermeneutic circle)을 통해서 이해할 수 있다고 말했다. Descartes의 기계론적 자연관 이후 자리 잡게 되는 원자론적이고, 기능적이며, 기계론적이고, 객관적이란 지식관은 근대를 거쳐 오늘날까지 우리의 교과서 내용이고, 교수·학습활동의 내용이 되고 있다. 일례로 마치 영어 단어와 같이 파편적이고, 부분적인 지식의 나열로 된 학습 내용을 교사들이 교실에서 학생들이 이해할 수 있도록 학생들의 눈높이에 맞추어 설명하는 것을 교육으로 간주하는 현실에서 맥락화되고 유기적인 이해라는 해석학적 접근은 교육의 새로운 지평을 열 수 있다.

　이해의 바탕이 되는 간주관성(intersubjectivity)과 해석학적 순환이란 시각에서 앞서 언급한 교육 현실을 재개념화하면 교사와 학생 사이에는 상호 교류적이어야 하고(간주관성), 교수·학습 내용은 파편적이거나 부분적인 지식의 배경이 되거나 그 지식이 이루고 있는 큰 범주의 지식과 관계성 속에서 학습 내용을 구성하고, 학생들과 학습 내용이 대화적 관계를 이루며 상호작용을 하여야 한다. 이런 과정에서 학생들은 이해하게 되고 지평 융합을 이루게 될 것이다.

　아울러 새로운 교육정책을 전파할 때도 상급 교육행정기관은 이해의 시각에서 접근할 필요가 있다. 교육부나 시·도 교육청에서 실시하려는 새로운 교육정책도 전시적이 아니라 진정한 의미에서 교육현장인 교실에서 뿌리를 내리려면 교사들과 교육정책이 해석학적 순환을 통한 이해가 이루어지고 교사들의 교육적 인식 지평에 융합되어야 할 필요가 있다. 교육정책의 해석학적 순환을 하려면 선행적으로 교사와 교육정책을 입안하였거나 추진하는 장학사나 연구사와의 대화적 관계를 통한 간주관성이 확보되어야 한다.

　해석학적 간주관성은 새로운 교육정책과 기존의 정책 사이 그리고 시행 주체인 교육감이나 장학사와 교육현장의 교사 사이의 해석학적 순환을 통하여 확보될 수 있다. 정책적인 측면에서 보면 시행하려는 새로운 정책은 부분이고, 현장에서 기존에 시행하고 있는 정책은 전체다. 부분과 전체 관계인 신·구 정책의 소통, 즉 두 정책에 대한 비교와 대조를 통하여 장·단점 및 강·약점 분석 및 과거 정책 입안 및 시행의 실패와 성공 사례 등을 검토하는 신·구 정책의 소통을 한다. 또한, 정책 수행의 주체 면에서 교육감이나 장학사만이 주체가 아니고 교육현장의 교사가 주체가 되려고 한다면 정책 입안 주체(부분)와 시행 주체(전체) 사이에 정책에 대한 상호 소통을 하여야 한다. 이 과정에서 제도적 위계에 따른 권위를 통한 지시가 아닌 교사와 장학사의 대화를 통한 수평적 관계에서 상호 교류를 통한 소통이 있어야 한다. 이러한 두 측면에서의 해석학적 순환이 이루어졌을 때 교사들의 인식 속에서 새로운 교육방향이나 정책이 융합되어 갈 것이다.

2) 성찰하는 교사

Gadamer(1989)에 따라 이해를 영향사의식 작용의 결과로 본다면 구체적으로 개인의 과거 경험(개인의 역사)이 새로운 경험을 만났을 때 영향을 미치는 의식 작용이 어떤 것이냐는 의문이 든다. 이 질문에 대하여 Gadamer는 "모든 의식에는 근본적으로 성찰(reflection)이 존재한다."(1989: 337)고 하였다. 다시 말하면 사람들이 의식한다는 것은 그 내면에서 성찰하고 있다고 말할 수 있다. 이런 의미에서 영향사의식은 사람들이 자신의 과거 경험과 새로 직면한 경험을 성찰함을 뜻하게 된다.

성찰이란 표현은 철학뿐만 아니라 교사교육에서 널리 쓰이고 있다(Carson & Sumara, 1997). 특히 성찰은 교사의 자주성을 확보하는 데 필요하다. 그렇기에 성찰은 교사들을 교육개혁에 대한 수동적인 조력자로서가 아니라 능동적인 참여자로 인식하고, 교사들이 자주성을 갖는 데 크게 이바지할 수 있다. 요즈음과 같이 교육개혁이란 명분 아래 교육부나 시·도 교육청에서 정권 차원의 이념에 바탕을 둔 교육정책안을 강요하는 현실에서 교사들은 비판적으로 성찰하여 자주적인 자신의 목소리를 낼 수 없고 권력 앞에 무기력해진 상태에서 시류에 맞추어 교사직을 수행하고 있을 수밖에 없다.

새로운 교육정책에 대하여 교사들이 교실 수업의 입장에서 비판적인 성찰을 통하여 수정하고 받아들이거나 거부할 수 있을 때 교사의 자주성이 확보되는 것이다. 그럴 때 새로운 교육정책을 보급하는 장학사들이 시행하는 교육정책연수에서 교사들은 더욱 능동적이고, 협조적인 자세로 연수에 참여하게 될 것이다.

경기도교육청에서는 얼마 전까지 혁신학교를 교육 지향으로 삼고 교육현장을 이끌고 가다가, 교육감이 바뀌자 혁신학교가 제대로 자리 잡지 못한 상태에서 '마을공동체-꿈의 학교'라는 또 다른 교육개혁을 추진하고 있다. '혁신학교'는 전임교육감의 목소리이고 '마을공동체-꿈의 학교'는 새로운 교육감의 목소리다. 이 어떤 교육개혁에도 교사의 목소리는 담겨 있지 않다. 무엇보다 심각한 문제는 이런 교육개혁은 교육현장인 교실을 바꾸는 것이 핵심인데, 교사들의 목소리가 들어 있지 않을 뿐만 아니라 교사들이 성찰할 여유도 주지 않고 그저 따르기만 하라고 한다. 이렇게 비자주적인 교실환경 속에서 교사들에게 자주적인 참여를 기대하거나 강요한다는 것은 모순이다.

다음으로 교사들에게 성찰적인 시각이 필요한 것은 교육은 문서로 만들어진 교육과정에서 정해 놓은 틀 속에서만 이루어지는 것은 아니기 때문이다. 가르친다는 일은 낯설고, 새로운 일이 항상 일어나며, 예상하지 못하고, 불확실한 사태들을 만나게 되며 적절하게 대처해야 한다(Carson & Sumara, 1997). 이때 교사들에게 필요한 것은 사려 깊은 성찰이다. 여유라는 시간적 공간을 갖고 사태에 대한 성찰 과정을 통하여 사려 깊은 태도가 나오게 된다.

성찰이 필요한 또 다른 이유는 교사의 본분인 가르치는 일을 발전시키려면 성찰이 필요하기 때문이다. 교사들은 교육이론연구보다는 교육현장 실천연구를 통하여 자신들의 교수·학습법을 향상시킬 수 있다. 교사들이 흔히 하는 실천연구인 실행연구는 연구자로서의 교사가 자신의 본분인 가르치는 일에 대한 성찰에 바탕을 둔 탐구다(Stringer, 2007; Carson & Sumara, 1997). 실행연구 모델들은 학자들 간에 차이가 있지만, 일반적으로 '수업계획 → 수업시행 → 성찰 → 수업보완/계획'이라는 연속 과정이다.[17] 이 과정에서 수업의 효능을 높이는 데 가장 결정적인 요소가 되는 것은 '성찰' 단계다. '성찰' 단계는 Carson & Sumara이 말하는 성찰(Reflection)과 Stringer가 제시한 관찰(Look)과 사고(Think)에 해당한다. 이 과정에는 수업에 대한 검토, 분석, 평가가 포함되어 있어서 교사들이 관행적으로 수행한 수업에 변화를 줄 수 있게 된다. 또한, 이런 성찰 과정을 포함한

---

17) 예를 들어, Carson & Sumara(1997)은 '계획(Plan) → 실시(Action) → 성찰(Reflection)'의 순환적 연구 절차를 제안하였고, Stringer(2007)는 '관찰(Look) → 사고(Think) → 실시(Act)'의 순환 과정을 제시하였다. 이 두 모델의 차이로 Carson & Sumara(1997)이 말하는 '계획'이 있는데 Stringer(2007)이 말하는 '계획'은 없다는 것이다. 그 이유로 Stringer는 '사고' 단계에서 성찰과 계획을 포함했기 때문이다. 그리고 성찰 단계는 Carson & Sumara의 '성찰'과 Stringer의 수업 비디오 '관찰'과 '사고'가 '수업에 대한 성찰'을 하는 단계다.

수업은 기존의 교육과정에 명시된 내용을 재현하는 수업과 구분이 된다.

성찰이 없는 수업에서의 학습 내용은 교육과정의 재현이 중심이 되지만 성찰을 통한 수업은 학습 내용이 단순한 교육과정의 재현이 아니라 수업과 관련된 주체인 교사와 학생과 수업환경이 서로 유기적 관련 속에서 성찰을 통한 분석을 통하여 보완되므로 교육과정의 확장이라 할 수 있다. 성찰이 갖는 또 다른 의미는 상위 교육행정기관에서 정한 교육과정이 주체가 아닌 교사가 교실에서 적용되는 교육과정의 주체가 된다는 점이다. 교사들이 자신의 수업에 대한 성찰의 시간을 가짐으로써 수업에 대해 생각하는 공간을 가질 수 있고, 교사 자신과 학생들을 중심으로 하는 교실에 적합한 수업을 개발할 수 있는 생각의 공간이 된다는 점이다.

그 한 예로 최근 확산하고 있는 '거꾸로 교실(flipped classroom)'을 들 수 있다.[18] 2007년에 미국의 한 고등학교 화학교사들이 온라인에 자신들의 수업 녹화물을 올려놓고 학생들이 수업할 내용을 미리 볼 수 있도록 했던 것이 그 시작이다. 이러한 수업 방식을 생각하게 된 실마리는 수업 결손이 있거나 수업의 일회성 진행으로 인하여 수업을 이해하지 못한 학생들이 있을 수밖에 없다는 성찰에서 출발한 것이다. 이처럼 성찰은 새로운 수업법 개발까지 이어질 수 있으므로 우리나라 교사들도 자신들이 수업하면서 성찰한 것을 새로운 수업법으로 개발할 수 있을 것이다. 그리고 교육현장에서의 성찰을 통한 수업법들은 수업이론으로도 정착될 수 있을 것이다.

3) 연대적 시각을 갖는 교사

요즈음 우리 사회에서는 사람들이 자신만을 위해 이해득실을 헤아리고 행동하는 개인주의적 성향이 강하다고 한다. 그리고 자신들의 삶만 중시하고 타자에

---

18) 우리나라뿐만 아니라 미국, 호주, 에스토니아 등 각국에서 거꾸로 교실 수업사례를 보고하고 있다.

대해 무시 내지 무관심하고, 나아가 타자에 대한 배려와 이해가 없이 자신의 이익과 손해에만 관심을 두게 된다. 이런 문제의식에 대한 출발로 연대성이나 공존의식의 필요가 제기되었다. 그리고 여러 분야에서 연대성에 대한 논의가 이루어졌다.[19)]

그 가운데 해석학에서는 이해를 위한 '나와 상대(I-Thou)'의 연관성을 포스트모던 해석학자인 Rorty(1989)는 타자를 포함한 '우리–의식(We-ness)'이라는 개념으로 연대성을 논의하였다. 또한, 포스트모던 철학자인 Bauman(1995)은 포스트모던 시대의 인간 삶의 분리성에 대한 대안으로 '함께함(togetherness)'이란 말로 연대성을 논의하고 있다. Bauman의 '함께함'은 연대성인 '우리–의식'의 본질을 드러낸 표현이다. 따라서 '함께함'은 '우리–의식'의 또 다른 표현이라 할 수 있다.

철학적으로 볼 때 현재의 사람들은 서로 분리되어 파편화되고 단절되며 고립된 포스트모던적인 삶을 살고 있고, 이러한 삶은 결국 사람다운 삶이란 시각에서 도덕성의 결함으로 본 것이다. 그래서 Rorty(1989)는 사람들이 연대성을 가져야 하는 것을 도덕적 의무로 보았다.

연대성(solidarity)은 라틴어 *solvus*(safe)와 *sollus*(whole)의 두 어원을 갖고 있다. 어원적으로 보면 '전체'라는 의미와 '안전함'이라는 의미를 동시에 갖고 있다고 할 수 있다. 따라서 '나누어짐'으로 분리가 되면 '불안함'의 상태가 되고, 연관되어 하나가 되면 '안전함'이 된다. 이런 관점에서 연대성은 개인과 사회의 안정성 유지에 매우 중요한 요인이라 할 수 있다.

Rorty(1989)의 관점에서 본다면 '나'와 '남'을 구분하지 않고 포괄하며 확장된 개념인 '우리–의식'이 연대성이다. 이런 연대적인 능력을 갖추는 것은 인간의 도덕 진보로 볼 수 있는데, 그럴 때 사람들은 자문화중심주의를 벗어날 수 있게

---

19) 사회학에서 Kriesberg(2003)는 사회 갈등 해소를 위한 연대성을 논의하였다. 또한, 의학 분야에서도 의료공익성을 위한 근거로 연대성을 바탕으로 의료윤리를 논의하고 있다(Prainsack & Buyx, 2011).

되고 이기심을 극복하고 이타심을 가지게 된다(Rorty, 1989). 인간이 이런 연대성을 받아들이면 오늘날 세계 여러 곳에서 볼 수 있는 종교, 인종, 관습상의 차이를 중요하지 않은 것으로 생각하고, '나'와 다른 '남'을 구별하여 차별하지 않고, '우리-의식' 속에서 함께할 수 있는 능력을 갖추게 될 것이다.

이런 '우리-의식'은 '동일성'을 기반으로 한 공유의식이 아니고 '다름'이 존재하고 이를 기반으로 한 의식이다. 그래서 '우리-의식'에는 사람이나 집단 또는 사회 문화 측면에서 '다름'이 분명히 있고, 서로 '다름'을 존중하고 배려하면서 공유하려는 의식이 섞여 있다 할 수 있다. 또한, '우리'라는 공유의식은 '다름'을 존중하고 배려한다고 하면서 서로 관여하지 않겠다는 '무관여'라는 의식을 경계해야 한다. 따라서 '우리-의식'에는 대화를 통하여 상호 합의된 의미를 만들어 가는 상호 주관성(intersubjectivity)을 바탕으로 한 공유의식이 중요하다. 그럴 때 Rorty(1989)가 내세운 도덕적 진보를 이룰 수 있게 된다.

존중과 배려를 기반으로 한 혼합된 공유의식은 다문화주의와도 같은 맥락이다. 특히 교육문제와 관련하여 연대성과 관련된 사상은 서구의 식민지배와 관련되거나 세계화 시대의 인구이동과 관련된 현안인 소수자들의 지위와 권리에 대한 문제 의식에 대한 대안적 방안으로 나온 것이 다문화주의다. 정치 및 문화적으로 소수자들의 정체성을 인정하고 배제하지 않으며, 다수 주류집단과 균등한 삶을 추구하는 다문화주의를 실현하기 위해서는 교육이 중요한 역할을 한다.

실제로 미국, 영국, 캐나다, 호주 등의 국가로 이주해 온 이민자나 소수민족들이 겪는 어려움은 학교에서 학업성취도 면이나 사회에서 편견과 차별을 받고 있다고 한다(Banks & Banks, 2010). 이런 편견과 차별을 없애기 위해서는 초·중등학교를 포함한 모든 교육기관에 근무하는 교사의 연대성 의식이 무엇보다 중요하다. 교사들은 연대성 의식을 갖고 교육과정의 내용과 구성에서 다름에 대한 편견과 차별을 없애고, 교육과정 운영 면에서 소수자에 대한 배려로 이민자들을 위한 학업을 위하여 특별 학급 편성이나 방과 후 지도와 조치가 필요하다. 또한, 제도적으로 소수자들의 신분 상승을 위한 노력으로 대학과 같은 고등교육기관에서 소수자들을 배려한 입학도 필요하다.

특히 교육면에서 연대적 시각은 다문화 가정의 자녀 교육뿐만 아니라 우리나라의 전반적인 학교교육에 필요하다. 2014년 국가 학업성취도 평가 결과 우수한 학생들이 극히 일부 특정 지역에 몰려 있는 쏠림 현상을 보여 주었다.[20] 이 자료에서 볼 수 있는 또 다른 현상은 이런 쏠림 현상은 지역 간 학부모 소득의 차이와도 상관성을 보인다. 이런 현상을 신자유주의적 시각에서 경쟁논리로 내버려 둔다면 사회 내 지역 및 계층 간의 격차가 심화하고 사회의 안정성을 해치고 국가발전에도 도움이 되지 않는다. 연대성의 어원에서 보았듯이 연대성은 안정성의 기반이 되므로 교육의 연대적 시각으로 교육여건이 미비하거나 부족한 지역이나 경제적 어려움이 있는 가정에 대한 정책적인 조치뿐만 아니라 교사들의 특별한 관심과 배려가 절실히 필요하다. 또한, 이런 연대성의 관점에서 정책 시행은 해도 되고 하지 않아도 되는 것이 아니라 도덕적으로 반드시 해야 하는 도덕적 의무다(Rorty, 1989).

4) 탐구자로서의 교사

일반인들이 생각하는 전문직은 흔히 의사, 변호사, 약사, 회계사 등을 말한다. 이들의 특징은 일정 전문교육과정을 이수 후 전문적인 지식을 검증한 후 자격증을 부여받은 사람들이다. 이런 면에서 교직은 전문직이다. 교사가 되기 위해서는 고등교육을 통한 전문교육과정을 이수 후 교사자격증을 받게 되고, 교원임용고사를 거친다. 교직은 전문직이므로 교직에 근무하는 사람들을 교육전문가로 규정하면 교사들은 자율적이고, 독립적이며, 완전한 교육 관련 지식을 습득한

---

20) 서울의 경우 상위 30개교 중 강남구 12곳, 서초구 8곳, 송파구 3곳으로 이른바 '강남 3구' 비중이 77%에 달했다. 나머지 지역도 양천구 4곳, 광진구 2곳으로 강남권에 몰려 있었다. 강북권에서는 특성화중학교인 영훈국제중학교가 유일하게 이름을 올렸다. 경기도 역시 상위 30개 학교 중 분당이 17곳, 일산이 4곳으로 70%가 특정 지역에 집중됐다(서울신문 9월 11일 자. 국감 자료).

사람이라고 여긴다. 이렇게 믿는 학부모들은 자신들 자녀의 지적 및 인격적인 성장을 위해 교육전문가들이 모인 조직인 학교에 보낸다.

이런 일반인의 시각에 대하여 교사교육기관인 사범대학에 설치된 교직과목에 대한 교수와 학생의 인식에 대한 비교연구에서 우한솔(2015)은 교수와 학생들 간에 인식 차이가 있다고 하였다. 교수들은 교직이론 과목에서 "수업 및 학교와 관련된 지식보다는 기본이론, 교육에 대한 포괄적인 안목, 교사로서의 바람직한 태도 등을 중점적으로 가르쳤다."(153)고 하였다. 반면에 학생들의 인식에는 교육학 이론과 실제의 괴리가 있다고 하였다. 달리 말하면 학생들의 인식은 교사가 교실에서 수업이나 학생지도 또는 학급운영과 관련된 교육 실제를 다루거나 교육학이론을 기반으로 교실에서 교육활동을 할 때 적용방안을 가르쳐 주길 원한다는 것이다. 이렇듯 시간상으로 현재이고 공간적으로 교육현장과 밀착된 이론을 원하는 학생과 시간상으로 과거형이고 공간적으로 교육연구에 바탕을 둔 이론을 다루는 교육학 전공 교수와는 인식차가 클 수밖에 없다.

학생과 교수의 인식 차를 극복하기 위해서는 교육현장에서 필요한 학습지도, 생활지도, 학급경영 등에 대한 탐구가 필요하다. 또한, 이런 교육현장 중심의 탐구에 바탕을 둔 교육 이론 정립도 할 필요가 있다. 이러한 연구를 하기에 가장 적합한 탐구자는 대학에서 교과 교육학을 전공하는 교수보다는 교육현장에서 교수학습 활동을 하는 교사들이 더 적합할 수 있다. 탐구자로서의 교사가 되려면 Gadamer(2001)가 지적하였듯이 스스로 질문을 제기하고, 제기한 질문에 대하여 적절한 답을 구하려고 노력하는 자세가 필요하다. 이런 탐구적인 활동을 통하여 교사들은 자신이 지니고 있는 결함을 극복하는 능력을 기를 수 있다. 특히 Gadamer는 탐구활동에서 타인과의 대화를 중요한 수단으로 생각하였다. 교사들이 다른 동료교사들과의 대화를 통한 질문과 답을 구하는 과정에서 간주관적인 의미를 이해할 수 있고, 교사로서 자신의 전문성을 기를 수 있을 것이다.

탐구자로서의 교사가 되기 위한 또 다른 태도는 숨겨진 이면의 의미도 통찰하려는 태도가 필요하다. 이를 위해서는 어떤 교육활동에서 일어나는 사태에 대한 조건들을 탐구할 필요가 있다(Gadamer, 1989). 예를 들어, 1800년 나폴레옹 보나파르트가 오스트리아를 정복하기 위하여 알프스를 넘어가는 그림과 1812년 겨울 그가 러시아에서 퇴각하는 장면을 그린 그림을 비교해 보자. 알프스를 넘어가는 그림에는 나폴레옹이 자신감이 있고 용맹한 모습으로 혼자 말을 타고 알프스 산을 넘어가는 모습을 그리고 있다. 반면에 러시아에서 퇴각하는 그림에는 많은 장병과 함께 축 처진 모습으로 말을 타고 오는 모습을 그리고 있다. 이 그림을 우리는 승리자와 패배자의 의미를 담은 것이라고 생각할 것이다.

그러면 '승리자가 될 때는 혼자만 부각하고 그 승리를 이끌기 위해 함께한 수많은 장병은 왜 그리지 않았는가?'라는 질문을 던질 수 있을 것이다. 이 질문에 대한 답을 구하려면 이 그림에서 보이지 않는 많은 장병과 보이는 나폴레옹의 의미를 제국주의라는 시대 상황에 빗대어 고려해야만 알 수 있다. 그러면 그 그림은 단순한 나폴레옹을 그린 그림이 아니라 그 시대적 의미를 상징적으로 드러내는 그림이 될 것이다. 즉, 나폴레옹이 프랑스의 황제로 군림하던 시대인 군국주의 시대를 이해하고 모든 국민은 군주를 위해 존재하였다는 의미를 나타내고 있다. 이렇듯 시각에 따라 어떤 사태의 의미가 달라질 수 있다는 관점에서 교사들이 탐구자로서의 관점을 갖는다면 수업시간에 사용하는 학습 내용도 다양한 의미 해석이 가능하다.

교사들이 교육탐구자로서의 정체성을 가지면 자신이 담당하는 수업뿐만 아니라 학생지도나 학급경영 면에서 이바지를 하게 될 것이다. 학생과의 면담에서 드러나는 현상에만 초점을 두는 것이 아니라 현상 이면에 감추어진 의미나 여건과 같은 여러 요인을 드러냄으로써 심도 있는 학생지도가 가능할 것이다. 이렇듯 초·중등 교육현장에서 교육을 담당하는 교사들의 교육현상에 대한 탐구는 실제로 동료교사들의 교육적 효능을 높일 뿐만 아니라, 교사가 되기 위해서 수련과정에 있는 교대나 사범대 학생들에게 실제적인 지식과 지혜를 줄 수 있을 것이다. 또한, 교육학 교수들이 이런 현장연구와 이제까지 연구되어 온 교육학 이론을 잘 관계를 맺어 예비교사들인 교대나 사범대 학생들에게 가르칠 때 우한솔(2015)의 연구에서 밝혀진 교수와 학생의 인식 차를 극복할 수 있을 것이다.

5. 세계화 시대의 교사상

세계화 시대의 '교사는 어떤 모습일까?'라는 교사상에 대한 이해는 교육현장인 교실에 있는 교사들의 삶에 대한 성찰적 사유를 시작으로 삼아야 할 것이다. 또한, 성찰 과정에서 교사들의 삶을 결정하는 구속적인 여건들을 검토하여야만 교사로 사는 삶의 본질을 이해할 수 있을 것이다.

우리가 사는 사회는 개인적인 차원에서 개별화 현상뿐만 아니라 지구적 차원의 활발한 국제교류의 결과인 세계화라는 특성과 냉전 시대 종식 후 전체주의에 대한 자유주의의 우위의 과신으로 자유와 자본에 결탁한 모습을 띤 신자유주의라는 강력한 흐름이 있다. 그 결과 미국뿐만 아니라 우리나라도 경제논리가 교육논리보다 우선하고 교육을 지배하는 경향을 보인다.

그뿐 아니라 교육자치를 시행한 후 정치적 성격을 띤 교육정책이 학교를 지배하게 되었다. 이런 시대적 상황에 학교에서 학생들과 함께 몸과 마음을 다하여 교육하고 있는 교사들은 교육개혁이나 혁신의 대상이 되고, 교육현장과 괴리가 있어 여물지 않았고, 또 몇 년이 지나면 바뀌게 될 정책들을 권위적인 조직문화 때문에 거부하지 못하고 몸과 마음이 아닌 겉치레로 따라가고 있다.

이 과정에서 교사들은 교사가 지녀야 할 자긍심을 잃고 교육에 대한 열의도 식어가고 있다. 그리고 교사관도 성직이나 전문직으로서의 교사보다는 노동직으로서의 교사로 자리매김하면서 스스로 위안으로 삼으려 할 수 있다. 이제 교사들은 헌법에 명시된 교사들의 자주성, 전문성 및 정치적 중립성을 존중함으로써 제 위치를 찾을 때다. 그렇지만 교사들의 자주성과 전문성 그리고 정치적 중립성을 확대 해석하여 모든 교육을 교사 개인의 판단에 맡긴다는 것 또한 위험한 일이다. 여러 예비교사, 교사, 교장 등 교육행정가들과 면담하고 성찰한 Britzman(2003)은 교사교육에 대한 잘못된 믿음 가운데 "교사는 스스로 만들어진다(Teachers are self-made)."(230)고 지적하였다. 그녀의 주장은 교사들은 다른 동료교사, 자신의 학생, 교육과정, 사회적 환경 등과 능동적으로 교류하면서 교사로서의 정체성이 다듬어지고 확고해진다는 것이다.

세계화라는 시대적 특성으로 우리 사회는 급변하고 있고, 이와 함께 교육현장도 급변할 수밖에 없다. 또한, 앞으로 교육계에서 경제논리를 앞세운 신자유주의를 거스르지도 못할 것이다. 그렇지만 물질적인 가치를 지나치게 추구하거나 정신적 가치를 깎아내리는 잘못되어 가는 사회를 바로잡는 역할을 교육이 해야 하고, 교사가 그 주체가 되어야 한다. 그래서 교사들은 이해, 성찰, 연대, 탐구하는 마음으로 시대와 교육과정을 바르게 심층적으로 탐구하고 이해하며 동료교사들과 함께 교육해야 할 것이다.

끝으로 사람을 키우는 교육은 결과보다는 과정을 정량적이기보다는 정성적이란 점을 상기할 필요가 있다. 또한, 교육적인 시각에서 본다면 교육현장에서는 성과라는 말보다는 보람이라는 말이 어울린다. 무엇보다도 교사 경험이 있는 사람들은 누구나 경험하는 것으로 수업시간에 학생들과 호흡을 맞추어 수업이 잘 되었을 때 수업 후 만족스럽고 뿌듯한 마음이 온몸에 퍼진다. 그때 교사들은 교직에 대한 만족과 자부심이 생기고 더 좋은 교육을 하게 될 것이다.

참고문헌

김성규(2015). 평가받고 평가당하고 … 교사는 슈퍼을(乙), 새교육. 2015-05.

나병현(2003). 교육개혁의 신자유주의적 성격: 오해와 이해, 아시아교육연구. 4-2. 293-310.

성래운(1977). 다시, 선생님께. 서울: 배영사.

안병영, 하연섭(2014). 한국교육개혁: 평가와 과제(수탁연구 CR 2014-36). 서울: 한국교육
　　개발원.

오천석(1972). 스승. 서울: 배영사.

우한솔(2015). 사범대학 교직과목에 대한 교수와 학생 인식비교: 교직이론 수업의 교육
　　현장 연계를 중심으로. 교육과학연구. 46-2. 133-157.

Apparadurai, A. (1990). Disjunction and Difference in the Global Cultural Economy. In M.
　　Featherstone (Ed.), Global Culture: Nationalism, Globalization and Modernity(295-
　　310). London: Sage.

Banks, J., & Banks, C. (2010). Multicultural Education: Issues and Perspectives(7th ed.).
　　NJ: Wiley & Sons, Inc.

Bauman, Z. (1995). Life in Fragments: Essays in Postmodern Morality. Oxford: Blackwell
　　Publishers Ltd.

Bhabha, H. (1994). The Location of Culture. London: Routledge.

Britzman, D. (2003). Practice Makes Practice: A Critical Study of Learning to Teach. New
　　York: State University of New York Press.

Feder, B. (2006, July 6). Theodore Levitt, 81, Who Coined the Term 'Globalization', Is
　　Dead. The New York Times. Retrieved from http: //www.nytimes.com/2006/07/
　　06/business/06 levitt.html?_r=2&

Carson, T., & Sumara, D. (1997). Action Research as a Living Practice. New York: Peter
　　Lang.

Gadamer, H-g. (1989). Truth and Method(2nd revision). London: Continuum.

Gadamer, H-g. (2001). Education is Self-Education. Journal of Philosophical Education,
　　35(4), 529-538.

Harvey, D. (2005). A Brief History of Neoliberalism. Oxford: Oxford University Press.

John, A. (2005). A Short Guide to Action Research(2nd ed.). New York: Pearson.

Kim, S. (Ed.). (2000). Korea's Globalization. Cambridge: Cambridge University Press.

Kriesberg, L. (2003). Constructive Conflicts: From Escalation to Resolution(2nd ed.).
　　Oxford: Rowman & Littlefield Publishers, Inc.

Onions, C. (Ed.). (1966). *The Oxford Dictionary of English Etymology*. Oxford: Oxford University Press.

Prainsack, B., & Buyx, A. (2011). *Solidarity: Reflections on an Emerging Concept in Bioehtics*. Wiltshire: Nuffield Foundation.

Rorty, R. (1989). *Contingency, Irony, and Solidarity*. Cambridge: Cambridge University Press.

Smith, D. (1999). *Interdisciplinary Essays in the Pedagon: Human Sciences, Pedagogy and Culture*. New York: Peter Lang.

Smith, D. (2007). *Trying to Teach in a Season of Great Untruth: Globalization, Empire and the Crises of Pedagogy*. Rotterdam: Sense Publishers.

Stringer, E. (2007). *Action Research*(3rd ed.). London: Sage Publications.

Stromquist, N. (2002). *Education in a Globalized World*. New York: Rowman & Littlefield Publishers, INC.

Vygotsky, L. (1978). *Mind in Society: The Development of Higher Psychological Processes*. Massachusetts: Harvard University Press.

제3장

교사와 교직: 스승의 규범적 지위와 조건[1]

고대혁[2]

1. 서 론

동아시아 전통에서 교육을 '종신지계' 혹은 '백년대계'로 바라보는 견해는 기원전 7세기에 활동했던 제(濟)나라의 정치 지도자 관중(管仲: B.C. 725~B.C. 645)의 저술에 잘 나타나 있다.

> 일 년의 계획은 곡식을 심는 것보다 중요한 것이 없고, 십 년의 계획은 나무를 심는 것보다 중요한 것이 없으며, 일생의 계획은 사람을 키우는 것보다 중요한 것이 없다. 한 번 심어서 한 번 거두는 것은 곡식이고, 한 번 심어서 열 배를 얻는 것은 나무이며, 한 번 키워서 백 배를 얻는 것은 사람이다.[3]

---

1) 이 글은 저자가 게재했던 서울교육대학교(2011). 『한국초등교육』. 제22권. 제2호. 57-73 '유학의 전통에서 스승의 규범적 지위와 현대적 의미'를 주제에 맞게 수정·보완한 글이다.
2) 현 경인교육대학교 교수
3) 『管子』1卷 제3편「權修」: 一年之計 莫如樹穀 十年之計 莫如樹木 終身之計 莫如樹人. 一樹 一獲者 穀也, 一樹 十獲者 木也, 一樹 百獲者 人也.

인간에게 교육과 배움의 중요성을 강조하면서 맹자(孟子: B.C. 372~B.C. 289)는 "만약 사람들이 자신의 생물학적 욕구만 채우고 인간으로서 가치 있는 삶에 대한 길을 배워서 알지 못한다면 이는 짐승과 다를 바 없는 삶을 사는 것이다."[4]라고 하였다. 맹자의 이 주장을 참고한다면 동양 문화에서 교육은 인간의 삶을 동물적 차원에서 문명적 차원으로 인도하는 중요한 방법(道)이 된다.

동아시아 사회에서 교육과 배움은 개인의 자아실현과 성장뿐 아니라 국가와 사회가 발전하고, 공동체의 안정과 이익을 확대할 수 있는 가장 효과적인 방법으로 인식되고 있다. 위정자들은 상고 이래로 교육활동을 위한 공간으로써 학교를 다양한 이름으로 설립하고 운영해 왔으며,[5] 이 제도에 헌신하는 교사에게 교육 활동의 주체, 배움의 안내자, 사람됨의 모범으로써[6] 사회 문화적 지위를 부여해 왔다. 이제 이러한 전통 속에서 교사 또는 스승의 지위에 대한 규범적 설명 방식과 당대의 교육 현실 속에서 논의되고 있는 교직(敎職)의 존재 양상을 검토해 보고, 이러한 논의가 갖는 오늘날의 의미와 교훈을 찾아보기로 하자.

2. 스승의 규범적 지위와 조건

1) 스승의 규범적 지위

인류 역사에서 교직 또는 스승은 존경의 대상이었는가? 서양 고대 사회, 그리스나 로마 시대에 교사는 그렇게 존경받는 지위가 아니었다. 그리스인들은 교직

---

4) 『孟子』卷5「滕文公」上: 后稷敎民稼穡 樹藝五穀 五穀熟而民人育 人之有道也 飽食煖衣 逸居而無敎 則近於禽獸 聖人有憂之 使契爲司徒 敎以人倫.

5) 『禮記』卷4「學記」第18: 古之敎者 家有塾 黨有庠 術有序 國有學.
   『孟子』卷5「滕文公」上: 設爲庠序學校 以敎之 庠者養也 校者敎也 序者射也 夏曰校 殷曰序 周曰庠 學則三代共之 皆所以明人倫也.

6) 『揚子法言』卷1「學行」: 務學不如務求師 師者人之模範也.

에 노예를 고용한 일도 종종 있었다. 노예 교사들에게 붙여진 이름이 희랍어의 '페다고그(paedagogus)'다. 로마 시대의 위대한 교육자인 쿠인틸리아누스(Marcus Fabius Quintilianus: A.D. 35~A.D. 95)는 부모를 대신하는 사람으로 교사를 묘사하면서, 보모나 교사를 선발할 때 세심한 주의를 기울여야 한다고 주장하였다. 하지만 쿠인틸리아누스 역시 그리스나 로마에서 교사의 지위를 향상시키지는 못했다.

서양과 달리 동양에서 교사나 교직은 존경의 대상이었다. 고대 인도 사회에서 최고 계급인 브라만(Brahmans)이 성직자나 교사가 되는 특권을 누렸기 때문에 당연히 존경받는 직업이었다. 고대 유대인 사회에서도 교직은 성직(聖職)에 속했다. 유대인들은 아이에게 자신의 부모를 존경하도록 가르칠 때 이와 함께 교사도 일종의 정신적인 부모로서 존경하도록 가르쳤다.[7] 고대 인도 사회나 유대인 사회와 같이 한국과 중국을 중심으로 하는 동아시아 지역 역시 어떤 다른 문명권보다 교사를 존경하는 문화를 갖고 있다.

전국(戰國)시대 순자(荀子: B.C. 298~B.C. 238)는 "한 나라가 장차 흥성하려고 하면 스승이 존중받고, … 한 나라가 장차 쇠망하려고 하면 스승이 천대 받는다."[8]고 하여 국가의 흥망성쇠 기운은 그 국가가 스승, 곧 교사를 어떻게 대하느냐에 달려 있다는 점을 지적하고 있다. 이후 사람들은 이러한 논리를 더욱 확대해서 한 시대의 흥망성쇠는 그 시대가 보여 주는 교사나 스승의 존중 여부에 달려 있으며, 스승을 존경하지 않는 풍토는 아름다운 정치와 문명이 계승되지 못하는 주요 원인이 된다는 점을 강조하였다.[9]

전통 사회에서 스승의 규범적 지위를 논할 때 우리는 스승에 대해 '군주들이 마음대로 신하로 대할 수 없는 사람(不召之臣)'과 '군사부일체(君師父一體)'라는 표현을 자주 인용한다. 무엇보다 스승을 존중하는 예와 관련하여 군주가 '자신의

---

7) J. S. Brubacher. (1947). *A History of The Problems of Education*, NY: McGraw-Hill Book company, 493-494.

8) 『荀子』卷19「大略」: 國將興 必貴師而重傅…國將衰 必賤師而輕傅.

9) 『呂氏春秋』卷第4「孟夏紀」"尊師": 此十聖人六賢者 未有不尊師者也 今尊不至於帝 智不至於聖而欲無 尊師 奚由至哉. 此五帝之所以絶 三代之所以滅.

스승이었던 사람은 신하로 대하지 않는 것'[10]은 동아시아 사회에서 사도(師道) 문화의 뚜렷한 특징이다. 『예기(禮記)』의 '학기' 편에 따르면 "임금이 자신의 신하를 아랫사람으로 대하지 않는 두 가지 경우가 있는데, 첫째, 신하가 선조의 제사에 시동(尸童) 역할을 했을 때, 둘째, 임금 자신을 가르쳤던 스승에 대해서는 신하로 대하지 않는다고 한다. 특히 후자의 경우 스승이 임금으로부터 조서(詔書)를 받을 때도 임금을 향해 북면(北面)[11]하지 않게 한 것은 스승을 존경하기 때문이다."[12]라고 설명하고 있다.

모든 사람 위(만인지상, 萬人之上)에 군림하는 임금에게 스승은 정치적 지위로는 자신의 아래이지만, 임금이 그를 마음대로 아랫사람으로 대하지 못하고, 함부로 오라 가라 하지 못하는 존재(불소지신, 不召之臣)가 곧 스승이다. 동아시아 전통은 고대로부터 스승을 존경하여 그를 잘 따르고 배울 수 있는 지도자는 훌륭한 지도자(王)가 될 수 있고, 또한 강력한 패자(覇者)가 될 수 있다는 점을 다소 웅변적으로 설파하고 있다.

> 장차 크게 훌륭한 일을 할 수 있는 군주는 반드시 함부로 부르지 못하는 신하가 있다. 그리하여 서로 의논할 일이 있으면 찾아갔으니, 덕(德)을 높이고 도(道)를 즐거워함이 이와 같지 않으면 더불어 훌륭한 일을 할 수는 없다. 그러므로 탕(湯) 임금은 이윤(伊尹)에게 배운 뒤에 그를 신하로 삼았기 때문에 수고롭지 않게 왕 노릇 하였으며, 제(濟)나라 환공(桓公)은 관중(管仲)에게 배운 뒤에 그를 신하로 삼았기 때문에 춘추시대 패자(覇者)가 되었다.[13]

---

10) 『呂氏春秋』卷第4「孟夏紀」"尊師": 天子入太廟祭先聖 則齒嘗爲師者不臣 所以見敬學與尊師也.

11) 고대의 예법 가운데 최고 통치자인 임금이 신하를 대할 때, 북쪽에서 남쪽으로 향하여 앉게 되는 것을 '남면(南面)'이라 하고, 신하는 그 임금을 향하여 남쪽에서 북쪽을 향하기 때문에 '북면(北面)'하여 앉게 된다. 남면(南面)은 임금이 앉는 자리, 곧 임금의 지위를 말하고, 북면(北面)은 신하의 지위를 나타내는 관용적인 표현이다(參考: 『論語』卷6「雍也」: 子曰 雍也 可使南面. (朱子 註)南面者 人君 聽治之位 言仲弓寬洪簡重 有人君之度也).

12) 『禮記』卷4「學記」第18: 君之所不臣於其臣者二. 當其爲尸則不臣也 當其爲師則不臣也 大學之禮 雖詔於天子 無北面 所以尊師也.

『맹자(孟子)』뿐 아니라 다른 저술들14) 또한 위대한 정치 지도자(聖君)들과 학자들의 공통점을 들면서 이들은 모두 다른 사람 위에 군림하거나 남을 가르치려고 하기에 앞서 먼저 자신이 몸을 낮춰 스승과 현자들을 찾아서 묻고, 배우는 학인과 제자의 도리를 다한 사람들이라는 점을 강조하고 있다.

한편 전통 사회의 어린이들은 유년 시절부터 스승을 존경하고 일상생활에서 그 스승의 섬김의 도리를 다하기를 배운다. 어른들은 아이들에게 자신을 낳아 주신 부모와 나라를 통치하는 임금과 함께 스승을 존경하고 섬겨야 한다는 점을 반복하여 가르치고 있다. 전통사회의 아동 교재로 널리 알려진 『소학(小學)』은 어린이들에게 스승의 존재와 그 섬김의 도리를 다음과 같이 설명하고 있다.

> 사람은 이 세 존재(부모, 스승, 군주)를 통하여 살아갈 수 있으니, 섬기기를 똑같이 하여야 한다. 아버지는 나를 낳아 주시고, 스승은 나를 가르쳐 주시고, 임금은 나를 먹여 주시는 존재다. 부모가 아니면 나는 태어날 수 없고, 임금이 나를 먹여 주지 않으면 자라지 못하고, 스승이 나를 가르쳐 주지 않으면 지혜롭지 못하니, 이들은 부모가 낳아 주신 것과 같다. 그러므로 한결같이 섬겨서 오직 그 있는 곳에서 죽음을 다해야 한다.15)

---

13) 『孟子』卷4「公孫丑」下: 將大有爲之君 必有所不召之臣 欲有謀焉則就之. 其尊德樂道不如是 不足與有爲也. 故湯之於伊尹 學焉而後 臣之 故不勞而王. 桓公之於管仲 學焉而後臣之 故不勞而霸.

14) 『呂氏春秋』卷第4「孟夏紀」"尊師": 神農師悉諸 黃帝師大撓 帝顓頊師伯夷父 帝嚳師伯招 帝堯師子州支父 帝舜師許由 禹師大成贄 湯師小臣 文王武王師呂望周公旦. 濟桓公師管夷吾 晉文公師咎犯隨會, 秦穆公師百里奚 公孫枝 楚莊王師孫叔敖沈尹巫 吳王闔閭師伍子胥 文之儀 越王句踐師范蠡大夫種 此十聖人六賢者 未有不尊師者也.
　　『潛夫論』卷1「讚學」: 故志曰黃帝師風后 顓頊師老彭 帝嚳師祝融 堯師務成 舜師紀后 禹師墨如 湯師伊尹 文武師姜尙 周公師庶秀 孔子師老聃 若此言之而信則人不可以不就師矣. 夫此十一君子皆上聖也 猶待學問其智乃博 其德乃碩 而況於凡人乎.

15) 『小學』第2「明倫」: (欒共子曰) 民生於三 事之如一 父生之 師敎之 君食之 非父不生 非食不長 非敎不知 生之族也 故一事之 惟其所在則致死焉.

율곡 이이(栗谷 李珥: 1536~1584) 역시 "배우는 자가 성심으로 진리에 뜻을 두
었다면 반드시 먼저 스승 섬기는 도리를 높여야 한다. 사람은 어버이, 임금, 스승
이 세 분 덕에 태어나고, 살아가게 되고, 배우게 되므로 섬기기를 똑같이 하여야
하니, 어찌 마음을 다하지 않을 수 있겠는가?"16)라고 하면서 군사부일체의 맥락
에서 스승 섬김(事師)의 도리를 설명하고 있다. 동아시아에서 군주를 비롯하여
교육받은 사람들이 자신의 스승을 높이고, 스승에 대해 섬김의 예를 다하고 있
는 모습은 아름다운 교육적 전통(미풍양속, 美風良俗)이다.

사마광(司馬光: 1019~1086)의 『자치통감(資治通鑑)』은 군주(漢, 孝明帝)의 스승
에 대한 존경과 섬김의 자세를 잘 기술하고 있다.

> 임금(上)은 태자 때부터 환영(桓榮)에게 『상서(尙書)』를 배웠고, 황제의 자리에 올라서
> 도 여전히 환영을 스승의 예로 존경하였다. 일찍이 태상부(太常府)에 행차하여 환영을
> 동면(東面)하여 앉게 하고 궤안(几案)과 옥장(玉杖)을 두게 하였으며, 백관들과 환영의
> 문생 수백 명을 모아 놓고 황제께서 친히 스스로 경서를 잡고 있었다. …… 환영이 병
> 으로 아플 때마다 황제는 번번이 사자를 보내 문안을 드리게 하였다. …… 황제는 그
> 집에 행차하여 기거 상황을 물었는데, 골목에 들어서자 수레에서 내려 경서를 가지고
> 앞으로 가서 환영을 위무하며 눈물을 흘렸고, 책상, 휘장, 칼, 의복을 하사하고 오래 머
> 물다가 떠났다. … 환영이 죽으니 황제는 친히 복장을 상복으로 바꾸어 입고 장례식에
> 임석하여 영구를 보내고, 수산의 남쪽에 무덤을 쓰도록 하였다.17)

무소불위(無所不爲)의 권력을 지닌 임금이 자신의 스승에 대해 존경의 예를 다
하고자 하는 것은 무엇 때문인가? 현명한 군주들은 자신의 백성을 가르쳐 인도

---

16)『栗谷全書』卷15「學校模範」: 學者 誠心向道 則必須先隆事師之道 民生於三 事之如一 其可不盡心歟.

17)『資治通鑑』卷44「漢紀36」顯宗 孝明帝 永平 2年: 上自爲太子受尙書於桓榮 及卽帝位 猶尊榮以師禮
嘗幸太常府 令榮坐東面 設几杖 會百官及榮門生數百人 上親自執業. …榮每疾病 帝輒遣使者存問…
帝幸其家問起居 入街下車 擁經而前撫榮 垂涕賜以牀茵帷帳刀劍衣被 良久乃去…榮卒 帝親自變服
臨喪送葬 賜冢塋于首山之陽.

하는 것이 그 국가의 근본을 굳건하게 세우고, 자신의 나라를 강력하고 부유하게 하는 올바른 길임을 알고 있었다. 그들은 스승을 높이고 존중함으로써 자신이 이러한 길을 누구보다도 솔선하고 있다는 것을 사람들에게 보여 주고 싶어 했다. 그렇다면 존경의 대상으로써 스승은 어떤 사람이어야 하는가? 이제 이러한 문제를 중심으로 전통 사회에서 스승의 규범적 조건과 교직의 현실적 위상을 살펴보기로 하자.

2) 스승의 조건

당송(唐宋) 팔대가의 한 사람인 한유(韓愈, 韓退之: 768~824)의 '사설(師說)'은 동아시아의 교육적 전통에서 교사론의 고전적 전범(典範)으로 평가받고 있다.

> 스승이란 진리(道)를 전하고, 학업(業)을 가르쳐 주고, 의혹(惑)을 풀어 주는 사람이다. 태어나면서부터 아는 재(生而知之者)가 아니면 그 누가 의혹이 없을 수 있겠는가. 의혹이 있으면서 스승을 따라 배우지 않는다면 그 의혹은 끝내 풀리지 않을 것이다. 나보다 앞에 태어나서 진리를 듣는 것이 진실로 나보다 먼저라면 내가 그를 따라서 스승으로 삼을 것이요, 그가 나보다 뒤에 태어났더라도 진리를 깨달은 것이 또한 나보다 먼저라면 내가 그를 따라서 스승으로 삼을 것이다. 나는 진리를 스승으로 삼으니, 어찌 스승의 나이가 나보다 많고 적은 것을 따지겠는가? 스승은 신분에 귀천이 없으며, 나이가 많고 적은 것이 문제가 되지 않으며, 진리가 있는 곳은 스승이 있는 곳이다. 아! 슬프다. 스승의 도가 전해지지 못한 지 오래되었구나. …… 사람들이 자기 자식을 사랑하여 아이의 스승을 골라서 가르치지만, 자신을 위해서는 스승을 찾아 배우는 것을 부끄러워하니 이는 잘못된 것이다. 저 어린아이의 스승은 글을 가르치고 구두(句讀)를 익히게 하는 사람들이니 내가 말하는 진리를 전하고 의혹을 풀어 주는 스승은 아니다. …… 성인은 일정한 스승이 없다. …… 공자 말씀하시길 "세 사람이 함께하면 반드시 내 스승이 있다." 하셨으니, …… 제자가 반드시 스승만 못한 것이 아니요, 스승이 반드시 제자보다 나아야 하는 것이 아니다. 진리를 들음에 선후가 있고, 학업에 전공(專攻)이 있는 것일 따름이다.[18]

'사설(師說)'에서 한유가 주장하고 있는 스승 또는 교사란 무엇보다도, 첫째, 전도자(傳道者)로서 교사, 곧 학생들에게 인간다움의 도리(道)를 전해 주고 학생들이 이를 생활 속에서 실천할 수 있도록 인도해 주는 사람이다. 학생들이 배워야 할 고금의 보편적 진리로서 '도(道)'는 자연 과학적인 지식 이전에 인간의 일상적인 삶에서 사람들이 당연히 따라야 할 '인간됨의 떳떳한 길'이며, 이러한 도리를 자신의 일상생활에서 실천하는 것이 '덕(德)'이 된다.[19] 전통 사회에서 스승은 무엇보다 자라나는 어린이들에게 이러한 인간다움의 이치를 깨닫게 하고, 이를 모범적으로 실천하여 어린이들이 현자(賢者)들의 삶에 입문할 수 있도록 그들을 이끌어 주는 존재다.

둘째, 수업자(授業者)로서 교사, 학생들에게 전공 분야(業)의 지식을 정통하게 가르쳐 주는 사람이다. '업(業)'은 이러한 '사람됨(做人)'을 이루는 '일(做事)'이다. 이것은 현대 교육학에서 '교육과정(curriculum)'의 의미인데, 교사는 사람됨의 길을 담고 있는 '육경(六經)' '예악(禮樂)' '육예(六藝)' 등의 교과 전문가라고 할 수 있다.[20]

셋째, 해혹자(解惑者)로서 교사, 교사는 학생들이 학습과 배움의 과정에서 반드시 갖게 되는 의심을 풀어 주는 역할을 하는 사람이다. 대부분 사람은 태어나면서부터 아는 것이 아니며, 아무리 뛰어난 재주를 소유하고 있다 하더라도 처음부터 능통한 것이 아니다. 사람은 항상 배우고 묻는 단계를 거쳐야 그 지혜가 밝아지게 되며, 자신의 능력이 향상된다.[21]

---

18) 『古文眞寶』 後集 卷4 「師說」: 古之學者 必有師 師者 所以傳道授業解惑也 人非生而知之者 孰能無惑 惑而不從師 其爲惑也 終不解矣 生乎吾前 其聞道也 固先乎吾 吾從而師之 生乎吾後 其聞道也 亦先乎吾 吾從而師之 吾師道也 夫庸知其年之先後生於吾乎 是故 無貴無賤 無長無少 道之所存 師之所存也. 嗟乎 師道之不傳也 久矣. … 愛其子 擇師而教之 於其身也 則恥師焉 惑矣 彼童子之師 授之書而習其 句讀者也 非吾所謂傳其道解其惑者也 … 聖人無常師 … 孔子曰 三人行 則必有我師 是故 弟子不必不 如師 師不必賢於弟子 聞道有先後 術業有專攻 如是而已.

19) 『性理大全』 卷34 「性理」 6: … 道者 古今共由之理 如父之慈子之孝君仁臣忠 是一箇公共底道理 德便是 得此道於身則爲君必仁爲臣必忠之類 皆是自有得於己 方解恁地.

20) 丁淳睦(1992). 『옛 선비교육의 길』. 서울: 문음사. 224-226.

　스승이란 단지 글만 가르치고 자신의 전공 분야의 지식만을 외우고 있는 사람이 아니다. 한유 역시 앞의 인용문에서 오히려 이러한 교사는 참된 스승이 될 수 없음을 분명히 지적하고 있다. 유가(儒家)의 전통적인 교사관은 암기된 지식과 시험을 위한 교과를 중심으로 아이들을 가르치는 사람은 진정한 스승이 될 수 없다는 점[22]을 강조하고 있다. 전통 사회가 스승의 조건으로써 교사에게 요구하는 것은 무엇보다 교사가 학생들에게 인격의 모범을 가르치고 이들을 이끌어 주어야 하며, 각각 전공 분야의 지식을 잘 가르칠 수 있는 능력을 갖춘 사람이어야 한다는 점이다. 전자를 우리는 '사람됨의 도리를 가르치는 스승'이라는 의미에서 '인사(人師)'라 부르고, 후자를 '전공 분야의 지식을 가르치는 스승'이라는 의미에서 '경사(經師)'라고 부른다.

　교사가 학생들에게 인격 함양을 소홀히 하고 단순히 특정 분야의 기능이나 재능만을 가르칠 때 그 사람은 실패한 교육자가 되기 쉽다. 맹자는 이러한 실패한 교육자와 성공한 교육의 사례를 두 가지 에피소드(episode)로 제시하고 있다.

사례 1
　방몽(逢蒙)은 예(羿)에게서 활 쏘는 법을 배웠는데 (스승인 예에게) 사도(射道)를 다 배우고 나서 이 세상에서 오직 자기 스승인 예만이 자기보다 활을 잘 쏠 것으로 생각하여 마침내 스승인 예를 죽였다. 맹자가 "이것은 역시 스승인 예에게도 책임(罪)이 있다."고 말하니, 듣고 있던 공명의(公明儀)가 "스승인 예는 마땅히 책임이 없죠."라고 이의를 제기하였다. 이에 맹자가 "스승인 예의 책임이 적다고 할지언정 어찌 그 책임이 전혀 없다고 할 수 있겠느냐."고 말하였다.[23]

사례 2
　정(鄭)나라 사람들이 자탁유자(子濯孺子)를 시켜 위나라를 공격하게 하였다. 이에 위

---

21) 『潛夫論』卷1「讚學」: 雖有至聖 不生而知 雖有至材 不生而能 … 猶待學問 其智乃博 其德乃碩 而況於凡人乎.

22) 『禮記』卷4「學記」第18: 記問之學 不足以爲人師 必也其聽語乎.

23) 『孟子』卷8「離婁」下: 逢蒙 學射於羿盡羿之道 思天下 惟羿爲愈己 於是 殺羿. 孟子曰 是亦羿 有罪焉. 公明儀曰 宜若無罪焉. 曰薄乎云爾 惡得無罪.

나라는 유공사(庚公斯)로 하여금 그를 추격하게 하였다. 자탁유자가 말하기를 "오늘 내가 병이 나서 활을 잡을 수가 없으니 죽겠구나!"라고 하면서 자신의 마부에게 누가 자기를 추격해 오는지를 물었다. 마부가 "유공사입니다."라고 대답하였다. 이 말을 듣고서 자탁유자가 "살았구나!"라고 하였다. 그러자 마부가 "유공사는 위나라의 명사수인데 선생께서 '살았다고 하는 것'은 무슨 뜻입니까?"라고 물었다. 이에 자탁유자가 말하기를 "유공사는 활쏘기를 윤공타(尹公他)에게 배웠고, 윤공타는 활쏘기를 나에게 배웠다. 윤공타는 올바른 사람이니 그는 반드시 바른 사람을 벗으로 취했을 것이다."고 말하였다. 유공사가 추격해 와서 말하기를 "선생은 왜 활을 잡지 않습니까?"라고 하였다. 이에 자탁유자가 "오늘 내가 병이 나서 활을 잡을 수가 없소이다."라고 말하였다. 그러자 유공사가 "저는 활쏘기를 윤공타에게 배웠고, 윤공타는 활쏘기를 선생에게 배웠으니, 저는 차마 선생의 도(활쏘기 기술)로써 선생을 해칠 수가 없습니다. 그러나 오늘 일은 국가의 일이니 저는 감히 이것을 그만둘 수 없습니다."라고 하면서, 화살을 뽑아 수레바퀴에 두들겨 화살촉을 빼 버리고, 화살을 네 번 쏘고서는 돌아갔다.[24]

참된 스승, 진정한 교육자란 '인사적' 특징과 '경사적' 특징을 균형 있게 갖춘 사람인데, 일반적으로 교사를 선발하거나 교사의 직임을 부여할 때 이 조건은 기본적으로 요구된다. 이러한 점은 15~16세기 조선 사회에서 교사를 선발하고, 교사를 임명하는 조건을 밝히고 있는 각종 학규(學規)에도 공통으로 보인다. 15세기 후반에 제정 반포된 '진학절목(進學節目)'(1470, 成宗 元年)과 16세기 중반에 제정 반포된 '경외학교절목(京外學校節目)'(1546, 明宗 元年)의 교사 채용 기준 관련 부분을 살펴보면 다음과 같다.

---

24) 『孟子』卷8「離婁」下: 鄭人 使子濯孺子 侵衛, 衛 使庚公之斯 追之, 子濯孺子曰 今日我疾作 不可以執弓 吾死矣夫, 問其僕曰 追我者 誰也? 其僕曰 庚公之斯也, 曰吾生矣. 其僕曰 庚公之斯 衛之善射者也, 夫子曰 吾生何謂也? 曰庚公之斯 學射於尹公之他, 尹公之他 學射於我. 夫尹公之他端人也 其取友必端矣. 庚公之斯至曰 夫子 何爲不執弓? 曰今日 我疾作 不可以執弓. 曰小人 學射於尹公之他 尹公之他 學射於夫子, 我不忍以夫子之道 反害夫子, 雖然 今日之事 君事也 我不敢廢, 抽矢 扣輪 去其金 發乘矢而後 反.

"(교사는) 경학(經學)에 밝고 행실이 닦여져서 사표(師表)가 될 만한 사람을 예조와 각 관에서 합의하여 선택하여 성균관과 사학에 결원을 보충하며, 타관에서 기한이 차지 않을 자라도 전직시켜 임명하되 다른 사무는 제외하고 가르치는 데만 전력하게 한다."25)

"문관으로서 학행(學行)이 사표(師表)가 될 만한 사람과 경학(經學)에 정통한 사람을 각별히 선택하였으며……."26)

'경학에 밝고(經明), 행실이 닦여져서 다른 사람의 모범(行修)'이 될 수 있는 자는 한 개인의 스승이 될 수 있을 뿐만 아니라 인류 문화의 사표가 될 수 있는 사람이다. 보통 사람들에게 이러한 기준은 도달하기 어려운 것이 될 수도 있다. 인격을 닦고, 전공 분야의 지식에 밝은 사람만이 스승이 될 수 있다고 한다면 당대의 많은 교육자 역시 이 기준에 미달하는 교사가 되기에 십상이다. 전통 사회에서 규정하고 있는 이러한 조건은 동아시아 전통에서 교사의 규범적 이상이라 할 수 있다.

훌륭한 스승, 위대한 교육자로 추앙받는 공자(孔子)와 이퇴계(李退溪: 1501~1570)의 삶 속에서 우리는 진정한 교육자의 모습과 자세를 확인할 수 있다. 공자는 누구보다도 배우기를 좋아한 사람이다. 그는 제자들에게 스스로 배움을 즐기는 존재로서 자기 자신을 드러내고 있다.27) 특히 그는 자신의 삶을 스스로 평가하면서 자신은 누구보다도 배우기를 좋아하며, 가르치는 일에 헌신하고 있음을 때론 당당하게, 때론 겸손하게 내세우고 있다.

---

25) 「進學節目」: 經明行修可爲師表者 本曹及諸館堂上同爲揀擇 成均館四學官有缺隨品塡差 其在他官未仕滿者 亦推移差授 且除他務專委敎誨.

26) 「京外學校節目」: 文官學行堪爲師表者 及經學精通者 各別選擇.

27) 『論語』卷7「述而」: 子曰 我非生而知之者 好古敏以求之者也 … 葉公 問孔子於子路 子路不對. 子曰 女奚不曰 其爲人也 發憤忘食 樂以忘憂 不知老之將至云爾.

> "공자는 '작은 마을에도 반드시 나처럼 충성스럽거나 믿음이 있는 사람이 있겠거니
> 와 나처럼 배우기를 좋아하는 사람은 없을 것이다.'라고 말씀하셨다."[28]
>
> "공자는 '잠잠히 마음속에 새기며, 배우기를 싫어하지 않으며, 사람을 가르치기를 게
> 을리 하지 않는 것, 이들 가운데 무엇이 나에게 있겠는가.'[29]라고 말씀하셨다."[30]

스승의 조건과 관련하여 공자는 배우기를 좋아하고 가르치기를 싫증 내지 않
는 사람, 곧 "옛것을 깊이 공부하여 새로운 지식을 알고자 노력하는 사람이 스승
이 될 수 있다."[31]고 말한다. 공자의 주장처럼 유학 사상에서 남의 스승이 될 수
있는 사람은 인격과 전문 지식이 완벽하게 갖추어진 사람이라기보다 항상 '배움
을 즐기고(好學)' '가르치기를 게을리 하지 않는(教不倦)' 사람이다. 이러한 스승
상의 모습을 우리는 퇴계 이황(李滉)의 만년 생활에서도 엿볼 수 있다.

> "후학을 가르침에 있어 싫증을 내거나 권태로워하지 않았으며, 친구처럼 대하고 끝내
> 스승으로 자처하지 않았다." (김성일)[32]
>
> "여러 학생과 상대할 때 마치 존귀한 손님이 좌석에 있는 것같이 하였다. 모시고 앉
> 았을 때는 감히 우러러 쳐다볼 수 없었으나 앞에 나아가 가르침을 받을 때는 화기가 훈
> 훈하고 강의가 다정하고 친절하여 처음부터 끝까지 환히 통달해서 의심나거나 불분명
> 한 것이 없었다." (정사성)[33]

---

28) 『論語』 卷5 「公冶長」: 子曰 十室之邑 必有忠信 如丘者焉 不如丘之好學也.

29) 『論語』의 이 구절 가운데 '何有於我哉'를 문자 그대로 해석하면 이들 세 가지 가운데 '아무것도 없
다'는 뜻이 된다. 그러나 주자(朱子)의 해설이나 다른 주석가들이 이 구절을 해석하는 것을 보면 공
자의 겸손한 표현임을 알 수 있다. 김종무(金鍾武) 역시 이 구절은 담화문인데, 이 담화문을 보통 문
장으로 옮길 경우 발생할 수 있는 오해로 해설하면서, 누구보다 공자가 이 세 가지 일을 생애의 목표
로 삼고 있으므로 겸손한 표현으로 보아야 한다고 설명하고 있다(金鍾武(1989), 『論語新解』, 서울:
민음사, 139-140).

30) 『論語』 卷7 「述而」: 子曰 默而識之 學而不厭 誨人不倦 何有於我哉.

31) 『論語』 卷2 「爲政」: 子曰 溫故而知新 可以爲師矣.

32) 『退溪先生言行錄』 卷1 「教人」: 訓誨後學 不厭不倦 待之如朋友 終不以師道自處(金誠一).

공자 이후 유학 사상의 정통을 계승하고 있는 학자나 사상가들은 자신을 완벽한 인간, 완성된 존재로서 내세우기보다는 누구보다 유난히 배움을 사랑하는(好學) 사람으로 인정받고 싶어 한다. 특히 남을 가르치는 스승이 되었을 때 그들은 권위적 교사로 군림하기보다는 제자들에게 인격의 모범과 끊임없는 진리 탐구의 자세를 몸소 실천하는 데 헌신했던 사람들이다.

'인간됨의 도리'를 가르치는 '인사(人師)적 측면'과 '전문 분야의 지식'을 가르치는 '경사(經師)적 측면'을 함께 갖추는 것은 전통 문화에서 이상적인 스승의 조건이다. 그러나 현실적으로 이러한 조건은 규범적 이상으로만 제시될 뿐이다. 대개 우리 전통에서 훌륭한 교육자, 존경받는 스승은 공자와 퇴계의 일상생활에서 볼 수 있듯이 항상 제자들과 함께 학문을 즐기고 그들과 함께 진리 탐구의 활동을 게을리하지 않았던 사람, 곧 교학상장(敎學相長)의 모범을 보이려고 노력했던 사람들이었다고 할 수 있다.

3. 전통 사회에서 교직의 현실

공자와 퇴계의 삶은 동양 문화에서 교육자적 삶의 태도를 보여 주는 전형적인 사례라 할 수 있다. 그렇다면 이들 모범적인 사상가, 교육자들은 자기 시대의 교육적 현실, 특히 학생을 가르치는 교사에 대한 현실 상황을 어떻게 인식하고 있는가?

유학 사상에 기반을 둔 성리학적 세계관이 삶의 이념과 정치 이데올로기로써 역할을 하였던 조선 시대의 공립학교, 곧 관학을 중심으로 한 교관직(敎官職)의 현실은 스승의 규범적 이상과는 거리가 먼 모습들이었다.

---

33) 『退溪先生言行錄』卷2 「起居語默之節」: 與諸生相對 有如尊賓之在座 侍坐不敢仰視 及進前授學 和氣薰然 誨諭諄諄 從頭至尾 洞然無疑晦(鄭士誠).

퇴계 선생은 53세가 되던 해인 1553년(明宗 8年) 4월에 오늘날의 국립대학의 총 장격인 성균관 대사성에 임명되었다. 선생은 당시 학교교육이 정상화되지 못하 고 스승의 도(師道)가 나날이 쇠퇴하는 것을 심각하게 우려하면서 사학(四學)의 학생들에게 교육을 바로잡기 위한 '특별 담화문(諭四學師生文)'을 발표하였다. 이 를 통하여 우리는 16세기 중반 조선 사회의 학교와 교육의 현실을 엿볼 수 있다.

> 학교는 풍속과 교화의 본원이며 모범[首善]을 세우는 곳이다. 선비는 예의의 주인이 며, 원기가 깃든 곳이다. 국가에서 학교를 설립하여 선비를 양성하는 것은 그 뜻이 매우 높으니, 선비가 입학하여 자기를 수양함에 어찌 구차스럽게 천하고 더러운 행동을 할 수 있겠는가? 더구나 스승과 제자 사이에는 마땅히 예의로써 서로 솔선하여 스승은 엄 숙하고 제자는 공경하여 각각 그 도리를 다할 것이다. …… 오늘날 학교를 살펴보니 선 생[師長]된 사람이나 학생[士子]된 자가 서로 그 도리를 잃어버렸다. …… 내가 들으 니 사학의 유생들이 '스승을 길 가는 사람[路人]처럼 여기고, 학교를 마치 주막집[傳 舍]처럼 여긴다.'고 한다. …… 스승이 들어오면 수업을 받고 가르침을 청하기는 고사 하고, 읍(揖)하는 예(禮)를 행하는 것까지 꺼리고 이를 부끄럽게 여겨, 서재(書齋) 안에 번듯이 누워서 스승을 올려보고 나오지도 않는다.[34]

당시 학생들이 스승을 길 가는 사람처럼 여기고, 학교를 여관이나 주막처럼 여긴다고 하는 퇴계의 언사는 과장된 표현이 아니라 교사와 학생에 대한 냉정한 현실 인식이다. 비슷한 시기에 『조선왕조실록(朝鮮王朝實錄)』에 나타난 지식인들 의 교육과 학교에 관한 여러 상소(1564) 역시 퇴계와 같은 문제의식을 잘 보여 주 고 있다.

---

34) 『退溪集』 雜著「諭四學師生文」: 學校風化之原首善之地 而士子禮義之宗元氣之寓也. 國家設學而養士 其意甚隆 士子入學以自養 寧可苟爲是淺穢哉 而況師生之間 尤當以禮義相先 師嚴生敬各盡其道. … 竊觀今之學校 爲師長爲士子 或未免胥失其道. … 仄聞四學儒生 視師長如路人 視學宮如傳舍. … 及 其師長之入 受業請益姑不言 至以行揖禮爲憚爲恥 偃臥齋中 睨而不出.

(대사헌 김귀영 등의 상소) 학교는 많은 선비를 길러 내어 가르침을 일으키는 곳입니다. 학교를 새롭게 진작시키는 근본은 임금에게 달려 있고, 가르치는 방법은 선생에게 달려 있습니다. 서울의 학궁(學宮)과 지방 향교(鄕校)의 교육 법규가 지극하지 않은 것이 아닌데도, 선비들의 추향(趨向)이 바른길을 잃었습니다. 오직 기초적인 학습만 하고 이를 통해 벼슬을 얻으려 하며, 부(富)나 추구할 뿐 쉬지 않고 수양하는 도리는 알지 못합니다. 스스로 권력 있는 집에 청탁하면서 부끄러워하는 마음이 조금도 없으니, 예(禮)로써 사양하는 것이 어디에 있겠습니까. 국학(國學)이 이러하니 지방의 향교는 알 만합니다. 성균관은 인재를 가르치고 기르는 곳인데, 선생은 대부분 합당한 사람이 아니어서 늙고 병든 사람이 아니면 거의 다 인망이 없는 사람입니다. 그런데 어떻게 스승으로서 도리를 책망하여 인재를 이루어 내는 효과가 있기를 바라겠습니까.[35]

조선 시대 최고 수준의 교육기관인 성균관의 교사라면 우리가 앞에서 논의한 교사의 규범적 조건을 충족하는 사람이라고 생각하기 쉽지만, 현실은 그렇지 못하였다. 『왕조실록』의 여러 기록에서 볼 수 있듯이, 성균관의 교육자들 역시 자질이 부족한 사람이 많았다. 성균관의 교사가 이 정도라면 지방 학교(鄕校, 書堂)의 교관직에 대한 사회적 인식은 두말할 나위가 없을 것이다. 율곡 이이도 자신의 저술 『학교모범(學校模範)』(1582)과 『동호문답(東湖問答)』(1569)에서 당시 학교 교관의 자질과 바람직하지 못한 교육 현실에 대한 우려를 깊게 드러내고 있다.

"교화하는 법은 스승을 뽑는 일보다 우선할 것이 없다. 그런데 근래에는 훈도(訓導)의 임명에 그 자격을 가리지 않고 한갓 청탁에만 따르므로 스승의 자리가 도리어 가난

35) 『朝鮮王朝實錄』卷30 「明宗實錄」 明宗 19年(1564年) 2月 癸丑: (大司憲金貴榮等上疏) 學校 所以育多士而興風化也. 作新之本 繫於人君 而敎誨之方 在於師長. 內而學宮 外而鄕校 養育之規 非不至矣 而章甫之徒 趨向失正. 惟習句讀 以窺靑紫之媒 務爲輕肥 不知藏修之道. 自售於公薦 干謁於權門 羞惡掃地 禮讓何居? 國學如此 外校可知. 首善之地 敎養所關 而皐比之坐 率非其人, 非老病之人則必是時望所不與也. 何以責師道之重 而望作成之效哉.

한 선비의 입에 풀칠하는 밑천이 되고 말았다. 그리하여 훈도의 이름을 천하게 여기는 바가 되어 서로 비웃고 나무라기까지 한다. 스승이 이미 자격자가 아니고 보면 선비의 기풍이 날로 쇠퇴하여질 것은 이치상 필연적이므로 이상할 것이 없다."36)

"지금은 가르치는 사람[訓導]을 지극히 천한 직업으로 생각하여, 반드시 가난하고 재산이 없는 사람을 구해 그 자리를 주어 그것으로 굶주림[飢寒]이나 면하게 하고 있고, 훈도가 된 사람도 한갓 학생[校生]을 침탈하여 자기만 살찌게 할 뿐이니, 이런 형편에서 누가 교육이 무엇인지를 알겠습니까. 이래서 인재 양성을 바라는 것은 마치 나무에 올라가 물고기를 구하려는 것[緣木求魚]과 무엇이 다르겠습니까."37)

퇴계와 율곡의 저술들, 그리고 『왕조실록』의 기록에 나타난 조선 시대의 제도적인 학교교육과 교관직(教官職)에 대한 현실 상황을 본다면 앞에서 기술한 교사의 규범적 조건은 조선 사회의 교육 현실과 현격한 거리가 있다. 이미 언급했듯이 자신을 태어나게 해 준 부모(父)와 자신에게 정치·경제적 지위 부여와 함께 사회적 삶을 가능하게 해 주는 국왕(君)과 함께 자신에게 인간됨의 도리를 가르치고 다양한 방식으로 무지를 깨우쳐 주는 스승(師)은 부모와 임금과 함께 존경 대상이어야 한다는 '군사부일체(君師父一體)'의 정신, 최고 권력자인 국왕도 마음대로 신하로 대하지 못하는 '불소지신(不召之臣)'으로써 스승의 사회 정치적 지위는 조선사회 현실에서 제대로 자리 잡지 못했다.

정순우(2010)는 조선 시대의 제도적 교육, 곧 관학의 교관직이 유학 사상의 교육 이념이나 스승의 규범적 지위와 괴리되고 있는 원인을 크게 두 가지로 들고 있다.38) 우선 관학에 종사하는 교관들, 곧 훈장(訓長)이나 사장(師長)에 대한

---

36) 『栗谷全書』卷15「學校模範」: 敎化之具 莫先於擇師而近來訓導之任 不擇其人 徒循請囑 皐比之座 反為寒生餬口之資. 故訓導之名 爲人所賤 至相詬詈. 師旣非人 則士風日衰 理勢必然 無足怪者.

37) 『栗谷全書』卷15 雜著2「東湖文答」'論敎人之術': 今者以訓導爲至賤之任 必得貧困無資者而授其位 使免其飢寒. 爲訓導者 亦徒知侵漁校生 以自肥而已 夫孰知敎誨之爲何事耶. 如是而欲望作成人才 何異於緣木而求魚耶.

38) 정순우(2010). 규장각 한국학연구원, 군사부일체 사회의 버팀목, 그러나 불우한 삶. 『조선 전문가의 일생』. 서울: 글항아리. 28-32.

사회·경제적 대우가 제대로 이루어지지 않았기 때문이라고 한다. 당시의 재정 상태로 이들에게 지급되는 녹봉은 충분치 않았으며, 교관직에 임명된 자들 역시 교육적 사명감에 의해서 교직에 진출하는 것이 아니었다. 생원(生員)과 진사(進士)로서 교관직에 나온 경우에는 관료가 되는 과거시험에서 요구되는 원점(圓點)을 대체할 수 있었고, 많은 이들이 부역을 면제(免役)받는 통로로써 이 직책을 이용했기 때문이다. 두 번째 이유는 첫 번째 이유와 연결되는데, 교관직이 관료로서 출세를 보장해 주지 못하는 한직이었기 때문이다. 관료로서 입신출세하여 후세에 이름을 드날리기를 바라는 세태는 교관직을 명예로운 직책으로 삼기보다는 유학자들이 기피하는 직책으로 만들었다. 유생들은 심지어 지방 학교(鄕校)에 교관으로 임명되면 임지에 부임하기를 꺼리게 되는 경우가 많았다.[39] 관학의 교관직에 대한 부정적 인식은 조선 사회 전반에 걸쳐 다양한 기록 속에 나타난다.

> 충청도 도사 김일손이 상소하여 말하기를 "향천(鄕薦: 고을에서 천거된 인재)을 참작해 채용하여 훈도로 삼으소서. 신이 본도(本道)에 이르러 주현(州縣)의 훈도를 두루 시험하여 보니, 혹 학생[校生]이 두어 경전에 능통한 자가 있는데, 훈도는 한 경전에도 통하지 못하므로 스승이 학생을 가르치지 못할 뿐만 아니라 학생이 도리어 스승을 가르치게 되니, 진실로 탄식할 일입니다. 이것은 다름이 아니라 뇌물 청탁으로 말미암아 훈도의 직을 얻어서 군역(軍役)을 면하기 때문입니다. 마땅히 각도 감사에게 명하여 제생을 고시하여 경술(經術)에 능통한 자를 살펴서, 회강자(會講者), 취재자(取才者)와 함께 쓰고, 교육에 공이 있는 자를 감사가 수소문하여 현(縣)으로부터 군(郡)으로, 군(郡)으로부터 주부(州府)로, 점차 교수로 승진시켜 사표(師表)를 장려하소서."[40]

---

39) 이원재(2001). 『과거공부를 알아야 우리 교육이 보인다』. 서울: 문음사. 52-54.

40) 『朝鮮王朝實錄』「燕山君日記」燕山君 1年 乙卯 5月 28日 庚戌: (忠淸道都事金馹孫上疏日) … 參用鄕薦 爲訓導. 臣到本道 歷試州縣訓導 或有校生 能通數經 而訓導 不曉一經 非唯能敎生 而生反敎師 良可嘆已 無他 由苞?請托以得 而苟免軍役故也. 宜令各道監司 考試諸生 能通經術者論啓 與會講者取才者 竝用. 有敎育之效者 監司啓聞 由縣而郡 由郡而州府 漸遷敎授 以勵師表.

관학의 교관직이 당시 지배층인 양반 사류(士類)들에게 외면당하자 15세기 후반 이후 향교와 같은 지방 학교의 교관직은 관련 교과에 대한 전문지식이 없는 사람들이 담당하기도 하였고, 심지어는 일반 상민(常民)이 맡기도 하였으니 이들에게 교육에 대한 열정을 기대할 수 없었다. 15세기 후반 율곡 선생의 저술(『학교모범』과 『동호문답』)은 관학의 부흥과 교관직의 선발과 임용 및 그들에 대한 경제적 예우에 관한 다양한 대안 제시는 당대의 학교와 교육 현실을 개선하고자 하는 지식인의 열망이 반영된 것이다.

과거시험을 위한 준비기관으로 관학이 운영되고, 과거 합격을 통한 관직 진출이 조선 사회를 살아가는 지식인들의 출셋길로 인식되는 상황에서 상대적으로 유학 사상이 표방하는 인간의 자기완성과 공동체의 교화를 위한 교육적 노력은 의식 있는 유학자들이 개인적으로 설립·운영하고, 부분적으로 국가의 사회·경제적 지원을 받으면서 운영되었던 서원(書院)에서 오히려 뚜렷하게 나타난다.

전통 사회에서 스승상의 규범적 이상을 몸소 실천하고 후학들을 가르쳐 인도하기를 게을리하지 않았던 교육자들은 자신의 강학(講學) 공간을 겸하면서 스승과 선현(先賢)들을 향사(享祀)하는 제례(祭禮) 공간으로써 서원을 설립·운영하였는데, 많은 유학자는 이 서원 교육을 통하여 근대 이전까지 공자 이래의 유학의 학문 정신을 계승하고 스승의 도(師道)를 실천해 왔다고 할 수 있다.

4. 전통적 교사상의 현대적 의미와 교훈

우리는 유학 사상을 기반으로 한 동아시아 전통에서 교사의 규범적 지위와 이상적 스승상의 특징 및 전통 사회에서 교직의 현실을 살펴보았다. 유학적 사유체계는 동아시아 역사에서 어떤 다른 사상보다 인간의 교육과 배움을 중시하고 있다. 이러한 삶의 방식은 고대부터 근세까지 한국인의 심층의식을 형성해

온 주요 사상이며 종교였고, 유학의 주요 개념들은 한국인들이 인간과 세계를 해석하고 의미를 부여하는 문화 문법으로 역할을 해 왔다. 그렇다면 전통 문화에서 스승의 규범적 이상, 혹은 교직에 대한 논의가 오늘날 우리에게 어떤 교훈을 줄 수 있는가?

우리는 전통 문화에서 스승의 규범적 지위를 크게 두 가지 주요 개념을 중심으로 살펴보았다. '불소지신(不召之臣)'과 '군사부일체(君師父一體)'의 스승상은 전통 사회의 교육과 관련하여 다음과 같은 중요한 의미가 있다. 먼저 최고의 권력자가 마음대로 자신의 스승을 신하로 대하지 못한다는 점은 스승의 학은(學恩)에 대한 존경과 감사의 표시를 넘어 권력자들이 스승의 학문 세계와 스승으로 대표되는 학교와 교육에 대한 부당한 통제와 간섭을 하지 말아야 한다는 메시지를 위정자들에게 일깨워 준다.

옛사람들이 학교와 교육의 역할과 기능을 규정할 때 "학교를 아름다운 풍속과 교화의 본원과 모범을 세우는 장소(學校 風化之原 首善之地)"[41]로 규정하거나, 국가가 "학교를 설립하고 교사를 두는 것은 인륜을 밝혀"[42] 약육강식이 지배하는 야만의 사회를 문명사회로 이끌어 가기 위함이다. 따라서 아동들의 삶에서 스승과 교사는 가정을 대표하는 부모, 국가와 사회를 대표하는 군주와 함께 학문과 교육을 상징하는 존재다. 조선 시대 어린이들이 공부에 입문할 때부터 강조되는 '군사부일체'는 단지 스승과 교사의 직분이 부모와 군주와 동등한 존경의 대상이라는 점만을 말하고자 하는 것이 아니다. 가정은 혈통(血統)을 대표하는 단위이고, 국가는 왕통(王統)을 상징하며, 학교는 도통(道統), 곧 진리 탐구와 지식의 계발과 전수를 주관하는 문화적 기관이다.

이 군사부일체는 교사의 권위를 합리화하는 주장을 넘어 인간의 삶에서 개인의 자아 성장과 완성이 가정(부모)과 사회(군주)와 그리고 학교(스승)의 공동의

---

41) 『退溪集』 雜著 「諭四學師生文」: 學校風化之原首善之地.
42) 『松堂先生文集』 卷四 「李成桂至誠事王氏箋」: 廣學校而置敎授者 所以明人倫也.

노력으로 온전해질 수 있다는 점을 말하고 있으며,[43] 교직이 이러한 도덕적 사업의 중추적 역할을 해야 한다는 점을 강조하고 있다.

　존경의 대상으로서 스승은 바로 '인간됨의 모범을 보여 주는 교사(人師)'와 '전문 분야의 지식과 식견을 가르쳐 주는 교사(經師)'의 역할을 잘 수행해야 한다. 교사들에게 요구되는 '인사적 측면'과 '경사적 측면'은 교사들에게 양자택일의 선택사항이 아니다. 예나 지금이나 지식과 기술을 가르치는 교사는 만나기

---

43) 최봉영(1997)은 유학적 교양인으로서 선비(士)들의 삶을 설명하면서 통(統)을, 그의 개인적 삶을 교육적(문화적) 삶과 국가적(사회적) 삶으로 나누면서 개인적 삶에서 가통(家統=家廟), 교육적 삶에서 도통(道統=文廟), 국가적 삶에서 왕통(王統=宗廟) 의식이 지배한다고 보았다. 유가(儒家)에서 삶은 선비들이 일생을 통하여 통의식의 계승과 확장을 수행하는 과정이다. 전통 사회에서 부(父)와 사(師)와 군(君)을 일체(一體)의 관계로 보는 것, 역시 이들이 가통의 대표자, 도통의 대표자, 왕통의 대표자로서 한 인간에게 동일한 의미를 지니기 때문이다. 통의식의 맥락에서 조선 시대 선비들이 갖는 삶의 기본 전제와 삶의 의미부여 방식은 다음과 같이 도표화된다.

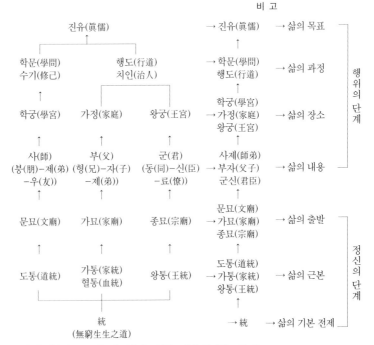

*출처: 최봉영(1997). 『조선 시대 유교문화』. 서울: 사계절. 108-109.

쉽지만 인간됨의 모범을 보여 주고 학생들이 이러한 일에 헌신할 수 있도록 이끌어 주는 교사는 만나기 어렵다.[44] 물론 교육자로서 이러한 '인사'와 '경사'의 측면을 온전히 갖추는 것은 힘든 일인지도 모른다. 공자나 맹자, 퇴계 선생의 삶처럼 교사는 남을 가르치기에 앞서 누구보다 자신이 배움을 즐기는 사람(好學)이된다면 이 기준에 크게 벗어나지는 않을 것이다.

맹자는 "사람들의 병통은 남의 스승 되기를 좋아한다."[45]고 하였는데, 사실 일상생활에서 사람들 사이에 발생하는 문제나 갈등은 대개 사람들이 항상 남을 가르치려고 하는 데에서 생긴다. 맹자의 이 말은 교사가 되려는 이들에게 중요한 점을 시사해 준다.

동·서양의 역사를 막론하고 인류 문명의 위대한 스승들은 다른 이들을 가르치고 훈계하는 데 능통한 사람이기 이전에 자신의 학생이 스스로 배울 수 있도록 하는 데 특별한 공헌을 했던 사람이다. 직업인으로서 교육자는 학생을 가르치려고 하지만, 사람됨을 가르치는 스승으로서 선생은 학생 스스로 학습할 수 있도록 그들에게 깨달음의 힘을 북돋워 주려고 노력한다. 그러므로 선생은 학생을 가르치려는 만반의 준비를 한 사람이기 이전에 항상 세상으로부터, 다른 사람으로부터, 동료로부터 기꺼이 배우고자 하는 자세를 가진 사람이다. 우리는 "진정한 교육자, 곧 스승은 남을 가르치지 않는다."는 역설(逆說)에 귀 기울일 필요가 있다.

우리는 공립학교인 관학의 교관직이 전통 문화에서 규정하는 교사나 스승의 규범적 이상과는 거리가 먼 직책임을 조선 사회의 다양한 기록을 통하여 확인해 볼 수 있었다. 16세기 조선의 현실에서 학생들이 교사를 '길 가는 사람(路人)'처럼 무심하게 여기고, 학교를 '여관이나 주막(傳舍)처럼 여기는 풍조', 교사에 대한 재정적인 지원 체계가 마련되지 못하고 있는 교관정책, '일반 관직 진출을

---

44) 『資治通鑑』卷55「漢紀47」孝桓帝 延熹 7年: 經師易遇 人師難遭.

45) 『孟子』卷7「離婁」上: 人之患 在乎爲人師.

위한 임시방편적인 직책'이라는 의식이 지배하는 관학의 교관정책의 현실을 검토하는 과정에서 우리는 오늘의 교육 현실과 교원양성 정책과 관련하여 많은 것을 생각하게 해 준다.

우리 역사에서 본격적인 교원양성 기관의 설립과 운영은 갑오경장 이후 19세기 후반(1895) 한성사범학교 관제가 공포되면서 제도적으로 가능해졌다. 이전까지 전통적인 교사는 유학적 교양에 대한 개인적 공부와 수련을 통하여 이루어졌고, 과거제도의 관료선발 시험을 통하여 사회적으로 그 자격이 공인됐다고 할 수 있다. 전통 사회에서 교사를 어떻게 양성할 것인가의 문제가 개인에게 일임되었고, 국가는 단지 관직 진출의 한 수단으로, 또는 개인의 호구지책의 한 방편으로 교관직을 관리하게 되었으니 관학에 대한 국민의 불신과 쇠퇴는 명약관화한 일이다. 율곡이 탄식하였듯이, 조선 사회의 교관정책은 마치 나무 위에서 물고기를 구하는(緣木求魚) 형국이라고 해도 지나친 표현이 아니다.

오늘날 우리 사회가 국가의 경쟁력을 강화하고, 국민이 각자의 자리에서 의미 있고 가치 있는 삶을 추구하기를 바란다면 스승의 규범적 지위와 이상에 대한 전통 사회의 담론을 학교현장에서 되살리는 것이 필요하다. 또한, 국가가 교육에 대해 지원은 하되 간섭과 통제를 일삼지 않았던 전통 사회의 서원정책(賜額書院)을 통하여 우리는 바람직한 교육정책의 방향을 모색해 볼 수 있다. 사회에서 스승 존경의 기풍 형성에 위정자들이 솔선하여 실천해야 하며, 무엇보다 사람을 가르치는 일에 헌신하는 교사 양성을 위한 국가의 체계적인 교원양성 정책 수립과 행·재정적인 지원을 통하여 우리는 전통 사회가 범해 온 오류를 반복하지 말아야 할 것이다.

참고문헌

『論語』

『孟子』

『小學』

『禮記』

『荀子』

『管子』

『資治通鑑』

『性理大全』

『退溪集』

『退溪先生言行錄』

『栗谷全書』(「學校模範」 「東湖問答」 「擊蒙要訣」)

『古文眞寶』(「師說」)

『呂氏春秋』

『揚子法言』

『潛夫論』

『朝鮮王朝實錄』

『東國文獻備考』

『松堂先生文集』

규장각 한국학연구원(2010). 조선전문가의 일생. 서울: 글항아리.

박재주(2000). 동양의 도덕교육 사상. 경기: 청계.

이원재(2001). 과거공부를 알아야 우리 교육이 보인다. 서울: 문음사.

정순목(1987). 퇴계평전. 서울: 지식산업사.

정순목(1992). 옛 선비교육의 길. 서울: 문음사.

최봉영(1997). 조선 시대 유교문화. 서울: 사계절.

賈馥茗(民國 87). 敎育哲學. 臺北: 三民書局.

高時良(1991). 中國敎育史綱. 北京: 人民敎育出版社.

Brubacher, J. S. (1947). *A History of The Problems of Education*. NY: McGraw-Hill Book Co.

제 **2** 부

교사교육 다시 쓰기

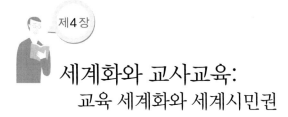

제4장

세계화와 교사교육:
교육 세계화와 세계시민권

김미정[1]

1. 서 론

20세기 말의 세계화(globalization) 현상은 인간의 삶의 형태와 사고방식을 바꾸어 놓았고, 앞으로도 끊임없이 다양한 변화와 창의적 문제 해결을 요구할 것이다. 세계화를 위한 교육은 이러한 시대의 흐름에 능동적으로 대처하고 그 변화를 바람직한 방향으로 이끌어 가는 인간을 육성한다는 점에서 반드시 추구해야할 과제다. 그러나 세계화를 둘러싼 개인, 지역사회, 그리고 한 국가의 경험과이해, 그리고 추구하는 방향은 매우 다양하고 복잡하기 때문에 세계화의 흐름을 정의하고 그 안에서 교육을 논한다는 것은 매우 힘든 과제이며, 어떤 방향의논의든 그 한계점이 있을 수 있다. 국제화의 흐름과 그에 대비한 교육은 어제와오늘의 경험을 바탕으로 내일을 추측하며 만들어 가는 미래형이지, 그 결과를단언하고 확신할 수 있는 내용이 아니기 때문이다. 따라서 이 장은 국제화 교육을 둘러싼 여러 논점과 제안점 중의 한 예로 한 개인이 한국, 싱가포르, 그리고

1) 현 캐나다 앨버타대학교(University of Alberta) 사범대학 교수

캐나다 등지에서 교사이자 연구자로서 경험한 학교 사회의 국제화 물결과 교육의 변화에 관련된 이야기들을 나눔으로써 세계화 교육이라는 큰 과제에 대한 논의를 시작하고자 한다.

2. 세계화, 학교에 오다

1990년대 중반 즈음으로 기억한다. 당시 나는 5년 차 초등학교 교사로 재직 중이었고, 교육과 교직의 의미에 대해 배워 가고 있을 즈음이었다. 그 당시 학교에 불기 시작한 세계화(globalization)라는 커다란 바람을 뚜렷이 기억한다. 사회 전반에 거론되고 있던 세계화의 물결, 국제 협력 및 교류의 중요성은 세계화에 대비하는 교육 혁신에 대한 필요성을 불러왔고, 이는 학교현장까지 이어졌다. 학교에서는 세계화를 준비하는 교육에 대해 강조하였고, 당시 5년 정도의 교육 경력을 가진 교사의 입장에서 '세계화 교육'은 개념의 추상성과 실행의 구체성 속에서 매우 혼란스럽고 두려운 것이었다. 국제화 교육의 필연성이나 목적에 대한 충분한 논의도 없이 학교에서는 미래를 위한 '세계화' 교육은 반드시 이루어져야 하며, '세계로 뻗어 나가는 한국'이 되기 위해서는 영어와 컴퓨터 기술이 필수적이라고 하였다. 영어 교육과 컴퓨터 교육이 강조되었고, 이는 국제화 교육을 대변하는 말이 되었다.

교사들은 학생들에게 자신에게도 어렵고 생소한 지식과 기술을 가르쳐야 한다는 부담감과 함께 세계화를 위한 학교교육 정책의 갑작스러운 변화를 두려워하였고, 정책의 변화를 원망하기도 했으며, 자신의 능력부재를 자책하기도 하였다. 이로 인해 아이들을 사랑하고 다방면에 능력 있는 오랜 경력을 가진 교사 중에는 학교교육의 변화와 영어나 컴퓨터 연수와 교수 활동의 부담과 함께 이른 퇴직을 선택하기도 하였으며, 학교에는 경력 교사들이 많이 줄어들기도 하였다. 나를 포함한 남겨진 젊은 교사들은 그들의 경험과 지식에서 오는 학급 경영이나 학교 경영, 교육과정의 다양한 의사결정의 비결 등을 배울 수 있는 기회가 줄어들었다. 학교교육을 밖에서 바라보는 사람들은 학교가 '젊어졌다'는 표현을 하기도 하였다. 하지만 이제 교사 생활을 배워 가던 나에게는 그들의 지혜와 푸근함이 때론 그리웠고, 나 역시 언젠가는 한순간에 도태된 교사가 될 수도 있다는 두려움이 있었다. 세계화 교육은 그렇게 나에게 다가왔다. 시대의 변화는 교사가 지녀야 할 능력과 조건을 급변하게 변화시킬 수 있으며, 그 안에서 나는 어떤 준비를 해야 하는가에 대한 많은 의문과 호기심, 그리고 두려움을 가졌던 시간이었다.

그렇게 열풍을 일으키며 다가왔던 세계화는 1990년대 이래 다양성과 유사성에 대한 이해에 기반을 두어 상호 의존, 상호 협력 및 통합이라는 취지 아래 사회 전반에서 급속도로 진행되어 왔으며, 삶의 많은 변화를 가져왔다. 각 국가는 정치적 · 경제적으로 직 · 간접적인 교류에 참여하고 있으며, 문화적인 교류를 통해 각국의 전통과 문화를 소개하고 이해하려고 노력하였다. 인터넷 발달을 통한 지식 정보의 보급과 교류가 자유로워졌으며, 문화의 다양성을 접하고 이해하는 기회도 많아졌다. 물질적으로는 세계 어느 곳에서나 글로벌 상품과 서비스를 가깝고 신속하게 이용하면서 우리는 세계화의 속도와 범위를 실감하였다. 맥도날드화(McDonaldization)라는 신조어를 낳을 정도로 다국적 상품이나 서비스는 세계 곳곳의 지역사회의 문화와 경제활동에 참여하게 되었고, 이제는 세계 많은 지역사회의 한 구성원이 되어 가고 있다(Ritzer, 1993). 이러한 복잡하고 다양한 세계화의 방향성을 Bottery(2006)는 정치적 · 경제적 국제화, 문화적 국제화, 지구 환경적 국제화, 인구 구성적 세계화, 그리고 아메리칸 국제화라고 구분 지으며, 국가와 개인은 자신이 처한 상황 안에서 다방면의 국제화를 경험하고 그로 인한 변화와 문제점 등을 피할 수 없다고 했다.

세계화 교육이라는 단어를 학교 교무 회의에서 처음 들은지 20여 년이 지났다. 그동안 세계화는 급속히 퍼져 나갔고 우리는 세계와 소통하지 않으면 미래를 준비할 수 없는 오늘을 살고 있다. 영어와 컴퓨터 교육을 통해 강조되었던 세계화를 준비하는 교사상은 어쩌면 올바른 선택이었는지도 모른다. 하지만 이는 복잡 다양한 세계화에 대한 표면적·구조적 접근이며, 미래를 준비하는 우리 교육의 정체성과 미래를 대비하는 창조적 방향성을 제시해 주었는가 하는 것에 나는 아직도 의문이 든다. 1990년대에 세계화 교육의 흐름과 함께 시작되었던 나의 커다란 질문들은 오늘도 여전히 대답하기 힘든 것으로 남아 있다.

　세계화를 바라보는 우리의 시각은 어떠하며, 세계화와 함께 급변하는 사회의 흐름 속에 준비된 교사가 되기 위해서는 어떤 노력이 필요한가? 교사가 세계화에 참여하고, 또 주도할 수 있는 교육을 한다는 것은 어떤 모습이며 어떤 역량을 갖추어야 하는가? 이 질문들은 나는 가끔은 현실 속에 닥친 과제들로 잊고 살기도 하였고, 때로는 그 질문의 무게가 너무 버거워 생각을 회피하고 지내오기도 하였다. 하지만 이 장에서 그간 내가 경험한 세계화와 교육의 변화들을 중심으로 교사교육에 대한 생각을 적어 보기로 한다. 물론 여기서 이야기되는 내용은 '나'라는 한 개인이 특정한 지역사회 안에서 교사교육자라는 직업에 종사하면서 겪은 경험에서 나온 이야기들로 제한적이라고 생각될 수도 있다. 그러나 이 이야기들은 세계를 중심으로 펼쳐진 연구자, 교육자들의 연구와 이론을 바탕으로 설명될 것이며, 이러한 현상적 해석들은 국제화가 한 개인, 지역사회의 반경 안에서 어떻게 경험하고 고민되며, 또 참여하고 있는지에 대한 이해를 도와줄 것이다. 또한, 이 경험적 현상적 해석들을 바탕으로 우리 각자가 처한 상황과 맥락 안에서 세계화를 바라보고 이해할 기회가 된다면 이 역시 의미 있는 일이 되지 않을까 한다.

3. 세계화, 교육, 그리고 교사교육

　세계화는 다양한 모습으로 경험되고 해석되며 가끔은 모순적이고 선택적으로 이해되고 해석된다. 예를 들어, 세계화의 변화 속에 개인들은 다양한 문화를 접하고 지식 정보를 교환하는 기회들을 통해 자신의 역량을 세계를 무대로 펼쳐 가는 긍정적인 문화 세계화를 경험한다. 하지만 한 개인의 지식이나 기술은 국경을 넘어 범국가적 글로벌 사회에서 요구되는 경우가 생기고, 이로 인해 해외 인력 이동, 다문화 사회의 갈등, 인권 관련 문제가 생겨난다. 또한, 세계 어느 곳에서나 접할 수 있는 글로벌 상품과 서비스는 우리의 다양한 욕구를 충족시켜 주며 때론 낯선 문화와 지역 안에서 오는 두려움을 해소해 주기도 한다. '세계화된 세계' 속에서 누리는 다양한 지식과 선택, 넓어진 삶의 반경을 누리는 자유 안에는 또 다른 세계화의 모습이 있다. 즉, 다양한 지식, 문화 교류와 이주 정책 등을 통해서 지구촌 안의 다양하고도 유사한 인간 본성에 대한 경험과 흥미를 느껴 오면서 동시에 이는 문화제국주의나 백인 중심의 문화우월주의를 다시금 실감하게 하는 계기가 되기도 한다. 또한, 국가 간의 정치적·경제적 관계 속에 빚어진 갈등은 단순한 교류와 협력의 관계를 넘어 훨씬 복잡하고 첨예한 문제를 가져왔다. 세계 시장의 신자유주의 중심의 경제 세계화는 자유경쟁과 상호 협력이라는 구도 안에서 자유 무역이 주는 소비의 다양성, 편의와 선택의 범위를 넓혀 준 반면 다국적 기업 위주의 불평등한 국제 교역과 저개발 국가와 개발국가 간의 힘의 불균형을 더욱 확고히 하였다(Apple, 2011; Smith, 2002). 국가 간의 정치적·경제적 힘의 불균형, 부의 불평등 분배와 축적 등을 통해 세계화는 신제국주의(New Imperialism)와 신자유주의(Neoliberalism)의 이데올로기를 낳았다.

세계화 속에서 사회의 가치는 빠르게 변화하고, 전통은 부인되고 소외되어 가며, 부의 성장과 분배 구조의 양극화, 자원의 고갈과 지속 가능한 발전을 위한 실천의 둔화, 첨단과학기술의 발전으로 인한 기회의 창출과 그에 따른 반대 급부적인 불안감 등은 이미 많이 논의되어 왔다(김미경, 2011; Apple, 2011). 세계화는 동질성, 다양성, 경쟁성이라는 여러 가치와 흐름이 복잡하게 얽혀 있고, 이 안에서 우리는 자신의 주체성과 역할을 인지하고 행동의 주체자가 되기를, 또 이를 이끌고 갈 후세대를 육성하기를 기대한다.

세계화의 흐름에 적합하고 주체적인 시민을 육성하는 것은 모든 국가의 중요한 과제가 되었고, 이는 바로 교육으로 이어진다. 교육은 국가가 추구하는 목표를 달성하기 위한 수단이 되고, 따라서 국가가 세계화의 흐름을 어떻게 이해하고 교육정책을 펴는가는 교육정책의 구성, 방향, 실현에 큰 영향을 미친다. 지금 세계 여러 국가는 신자유주의에 입각한 국제 시장 안에서 경쟁하기 위하여 교육을 국가의 성장과 존속을 위한 인재와 노동력 창출의 중요한 도구로 여기는 경향이 매우 짙어졌다(유성상, 2015; 최원형, 2006; Bates, 2008; Tatto, 2006). 국제 시장 경쟁력 강화는 국가들에 중요한 과제이자 풀어야 할 숙제로서 이에 대비하는 교육정책은 학생들의 성취도 평가 또는 교사교육의 신뢰도 평가 등을 통해 지식 중심 교육의 효율성을 높이려고 한다(Bottery, 2006). 하지만 자유시장 경제는 불안정적이고 불확실하게 변화하기 때문에 이에 따라 교육의 흐름을 변화시키고 대비한다는 것 자체가 교육을 불확실하게 만들고 교육의 방향을 불안하게 만들 수 있다는 우려를 낳기도 한다. 또한, 지식 중심, 결과 중심의 평가제로는 세계화의 유동적 변화에 대처하는 교육을 하기가 어렵다고 지적하기도 한다. Bates(2008)는 미래 세계화에 대비하는 교사의 자질은 교수 능력(technical competence)과 사회 기반 가치(socially acceptable value)가 동시에 고려되어야 한다고 주장하였고, 따라서 지역사회의 맥락을 벗어난 교육은 세계화에 근본적으로 대처할 수 없다고 볼 수 있다. 문화 세계화에 대처하기 위한 교육이든, 국제 시장에 대비한 경제적 혁신과 발전 마련을 위한 교육이든, 세계화는 그 지역사회적 가치, 문화와 전통의 이해 없이는 미래 교육의 방향성이나 실천에 많은 혼돈과 불확실성을 가지고 올 수 있음을 말해 준다.

4. 시장 경제와 세계 교육의 유사성

정보 기술의 발달을 통해 지식과 정보의 공유와 교환이 활발해지고 있는 만큼 교육 역시 예외는 아니다. 교육정책자나 연구자들은 다른 나라의 교육정책이나 교육 변화 등에 민감하게 반응하며 성공적인 사례나 신뢰도 있는 연구 결과 등을 반영하여 자국의 교육 목표와 방향을 혁신하고자 한다. 이러한 교육계의 정보 교환과 변화들을 통해 세계 여러 나라의 교육과정이나 평가, 교사교육 프로그램들은 유사성을 띠게 되었다(Loomis et al., 2008). 이들은 세계화에 적합한 시민과 인재 양성을 위한 교육에 대해 논의해 왔으며, 이를 정의하고 기준화하려는 교육의 표준화(Standardization)에 대해 노력해 왔다(Loomis, Rodriguez, & Tillman, 2008). 학생들을 기준점 이상으로 학습시켜 민주 시민의 소양을 갖추도록 해야겠다는 노력은 교사교육에 대한 논의로 이어졌으며, 교사교육 내에는 교사의 자질 향상, 교사 자질의 평가와 기준 등에 대한 제도 변화와 추진이 끊임없이 이어지고 있다. 미국의 경우에는 제2의 스푸트니크 쇼크(Sputnik Shock)라고 불리는 위기를 언급하며 국제 위상과 경제성장의 저하를 국민의 교육력 저하와 함께 반성하며 이를 극복하기 위한 교육 개혁을 꾀하였다. 국제 학생 성취도 평가에서 지속적으로 낮은 점수를 받으며 국가 교육정책과 방향성에 대한 재고가 이루어졌고, 이후 학생들의 기초 소양 지식과 기술 향상을 위한 교육의 표준화 정책(No Child Left Behind)을 시도하였다. 근래엔 과학 교육에 미래 노동 시장에 대비하고, 창의적 문제 해결력 향상을 위하여 국가적으로 차세대 과학교육 방침(NGSS: Next Generation Science Standards)을 발표하였으며, 과학, 기술, 공학, 수학의 융합 교육(STEM; Science, Technology, Engineering, Mathematics)을 통하여 미래 경제 구조와 노동 시장 변화에 대비하는 교육에 힘쓰고 있다.

세계 시장에서 자국의 존속과 국제 경쟁력을 키우기 위한 다양한 교육정책은 미국 외에도 세계 각국의 보편적인 경향이 되었고, 싱가포르의 경우 미국의 교육 평가 제도를 접목, 발전시키기 위해 많은 정책 연구자를 파견하고 초청하여 평가 정책을 보완하고 있다. 우리나라의 경우에도 이러한 경향을 찾아볼 수 있다. 통합교육의 목적으로 STEM 교육에 감수성과 태도 가치 교육을 융합한 STEAM(Science, Technology, Engineering, Arts, Mathematics) 교육을 받아들여 발전시키고자 한 노력을 볼 수 있는데, 이는 세계화에 대응하는 교육 국제적 교류의 한 실례라고 할 수 있다. 이는 교육연구자, 정책 연구자들의 잦은 교류를 통해 각국의 교육정책이 유사성을 띠는 교육 글로벌리즘의 예다.

이러한 신자유주의 패러다임 안의 교육정책은 교육과정과 교실 안의 교수 활동의 모습을 바꾸어 놓고 있다. 교육과정은 학생들이 도달해야 할 지식과 기술을 표준화하여 제시하고, 교육 활동은 제시된 목표 달성과 성취도 여부를 판단하기 위한 평가 기준 마련과 실행에 집중하게 되었다(Loomis et al., 2008). 표준화 정책은 교사교육에서도 예외는 아니다. 교사의 자질은 교과 지식과 기술 중심으로 평가되고, 또한 학생들의 성취도 평가 결과가 교사 자질 평가의 중요한 요소가 되기도 한다. 미국의 경우, 교육의 효율성을 높이기 위해 교사의 질과 교사교육 프로그램 운영 등을 평가하는 교사 평가제와 교사 자격증과정 평가 등을 실시하고 있다. 교사 자질 평가 항목은 주로 교사의 교과 지식과 기술, 교사 능력 평가 결과, 학생 학습 평가 결과 등을 중심으로 구성되며(Haycock & Hanushek, 2010), 교사교육 프로그램의 평가를 위해 교사 양성 교육 과정, 교실환경, 교사

〈표 4-1〉 미국 교사교육 프로그램 평가 항목과 예시(Meyer et al., 2013: 3)

교사 자질 측정 항목	프로그램 성취도 평가 항목
• 선발 과정(자격 요건, 교사 예비자 시험 성적) • 프로그램 자료(학과 내 교육 조건 구비) • 프로그램 과정(교과 내용 강화, 일반 인문 교양 과정, 과학 교과, 교육과정 심화, 교육 방법론 등) • 교생 실습 과정(실습 과정의 개요 및 심화)	• 교사의 교과 지식과 기술(자격증 시험 성적이나 성취도 평가) • 교사 인식(교사교육 프로그램에 대한 만족도와 가르칠 준비성) • 교사 채용(수료 후 정교사로 발령 나는 비율) • 교직 기간(발령 후 교직에 머무는 년수) • 학교장 등 고용주의 인식(교장이 매기는 교사의 지식과 기술 등급) • 주 정부나 해당 지역의 교사 평가 결과(교수 활동과 결과 중심의 교사 등급) • 학생 성취도(주 정부 성취도 평가를 기준으로 한 교사 역량 가치 추정)

선발 과정 등을 평가한다(Darling-Hammond & Cobb, 1996; Meyer, Brodersen & Linick, 2013; Milanowski, 2004). 앞의 〈표 4-1〉은 미국 내의 7개 주에서 시행되고 있는 교사교육 프로그램의 질을 평가하기 위한 표준화 항목이다. 이 외에도 다양한 평가 기준틀을 활용하여 교사와 교사교육의 수준을 평가하고 있다.

　국가의 교육의 질을 향상시키기 위해서는 교사교육의 효율성을 평가하고 수정, 발전시키는 과정이 필요하다. 하지만 앞서 제시한 평가 기준들은 교육의 효율성을 구조적으로 접근하며 지식과 성취도 달성에만 치중하는 경향이 있다. 교사의 자격증 시험 성적, 학교장이 매기는 교사의 등급, 주 정부의 교사 평가제 등은 지식과 결과 위주의 경쟁 중심, 능력제 중심이며, 마치 이러한 접근이 세계화에 대처하는 교사교육과 교육의 효율성을 향상시키는 방안으로 여겨지고 있다. 이러한 변화는 다른 국가들 내에서도 도입되기 시작하고 비슷한 틀 안에서 자국의 상황에 맞게 개발되는 등 교사교육 평가에 대한 논의들은 유사하게 나타나며 세계화를 준비하는 교육의 중요 쟁점으로 여겨지고 있다(Wiseman & Al-bakr, 2013). 이러한 평가 중심제 교사교육은 다른 나라에서도 도입, 실행되고 있으며 교사교육의 글로벌리즘을 이끌고 있다.

　하지만 일부 연구에서는 교사의 효율성 강화를 위한 지식 강조의 교사 자격증제 도입이나 평가 중심의 교사교육 프로그램이 반드시 교사의 질을 높이고 학생들의 배움을 향상시키지는 않는다고 주장한다. 미국을 비롯한 세계 몇 개국에서 시행한 그들의 연구에서 Wiseman과 Al-bakr(2013)는 교사자격증 프로그램을 통하여 실력과 기술이 향상된 교사들이 학생들의 지식을 높이지는 않았으며 그들의 상관관계는 찾아볼 수 없었다고 주장하였다. 또한, 연구자들은 교사의 능력과 자질 평가는 교실 안의 모습, 즉 교사와 학생 간의 상호작용, 학습태도 향상, 정의적 가치 등을 함께 평가해야 한다고 주장하였다(Graue, Delaney, & Karch, 2013). 이들은 능력 중심의 획일화, 표준화를 통해 학교현장을 관리하고 학습의 질을 올리려는 현재 교사교육의 틀은 재고되어야 한다고 주장한다. 그렇다고 해서 이 연구자들이 교사의 지식과 기술이 학습의 질을 올리는 데 중요한 역할을

함을 부인하는 것은 아니다. 이와 동등하게 다루어져야 할 중요한 요소들을 간
과함으로써 교사교육의 본질을 잃고 교사교육의 효과를 최대화하지 못하며, 학
생 성장의 불균형을 초래할 수 있음을 우려하는 것이다. 평가 중심의 틀 안에서
지식이나 교수 능력 기술을 강조한 교사교육은 지식의 획일화와 표준화를 가져
오고, 이는 교육 현실이 당면한 과제들을 풀기에는 편협하고 부족하다는 의견
이다.

　교사교육의 방향성은 세계 시장에서 경쟁하는 자국민의 능력을 발전시키는
정치·경제적 국제화에 대한 목표를 달성하며, 동시에 사회문화와 지구환경의
변화에 대처하는 사회 정의와 지속 발전이라는 두 개의 커다란 세계화의 과제
안에서 고민하고 있다. 그러나 자본주의와 자유 시장 경제의 경쟁에 대한 불안
과 두려움으로 교사교육정책은 전자에 더 많이 치중하고 있음을 부인하지 못할
것이다(Mundy & Manion, 2008). 하지만 이러한 교육정책이 변화하는 미래를 준비
하는 후세대들의 미래 지향적인 사고와 창의적인 문제 해결력을 키워 줄 수 있
는지에 대해서는 반성이 필요하다. 시시각각 변화하는 자유 시장 경제는 교육
시스템을 더욱 불안정하게 만들고 있다. 이에 대비하는 교육과 교사의 자질에
관한 과제는 미래 사회를 위한 인재 육성의 근본이 되는 시민 소양으로 지식과
기술의 가치가 함께 고민되고 구성되어야 한다(Bates, 2008). 이는 세계화에 대처
하기 위한 경제적 혁신과 발전 마련 역시 사회적 가치, 지역 문화에 대한 이해가
동반되어야 하며, 교육은 지역사회에 기반을 둔 가치를 세계화 안에서 어떻게
재해석하고 재창조해 나가는가에 관심을 두어야 한다. 지식에 편중하고 성취 결
과에 따라 평가되는 현재의 교사교육이 미래 사회의 변화에 대처하는 시민 육성
에 어떤 영향을 줄 것인지는 지속적으로 고민되어야 할 문제다.

　미래 지향적인 세계화 교육은 그 단어만큼 우리에게 모호하고 큰 과제다. 이
에 대한 접근을 위하여 이 장에서는 국제 시민 소양에 대한 의미와 이를 위한 노
력을 알아보고, 이러한 노력들이 시장 경제 중심의 세계화 교육과 어떤 조화를
이루며 펼쳐질 수 있는가에 대해 고민해 보고자 한다.

5. 세계 시민권과 시민 소양

한 개인은 자신의 선택과는 무관하게 세계화의 흐름 안에서 살아가고 세계의 시민이 된다. 세계화의 변화를 겪으며 살고 있고, 또 살아가야 할 개인에게 당면한 문제는 가치, 지식의 다양성과 경쟁성, 그리고 빠른 변화들을 경험하며 그 안에서 자신의 주체성과 역할을 어떻게 이해하고 행동하느냐다. 따라서 세계시민권(Global citizenship)에 대한 논의는 세계화 교육에 중요한 논제가 되어 왔다. 세계 시민권에 대해서는 다양한 시각이 존재하지만, 보편적으로 이는 21세기를 살아가는 이 시대의 시민으로서 자신이 사는 지역 안에서 세계로의 연관성을 이해하고, 이로 인해 발생하는 책임감을 이해하며 그 의무를 이행함을 의미한다 (Guo, 2014). 한 개인의 인권, 책임과 의무, 역할 등은 지구촌이라는 큰 공간과 역동적으로 움직이며 상호 관련성 안에서 개인의 삶과 행동이 지배되기도 한다. 하지만 한 개인이 자신의 문제 상황이 개인적·지역적 범위를 넘어 국제적 범주 안에서 어떤 연관성이 있는지를 이해하는 것은 힘든 일이다. 예를 들어, 내가 마트에서 구매한 커피가 세계 어느 지역에서 어떻게 재배되었으며, 이는 공정무역 (fair trade) 유통과정을 거쳐서 거래되었는지, 나의 커피 소비가 세계화의 흐름에 어떤 관련이 있는지를 생각하는 일이 늘 쉽고 자연스러운 일은 아니다. 하지만 자신이 의식적으로 판단하고 결정을 하든 아니든 우리의 일상은 필연적으로 세계적이며 그 관련성을 끊을 수 없다. 이러한 개인, 지역, 세계의 필수적·필연적 관계 속에서 세계 시민권에 대한 논의는 중요한 과제로 떠올랐고, 이러한 관련성 안에서 주체적으로 살아가기 위한 시민의 육성을 위해 학자들은 세계 시민 소양의 필수 요건에 대해 논의하였다. 세계 시민권 논의는 다음과 같은 내용으로 요약될 수 있다.

① 인간의 다양성(성, 나이, 종교, 이데올로기, 인종 등)에 대한 존중과 인정

② 특정 문화 · 인종 · 사회에 대한 우월주의 배제

③ 생태계의 다양한 종에 대한 감사와 이해

④ 지속 가능한 발전을 위한 삶의 방식과 소비 문화의 권장과 이행

⑤ 폭력(violence) 없는 분쟁 해결

⑥ 세계적으로 당면한 문제 해결을 위한 적극적인 책임감

⑦ 부정과 부당 차별에 대한 국제적인 이해와 지역적 실천(Guo, 2014: 2)

이 내용은 신자유주의에서 중시하는 교육 목표와 교사교육의 효율성에 대한 논의와 사뭇 다른 고민을 제시한다. 세계 시민 소양은 인간 사회의 다양성, 인간과 지구환경의 생태적 관계, 그리고 평등하고 평화적인 인간관계의 형성에 대한 이해를 바탕으로 이의 지역적 실천을 강조한다. 세계는 빠른 과학 기술의 발전과 교류로 다양성에 대한 이해, 그로 인해 빚어지는 개인 간 및 국가 간의 갈등, 자연 자원 이용을 둘러싼 '발전'과 파괴의 모순 등의 문제를 짊어지게 되었으며, 이에 대한 적극적 대처가 필요하게 되었다.

1) 세계화와 교실 변화: 다양성에 대한 준비

세계 시민 소양 중 다양성에 대한 이해와 갈등은 현시점의 교육현장, 특히 교실현장이 당면한 실제적 문제 중 하나다. 과학 기술, 통신의 발달로 세계는 하나의 네트워크로 묶여 있으며, 세계인들의 교류는 점점 빨라지며 그 범위가 확대되고 있다. 이는 도시화, 산업화가 두드러진 세계의 여러 지역에서 다양한 인종과 언어, 문화, 사고방식을 가진 사람들이 어우러져 사는 것을 보면 쉽게 이해할 수 있다. 미국이나 캐나다의 경우, cultural melting pot(USA)나 cultural mosaic (Canada)이라는 은유를 들어가며 문화와 인종의 다양성을 이해하고 갈등을 해소하며 더불어 사는 법을 발전시키려고 노력하고 있다. 캐나다의 경우, 국가 설립

초기부터 문화 다양성으로 시작하였고 꾸준히 추진되어 온 이민정책 등으로 국가는 문화 인종의 다양성이 현저하다. 이는 캐나다 원 토착민들과 이주민들과의 갈등, 그리고 백인 위주의 초창기 이민자들과 유색인종 이민자들에 대한 차별 등 사회적 문제를 불러 왔다. 2011년 국가 인구 조사에 따르면 국민의 20% 정도가 이민자로 이루어져 있고, 19%가 소수 인종(visual minority) 그룹에 속한다고 한다.[2] 이는 학교 교실에서 이민자의 자녀, 소수 인종, 영어를 제2외국어로 말하는 학생 수가 많아졌으며, 이는 교실 환경의 변화를 가져왔고 교육의 방향성을 재조명해야 하는 과제를 가져다 주었다(Bickmore, 2014; Troper 2002). 한국의 경우, 2013년 기준 체류하는 외국인의 비율이 전체 인구의 약 3%에 해당하여 다른 다민족 · 다인종 국가, 즉 캐나다, 영국, 호주 등에 비하면 낮은 비율이다(조대훈, 2015). 하지만 단일 민족의 역사를 가진 우리에게 3%의 외국인 인구 구성은 세계 인구의 이동과 변화를 실감할 수 있을 만하고 세계화의 변화에 더욱 적극적인 이해가 필요하다는 생각을 준다.

현재 캐나다를 비롯한 여러 나라는 이민자, 유학생 및 국외 근로자들로 인한 다양한 언어 · 문화 · 지식의 교류 등을 접하고 있으며 학교 교실의 변화를 경험하고 있다. 우리나라의 경우 아직은 그 변화가 사회 전반이나 학교에 현저하지는 않지만, 그 변화는 지속적으로 진행되리라 짐작된다. 2020년이 되면 다문화 가정이나 해외 이주민의 자녀들이 전체 어린이의 20%를 차지하게 될 수 있다는 예측도 있다(장원순, 2009). 한국 교실이나 사회 전반에 인구의 다양성이 더는 급속히 변화하지 않는 상황이 오더라도 세계화의 흐름은 학생들에게 세계인들과 함께 교류하며 공동의 문제 해결을 위해 경쟁하고 협력해야 하는 상생의 삶을 추구하는 큰 과제를 안고 있다. 다양성이 내재한 상황이 학교와 지역사회 안에서든, 아니면 세계 무대에서든 미래 시민은 이러한 상황에서 능동적으로 자신감 있게 문제를 해결할 수 있는 주체자가 되어야 하고, 이를 위해서는 다양성에

---

2) Statistics Canada(2015). http://www.statcan.gc.ca

대한 이해와 대비가 필요하다.

2) 세계화와 지구 환경 변화

세계화의 흐름과 함께 논의되는 또 다른 문제는 지구 환경과 인간사회의 관계
다. 경쟁적인 국제 시장의 흐름 속에 국가들은 자원 확보로 인한 갈등과 다국적
기업 중심의 시장 경제의 변화로 인해 어려움을 겪고 있다. 미국을 중심으로 한
선진국의 다국적 기업들은 때로는 다른 국가, 대부분은 중국, 인도, 방글라데시
같은 저개발 지역의 물적·인적 자원을 이용하여 상품을 생산하고 전 세계 시장
에 판매하는 무책임하고 불평등한 시장 경제를 운영하고 있다(Rees, 2002). 2013년
에 발생한 방글라데시 의류 공장 붕괴 사고는 자유 시장 경제와 선진국과 저개발
국가 간의 불평등 교류 등의 오래된 문제들을 표면화시킨 사건이었는데, 이는
오래되고 수없이 많은 경우의 한 예에 불과하다. 자유 시장 경제에 기반을 둔 국
제 교류는 저개발 국가의 노동력을 값싸게 이용하고, 물품의 대량 생산을 위하
여 자연 자원을 무분별하게 이용하며, 생산 과정에서 지역사회의 자연이 훼손되
고 공해물을 배출하여 환경 오염을 주도하는 등 국가 간의 불평등한 교류를 초
래하여 왔다. 국제 경쟁과 지역 경제 발전을 위한 생산 과정을 통해 화석연료의
사용은 지속적으로 논의되고 있고, 지구 온난화, 생태계의 불균형과 파괴, 생물
의 멸종 등의 문제들은 국제적 차원에서 이해하고 노력해야 할 것들이다.

Wackernagel과 Rees(1996)는 생태 발자국 이론을 강조하면서 과소비, 무분별
한 발전으로 인해 자연의 재생력은 인간의 소비 속도를 따라가지 못하고 있으
며, 근대 자본주의 아래 형성된 인간과 자연과의 '개발과 이용'이라는 일방적 관
계를 재조명해야 한다고 말하였다. 또한, 개발 국가의 풍족한 소비 생활을 위한
저개발 국가의 자원을 불평등하게 이용하는 교류관계 역시 멈추어야 한다고 주
장하였다. 인간의 우월성에 근간한 '발전'에 대한 욕구와 삶의 편이를 위한 자원
개발에서 자연은 늘 개발해야 할 대상이고, 인간이 쟁취할 수 있는 자원 제공의

장소로 인식됐다. 이는 국제물류 교류, 국제 시장의 개방 등으로 더욱 가속화되었다.

국제적 경쟁을 위한 자원 개발은 과학 기술의 편승으로 더욱 뚜렷해졌다. 시추나 자원 축출 기술의 개발 등으로 화석 연료나 광물의 고갈, 숲의 사라짐 현상들이 세계적으로 퍼지고 있으며, 농산물이나 수산물의 더 많은 생산을 위해 유전자공학은 GMO 기술을 더욱 발전시키며 농업과 수산업의 대량 생산화 사업에 편승하였다. Shiva의 생물 자원 수탈(Biopiracy)은 다국적 외국 기업들이 인도 국내의 전통 품종들을 발견하고 연구하여 그에 대한 국제 특허를 받은 후 다시 인도에 되파는 행위, 또 경제적 가치가 있는 특정 품종은 재배하고 이를 제외한 다른 품종들은 모두 제거하는 행위(Monoculture)들이 지역 생태계와 농업 자족화에 얼마나 악영향을 미치는지를 비판하였다(Shiva, 1997, 2013).

Shiva는 부와 건강을 약속했던 농산물 품종의 생산이 다국적 외국 기업의 간섭 등으로 인해 자국 농민들의 부채를 가중했고, 이로 인해 농민들의 자존감과 삶의 질까지 위협하고 있다고 주장하였다. 이러한 현상은 말레이시아의 종려류 농장, 아프리카 지역의 커피 농장 등을 비롯하여 세계 여러 지역에서 흔히 나타난다. 나는 2009년 싱가포르 난양공과대학(National Institute of Education)에 재직할 당시 학생들을 데리고 말레이시아로 과학 실험 학습을 다녀온 적이 있다. 싱가포르 국경을 통과해 말레이시아로 도착한 후 실험학습지역까지는 2시간 반 정도 차로 이동해야 하는데, 나는 가도 가도 끝 없이 줄지어 심어져 있는 종려나무 숲을 본 적이 있다. 말레이시아의 팜오일은 다른 기름에 비해 저렴하고 그 질도 우수하다. 그 주변 주민들은 오일 생산을 위해 지역의 토종나무들을 베고 숲을 제거하거나 토종 작물을 뽑고 대신 종려나무 농장을 구성하였다. 아프리카 지역의 커피 생산도 마찬가지다. 선진국 기반의 커피 회사들은 아프리카로 들어와 주민들을 설득해 부와 일자리, 더 나은 삶을 약속하고는 숲을 베고 커피를 심었다. 이렇게 생산되어 상품화된 농산물들은 세계 각국을 통해 운반되고 판매되는 과정을 통해 가격이 상승한다. 세계 도시들의 상점 선반에 놓여 있는 농산물들의 푸드 마일리지(food mileage)는 이미 수천, 수만 마일을 넘었다(Ling & Newman, 2011).

싱가포르를 떠나 2014년까지 나는 캐나다 빅토리아대학교에 근무하면서 지구환경 안에 우리가 당면한 또 다른 세계화를 경험하였다. 빅토리아에 살면서 나는 바다에는 정치적 국경은 있지만, 물리적 한계선은 없다는 것을 생생하게 경험하였다. 캐나다 서부 연안은 연어 서식지, 생산지로 유명하고 이는 수산업의 중요한 일부를 차지한다. 자연산 연어도 많이 잡히지만, 연어의 높은 소비량으로 캐나다 태평양 연안에는 연어 수산 양식 사업(fish farm & aquaculture)이 주를 이루고 있으며, 근래에는 안전성과 생태계 교란의 문제성이 대두하면서 큰 몸살을 앓고 있다. 세계인들에게 인기 많은 연어는 많은 소비량으로 자연산 연어만으로는 그 소비량을 충당하기가 어려웠다. 이에 태평양 연안에서는 연어 수산 양식장을 통하여 생산량을 높였고, 소비자에게 더욱 쉽게 다가가는 상품이 되었다. 하지만 이들은 제한적이고 인공적인 공간에서 서식하면서 박테리아와 해충에 감염되는 경우가 증가하였다.

또, 연어의 생산량을 높이기 위해 많은 농장에서는 GMO(genetically modified organism) 연어들을 생산하기도 한다. 이곳에서 양식된 연어들은 심사 기준을 통과해 시장이나 음식점을 통해 우리의 식탁으로 이동되지만, 문제는 연어들이 자주 양식장 그물을 빠져나가 바다로 나가서 주변 생태계를 교란시킨다는 것이다. 이들은 바다 이동 경로를 통해 다른 연어들과 함께 이동하고 번식하며, 박테리아와 해충 등을 전염시켜 태평양 주변의 생태계를 위협한다. 양식장 안의 연어나 양식장을 빠져나간 연어 중에는 등이 굽거나 꼬리가 없는 기형 연어들이 나타나기도 하였다. 이는 캐나다 내에서 큰 문제로 제기 되었고, 캐나다 식품 안전 관리청, 과학자, 환경 단체, 소비자 단체에 의해 큰 문제로 대두되었다(Department of wild salmon production, Available at http://www. salmon-confidential.ca). 지구 환경 세계화의 또 다른 예는 2013년 일본에서 후쿠시마 지진이 나서 원전이 붕괴되고 방사선 오염의 문제로 일본과 한반도 일대가 두려

움을 경험하고 2년 정도의 시간이 지난 후였다. 그 당시 캐나다 빅토리아와 밴쿠
버 뉴스(The Huffington Post B.C. (2013) http://www.huffingtonpost.ca/news/japan-
tsunami-debris)에서는 이 지역 해변에서 발견된 일본 제품에 대해 보도 하면서 일
본 지진 후 해류에 의해 떠밀려 온 여러 가지 일본 제품이 캐나다 연안에 도착했
다고 하였다. 이러한 일들은 우리가 지구 환경이라는 한 공간에 살고 있음을 다
시 한번 실감하게 해 주었고, 우리는 지구 안에서 세계 시민이며 이를 통해 하나
의 공동 운명체임을 잊어서는 안 될 것이라는 생각을 하게 되었다. 이는 세계화
교육이 지구 환경에 대하여 우리의 공동 책임에 대한 인식과 행동을 무시할 수
없다는 생각을 하게 하였다. 바쁜 도시의 삶을 사는 우리는 도시 밖의 생태계에
서 어떤 일이 일어나고 있으며 이것이 도시의 미래와 생명체에 어떤 연관성을
지니고 있는지 잊고 산다. 하지만 내 경험들은 세계화 교육의 방향에 새로운 시
각과 그 중요성을 시사하였다.

6. 교사교육의 실례와 방향성

세계화를 준비하는 교사교육은 문화적, 물질적, 환경적으로 변화하는 사회 안
에서 창의적인 문제 해결을 할 수 있는 세계 시민을 길러야 한다. 세계화에 대비
하는 창의적 문제 해결은 지역적 특성을 이해하고, 이 특성이 다른 가치, 지식,
행동 범주 안에서 어떻게 이해되고 적용될 수 있는지를 이해하여 그 안에서 새
로운 방식의 협력과 해결책을 구하고자 한다. 예를 들어, 한 지역의 자연 자원과
인적 자원의 문제는 지역이 당면한 사회적·경제적 문제이지만, 이는 다른 나라
들과의 지식과 정보 교환 없이는 해결할 수 없는 문제다. 지구 환경의 문제 해결
은 더욱 긴밀한 교류를 통하여 공동의 문제 인식을 요구하지만, 문제 해결은 지
역적 접근을 통해 이루어지며 이 안에서 지역의 문화적·사회적·환경적 특성
이 충분히 이해되어야 한다. 따라서 세계화에 대비하는 교사교육을 위해서

Loomis 등(2008)은 교사가 갖추어야 할 지식, 기술, 가치가 일정하게 제시된 성취 기준에 입각한 교사교육을 무작정 도입하고 따라가기보다는 지역사회의 특성을 고려하는 교사교육의 개선에 중점을 두어야 한다고 말했다. 그들은 세계화에 준비하는 창의적 태도와 문제 해결은 기존의 아이디어 안에 새로운 아이디어를 접목하고 오래된 생각들에 상반된 아이디어를 내는 것에서 시작되므로 지역의 문화, 가치, 전통적 상황을 통하지 않고서는 세계화에 대한 창의적인 대비를 할 수 없다고 하였다.

이 장에서 소개되는 내용은 캐나다와 싱가포르에서 경험하고 연구한 다양성을 위한 교사교육과 문제 해결력을 위한 교육의 사례들로, 한국의 상황과 다른 점들이 많을 것이다. 따라서 이는 한국의 교실 상황과 우리가 당면하고 있는 교사교육의 방향과 교육적 책임감(educational accountability)에 따라 비추어 재해석되어야 할 것이다.

1) 다양성과 함께 살기: 변화하는 교실 문화

교실 안에서 다양성은 여러 모습으로 다가온다. 어떤 교실에서는 해외 이주자들의 자녀들과 함께하는 인종 · 언어 · 문화의 다양성을 경험하고, 또 어떤 교실에서는 미래를 살아야 하는 세대들에게 세계를 무대로 살아가는 능력을 키우기 위해 다양성을 강조한다. 어떤 형식으로든 교사와 학생들은 지식과 사고, 행동의 다양함을 이해하고 이와 어우러져 살아가는 법을 가르치지 않으면 안 된다.

나는 가끔 캐나다 학교에서 교사들이 이민자 학생들과 소통하는 모습을 보면서 다양성에 대한 교사들의 자세에 대해 생각해 보곤 하였다. 캐나다 교실에서 동양인 학생을 만나는 일은 흔하다. 아이들은 캐나다에서 태어나 영어가 모국어인 학생들도 있지만 가끔은 중국이나 한국에서 이민온 지 얼마 되지 않은 학생들을 만나기도 한다. 나는 학교 방문 중 한국에서 이민온 초등학교 3학년 여학생을 만난 적이 있는데, 그 학생은 캐나다에 온 지 불과 두 달이 채 넘지 않아서 영어로 의사소통이 어려운 상황이었다. 친구들도, 학교생활도 낯설기만 한 교실에서 그 학생은 교사와 다른 아이들의 지나치지도 무관심하지도 않은 친절과 배려로 학교생활을 배워 나갔다. 이 학생을 대하는 교사와 다른 학생들의 태도는 자연스러웠다. 교사는 수업 시간에 학생의 학습에 대한 어려움과 불편한 마음을 살피려 애쓰고 아이의 부모와 소통하며 한국의 문화와 가치 속에 생각하고 행동하는 아이를 이해하려 노력하였다. 이 경우에서 나는 주 정부 측에서 제공하는 이민자 학생들을 위한 언어 교육이나 현지 적응 교육과정을 제공하는 것 이외에 다양함과 다름을 당연하고 자신감 있게 받아들이고 학생을 세심히 살피는 교사의 인내와 노력이 얼마나 중요한가를 실감하게 되었고, 어떻게 이 교사는 '다름'을 늘 그래온 학교생활의 일부처럼 이렇게 태연하게 받아들이고 생활할 수 있을까 하는 의문이 들었다. 물론 이런 문제들에 무지하고 안일한 교사들도 있다. 언어를 모르는 소수민족 이민자 학생의 존재는 어쩌면 관심이 없고 귀찮은 상황으로 여겨질 수도 있다. 또한, 어떤 교사들은 다른 문화에 대한 인식이 부족하고 교육 여건이나 교실 문화를 이해하지 못하여 한국 이민자 학생의 조용한 학습 태도를 학습 동기와 참여의 부족으로 이해하기도 한다. 이들은 가끔 지필 문항에 대한 학생들의 반응을 보고 학생들의 학습에 대한 동기, 적극성, 또는 높은 지적 수준에 대해 놀라기도 한다. 나는 캐나다 교실 안에서 다양성에 대한 교사들의 인식과 반응들을 통해 지식, 기술 중심의 표준화 평가에서 알아낼 수 없는 세계화를 위한 교사의 역량과 기술을 경험하였다. 이를 통해 나는 어떤 교사교육을 통해 교사들이 학생들의 다양성에 대해 열린 마음과 태도를 가지게 되는가, 또 다양성을 바탕으로 사고하고 협력하는 교육을 할 수 있는가에 대해 질문한다.

캐나다는 오랜 이민 정책으로 교실 안의 다양성을 오래전부터 경험하고 이에 대한 연구가 활발했다. 다른 언어와 문화에서 오는 다양성은 교실 안의 갈등, 불평등, 교수 활동의 어려움 등을 가져 왔고, 이러한 갈등과 어려움이 환영받지 못하는 것이 사실이다. 그러나 다양성의 증가와 교실의 변화는 현재의 이민 정책에 의해 받아들여야 할 현실이 되었고 더는 간과할 수 없는 문제다. 정부에서는 학교교육과 교사교육을 통해 다양성에서 오는 갈등을 최소화하고 다양성에 대한 다른 시각과 협력들을 통해 새로운 지식과 사고의 창출을 꾀하고 있는데, 몇 가지 예로 글로벌 시민성(global citizenship)의 재이해(Richardson & Blades, 2006), 다양성 교육센터(diversity institute in Albert, Johnston et al., 2007), 다양성과 사회 정의(Bickmore, 2014), 다양성 교육을 위한 대학과 지역 학교와의 협력(Gill & Chalmers, 2007) 등을 들 수 있다. 교사들에게 세계의 다양한 문화와 민족, 지역 간의 정치적인 갈등과 이해, 이로 인해 빚어지는 사고와 행동 방식의 차이 등을 가르치고, 또 자기반성(self-reflection)을 통해 다른 민족, 언어, 문화, 종교 배경을 가진 사람들에 대한 자신의 인식과 행동을 분석하게 함으로써 다문화·다양성 교육에 대한 교사로서 갖추어야 할 지식과 태도를 키우게 한다(Johnston et al., 2007).

세계화를 위한 교사교육의 구체적인 예로 캐나다에서는 21세기 세계 시민권을 위한 교사 양성을 위해 정부 주도로 3년에 걸친 교사교육 프로그램(2009~2012)을 개발하여 7개 주 대학 교육학과의 예비교사 및 현장 교사 7,000여 명을 대상으로 다양성을 위한 교사교육 프로그램을 시행한 바 있다(Guo, 2014). 교육 주제는 인권, 사회 정의, 문화 능력, 환경 인식, 그리고 세계 시민권이었으며, 이 주제들을 교과목 중심의 교육과정에 어떻게 접목할 것인가에 대한 세미나와 워크숍이 진행되었다. 교사들은 각 주제에 대한 지식과 인식을 넓혔으며, 이를 교육현장에서 적용하기 위한 실제적 방법에 대해 고민하였다. 특히 교사들은 다양한 배경을 가진 아동의 인권에 대한 그들의 인식이 어떻게 변화되었는가에 대해 반성하였고, 이를 위한 교수 활동의 변화를 시도하였다.

다양성 이해를 위한 교사교육의 또 다른 예로는 국제 교류 교육 프로그램의 활성화다. 세계화를 준비하고 다양성에 대한 이해와 이를 통한 교육에 대한 비전은 교사교육의 중요한 목표로, 이를 실현하기 위해 각 교육대학들은 다른 국가들과의 협력 프로그램을 마련하여 다양한 문화와 교실환경, 지식, 정보 등을 접하게 하는 노력을 하고 있다(Zhao, 2010). 교육 대학들의 국제 교류 프로그램들은 다양한데, 그 중 교환 학생 프로그램이나 해외 교사실습 프로그램은 잘 알려진 예다. 캐나다에서도 많은 대학에서 이 프로그램들을 시행하고 있으며, 이를 통해 예비 교사들에게 문화와 인종의 다양함, 교육환경과 교육 방식의 다름을 경험하게 하고, 다른 방식의 삶과 문제 해결에 대한 존중과 배움의 기회를 제공한다. 다른 문화를 직접 경험함으로써 교육학과들은 교생 실습지를 문화와 인종, 언어가 다른 세계 여러 나라의 학교로 정하여 매년 학생들을 선발하고 보내는 해외 교생 파견 프로그램을 운영한다. 캐나다 빅토리아대학교나 앨버타대학교의 경우, 아프리카, 아시아, 유럽, 그리고 남미 국가들과 결연을 하여 교생 실습 기간 학생들을 파견한다. 이들은 그곳 지역사회 학교에서 실습하는데, 실습 동안 그 나라의 교육과정, 교수 활동, 교실환경을 배운다. 또한, 그곳 사람들의 삶의 방식과 문화를 배울 기회를 통해 각 나라와 사회가 가진 문화, 사고방식, 행동 방식, 가치 등이 다르다는 것을 배운다. 교생 실습을 마치고 돌아온 학생들은 교생 실습 경험을 다른 학생들과 함께 나누고 반성, 토론하는 과정을 거친다. 교생 실습은 단순히 교육과정이 학교현장에서 적용되는 예 또는 교수 활동의 연습을 넘어 예비 교사들이 교실 상황을 어떻게 판단하고 행동하는가 하는 자기반성의 과정을 거친 연구 활동을 꾀할 수 있다고 주장한다(Bates, 2008). 예비 교사들의 해외 교생 실습 프로그램은 교생 실습 후 반성 토론으로 학생들의 다른 문화에 대한 이해와 존중을 극대화하고자 노력하며, 또한 변화하는 세계의 모습에 효율적인 교육 방법이나 교사상을 구축하도록 노력해야 한다. 한국의 여러 교대와 사대의 경우에도 학생, 교사들을 해외에 파견하는 다양한 교환 프로그램을 시행하고 있으며, 아직 목표나 효율성에 대한 제고가 진행되고 있긴 하지만 교사들의 해외 취업도 염두에 둔 글로벌 교사 양성 거점대학 사업(Global Teacher's University, GTU)도 추진되고 있다(유성상, 2015).

단순히 다양한 배경의 학생들이 모여 있는 교실에서 교육한다고 다양성의 교육이 이루어지는 것은 아니다. 또 그들에게 친절한 교사가 된다고 다양성에 적합한 교사가 되는 것은 아니다. 학자들은 오늘날의 교사는 정치적·경제적·문화적 세계화에서 일어나는 계층 간 불평등과 현실적 문제들을 직시할 수 있는 지식과 비판적 시각을 가지고 이 안에서 자신이 가진 이데올로기나 문화, 가치 체계를 재조명해야 한다고 주장한다(Apple, 2011; Banks, 2001). 이는 교사는 다양성을 바라보는 자신의 시각을 반성하며, 이를 바탕으로 자신의 의사결정이나 행동 패턴을 비판할 수 있는 능력이 있어야 함을 말한다. 또한, 학생들의 인종, 문화, 사회 계층의 다양성을 인지하고, 그들의 다양한 배경으로 인한 사회적·문화적 차별 등을 자신이 가르쳐야 할 교과 지식과 연관하여 가르침으로써 교육의 평등을 추구하는 것도 중요하다고 말한다. 다양성의 이해에서 우리는 문화적 우월성이나 문화 제국주의적 사고를 재고해야 하며, 다름을 직시하고, 그 다름으로 오는 불평등이나 차별 역시 직시되어야 하고 비판되어야 한다(Bickmore, 2014). 이러한 불평등에 대한 바른 대처 없이는 다양성의 교육은 성공할 수 없다고 말한다.

   다양성을 존중하고 다양성과 함께하는 교사교육은 다양성에 대한 교사의 반성하는 사고와 행동을 중시한다. 반성은 교사교육에서 중요한 부분으로 자리매김하여 왔다. Schön(1983)은 행동 후 반성(reflection on action)과 행동 중 반성(reflection in action)을 구분하였다. 대부분의 경우, 우리의 행동 안에는 상황을 인지하고 판단하는 자신만의 지식, 인지, 상황 결정 능력 등이 내재하여 있다. 따라서 행동을 반성해 봄으로써 특정 상황이나 개념에 대한 인식, 인지 능력을 이해하고 분석하며 이를 발전시킬 방법을 모색한다(Yoon & Kim, 2012). 즉, 교사로 하여금 교수 활동을 변화시키기 위해서는 자신의 교수 활동에 대한 반성 토론을 통하여 자신에게 내재한 사고나 행동 습관을 알고 이를 변화시키려는 주체적 노력이 필요하다. 자신의 행동을 되돌아보고 이를 통해 자신의 인지를 분석하고 변화시키려는 노력은 '행동 후 반성'이다. 하지만 교사들의 행동은 교실 상황, 즉 예측하지 못했던 학생들의 반응이나 물리적 교실환경의 변화 등에 따라 자신의 지식과는 다른 선택을 하기도 한다. 교실은 여러 상황이 예측 없이 나타나며 상호작용이 복잡한 만큼 교사는 처한 상황을 빠르게 직시하고 그에 따른 자신의 판단과 행동을 지속적으로 반성해야 한다. 따라서 수업 도중에 행위-반성-행위가 순환적으로 이루어지는데, 이는 Schön이 말한 '행동 중 반성(reflection in action)'의 예라고 볼 수 있다(박선미, 2010). 행동 중 반성은 상황의 변화 안에서 자신의 인식과 행동이 어떻게 반응하는지를 생각하며 올바른 판단과 행동을 위해 노력하게 되는데, 이러한 반성의 과정은 다양성에 대처하는 교사교육에도 필요한 과정이다. 예를 들어, 교사는 다문화 중심의 교실환경에서 또는 다양성에 대한 교육을 하면서 자신의 언어, 행동, 감정 등의 변화를 반성하고 이를 통하여 자신의 다양성에 대한 의식을 성찰하고, 또 다양성이 학습 활동이나 토론 등을 통하여 어떻게 학습될 수 있는지를 고민하여 그 상황에 맞는 학습 활동을 진행시킨다.

교사들의 능동적이고 적극적인 다양성 교육은 미래를 준비하는 다음 세대들이 세계인들과 어떻게 함께 살아가야 하는지에 대해 중요한 비전을 제시한다. 다른 문화와 인종, 사고방식과 언어를 가진 사람들이 어떻게 소통하고 이해하고 그 안에서 어떤 공동체 의식을 가지고 공존할 수 있는가는 미래를 살아가는 우리의 중요한 숙제다. 하지만 이 안에는 신제국주의, 문화 사대주의의 생각이 공존하며 다양성을 상하 관계나 우월주의 안에서 이해하는 생각의 관습도 있다. 캐나다의 교실에서는 백인문화 우월성으로 원주민이나 소수민족 이민자들의 문화가 무시되고, 또 우리나라에서는 동남아의 문화나 배경을 평등하게 평가하지 않는 경향이 있다. 세계 시민 소양에서 소개하였듯이 다양성은 평등한 관계 안에서 이해되어야 하며, 백인 우월주의나 문화 동화주의적 관점에서 출발한 다양성 접근은 성숙한 다원주의의 세계화를 불러올 수 없으며(조대훈, 2015), 이에 대한 직시, 비판이 없이는 진정한 다양성의 교육이 될 수 없다.

2) 지구와 함께 살기: 미래 사회와 과학 기술

앞서 나는 세계화를 위한 교육의 또 다른 방향으로 세계화와 지구 환경의 변화를 언급하였다. 지구 환경의 변화와 당면 과제의 해결은 과학 교육과 늘 필연적이면서도 불편한 관계를 맺고 있다. 과학의 발전이 경제 발전에 미치는 영향을 강조함과 동시에 이에 따른 자원 개발과 오염의 문제를 간과할 수 없고, 또 이러한 오염이나 자원 부족의 문제 또한 과학 기술의 발전 없이는 어렵기 때문이다. OECD(2000)에서는 국가의 과학 기술과 경제 발전의 연관성을 언급하면서 미래 사회를 위한 과학 기술에 대한 투자를 강조하였다. 한국을 포함한 OECD 국가들의 과학 기술의 투자와 발전, 그리고 경제 발전에 대한 데이터를 소개하면서 과학, 기술, 이노베이션은 경제력(economic competency)과 사회적 안녕(social wellbeing)을 위한 근간이 된다고 하였다. 연구 대상 국가 중에 한국은 1992~1999년 동안 바이오테크놀러지와 ICT(Information and Communication Technology)에 대한 투자가 모두 3위권(바이오테크놀러지 1위; ICT 3위) 안에 들었고, 이를 근간으로 국가 경제가 발전하였다고 설명하였다(OECD, 2000). 이처럼 첨단 과학 기술의 발달은 세계 및 국가 시장 경제와 밀접하게 협력하며 지식과 기술의 상품화에 영향을 미치고 현대인이 추구하는 문명의 발전에 이바지하고 있다.

하지만 이러한 과학 기술의 발전으로 인해 인류는 새로운 문제점에 접하기도 한다. 지식의 창출자이며 주체자인 우리는 그 지식으로 인해 사고와 삶의 방식을 역 지배당하기도 하며, 프랑켄슈타인 과학에 대한 비판이나 네오러디즘(Neo-Luddism)과 같은 우려를 경험하기도 한다. 그 진행 과정이 어떠하든 또 어떤 결과가 도출되든 현대 과학 기술의 발전과 진행을 막을 수는 없다. 세계는 더 빠른, 더 편안한, 더 효율적인 삶의 방식을 요구하며 이런 수요를 막을 수 없듯이 이를 가능하게 해 주는 과학과 기술의 발전 역시 막을 수 없다. 과학 기술 역시 신자유주의 중심의 세계화와 동승하여 그 흐름을 더욱 가속화하고 있다.

세계라는 커다란 공간 속에 사는 개인은 세계 곳곳을 넘나드는 유전자 조작 음식물을 막을 수 없고, 매 순간 소개되는 새로운 통신 기술을 외면할 수 없다. 남태평양에서 매일 조금씩 사라지는 산호와 어종이 나에게 미치는 영향은 내가 원하든 원치 않든, 내가 인지하든 하지 않든 내 삶에 관여되어 있고, 나는 때론 더운 여름날 카페에 앉아 에어컨의 추운 바람 앞에 긴 소매 옷을 걸치고 친구와 뜨거운 커피를 마시고 있는 나 자신의 모순을 만난다. 이러한 세계화의 모습은 어떻게 이해되고 대처되어야 하는 것일까? 과학 기술 교육은 미래의 최첨단 발전을 향해 달리고 발전이라는 맥락 안에 생태계의 불균형과 자원 고갈, 첨단과학으로 더 가시화되는 빈부의 격차 등의 부정적인 측면을 망각한다. 그러나 우리가 말하고 추구하는 발전은 진정으로 우리의 삶을 행복하게 발전시켜 놓을 것인가? 미래 지향적이고 균형 있는 발전은 '지속 가능한 발전'이라는 단어와 함께 강조됐으나 이 역시 여러 가지 해석 속에서 물질적·표면적 한계를 넘지 못하고 있다.

과학 교육자들은 과학 기술이 추구하는 사회 발전에 대한 모순 역시 교육을 통해 인지되어야 한다고 주장한다. 과학 교육은 미래 사회의 문제에 대처하는 과학 소양을 가진 시민을 목표로 삼으며(Hodson, 2010, 2011), 과학 기술과 관련된 사회 문제들을 비판적으로 이해하고 창의적으로 해결하기 위한 인간 육성을 추구한다(Bencze, 2008). 유전자 조작의 허용범위, 인공 지능과 인간의 정의, 도시의 발전과 생태계의 파괴 등과 같은 과학 기술 발전과 함께 나타나는 문제들을 다루는 SSI(Socio Scientific Issues)나 STSE(Science, Technology, Society, and the Environment) 교육과 같은 노력은 학생들이 복잡한 과학 관련 사회·환경 문제들을 능동적으로 이해하고 해결하려는 자세를 키우려고 한다(Pedretti, 2003; Zeidler, Walker, Ackett, & Simmons, 2002). 과학 관련 사회 문제나 환경 문제는 지역사회 국가의 범위를 넘어 범국가적 차원에서 해결되어야 할 문제이기 때문에 SSI나 STSE 관련 과학 소양은 세계 시민 소양의 주요 요소가 되었다.

캐나다 토론토대학교에서 강조되기 시작한 STSE 교육은 과학 교육 안에서 과학 교육을 통한 사회 정의를 논한다. 특히 WISE Activism Education 프로그램(http://webspace.oise.utoronto.ca/~benczela/WISE_Problem-ActivismEd.html)은 STSE 교사 프로그램으로써 교사들에게 지식과 가치가 첨예하게 대립하는 과학 관련 사회 문제를 중심에 두고 과학 지식을 둘러싼 이 외의 지식(사회경제, 법, 윤리, 인간 권리, 개인의 신념 등)이 개인과 집단의 의사결정과 행동에 어떤 영향을 미치는 지 비판하고, 이를 통해 과학 교육이 어떻게 사회 정의를 위해 노력해야 하는지를 논의한다. 과학 교육은 과학 지식뿐만이 아닌 과학이 만들어 가는 과정 또는 과학 하는 과정(science-in-the making)을 이해해야 한다고 주장하며(Latour, 1987), 사회 구성원들은 과학 하는 과정을 사회 정의와 인권에 근거하여 실행하고 발전시켜 가야 한다고 주장한다. 과학교사들은 과학이 사회정의를 실현하고 환경 문제를 해결하는 지침돌이 될 수 있도록 과학을 가르치는 정의 구현 과학 교육 운동가(activist)가 되어야 한다는 주장을 하기도 한다(Alsop & Bencze, 2012). 최근 통합적ᆞ간학문적 접근, 문제 해결 과학 교육 등의 시도는 지식 중심의 교과 편성이기보다는 우리가 당면하고 당면하게 될 사회적ᆞ환경적 문제를 교육의 중심으로 가져온 세계 시민을 위한 과학 교육의 예라고 할 수 있다. 사회와 인류가 당면한 문제를 해결하기 위한 (과학) 교육은 실로 거창해 보인다. 하지만 교사가 교육과정의 목표와 수업 내용을 문제 상황 중심으로 안내하고 재구성하는 문제 중심 수업(problem-based learning)은 세계화를 대비하는 과학 교육의 가능성을 보여 준다.

한 예로 나는 싱가포르 중ᆞ고등 학생들을 데리고 문제 해결을 위한 간학문적 접근의 과학 교육을 시행한 적이 있었다(Kim & Tan, 2013). 이 연구에서 싱가포르의 과학 교사와 중학생 16명과 고등학생 16명을 연구에 초대하여 공동 과제를 부여하였다. 그 문제는 "카항 지역에 생태 마을을 만들 수 있을까?"였고, 학생들은 이 문제에 대한 답과 제안서를 제출해야 했다. 카항 지역은 오래전부터 유기농 쌀을 재배하는 곳으로, 싱가포르와 말레이시아 국경에 가깝게 위치한 말레이시아의 땅이다. 이곳에서 재배되는 쌀은 싱가포르에 수출되기도 하고, 체험학습지로 학생들이 가끔 방문하기도 하여서 아주 생소한 지역은 아니었다. 2박 3일 동안의 과학 학습은 현지 탐사, 자료수집과 분석, 토론과 발표로 이루어졌다. 학생들은 소집단으로 나뉘어 활동하였는데, 소집단은 2~3명의 중학생과 2~3명의 고등학생으로 구성되었다. 학생들은 현지 탐사 전에 두 달간에 걸쳐 함께 수질,

토양, 농작물, 곤충, 날씨 및 기후 등 자신의 집단이 선택한 주제에 대해 공부하고 연구하였다. 현지에 도착한 학생들은 정해진 소집단 구성원들과 함께 주변의 생태 환경(수질, 재배 작물, 토질, 곤충 서식, 날씨와 에너지 자원 등)을 조사하고, 자료를 수집하여 가지고 간 실험 도구들을 통해 수질 상태, 토양 성분, 곤충 채집, 바람의 세기와 태양광의 조건 등에 대한 데이터를 분석하였다. 매일 저녁 이들은 자료를 공유하고 토론하였으며, 마지막 날 생태 마을 조성을 위한 제안서를 작성하였다. 이 과정에서 주제에 관련된 생물, 화학, 지구과학, 지역사회 지식에 관련된 교과 수업과 함께 교과 지식 이외의 탐구 기능, 협동 작업, 문제 해결을 위한 토론 과정의 기회도 주어졌다. 물론 이 연구는 과학 학습의 새로운 형태로 학생과 교사들 모두에게 어려운 과제였다. 새로운 과제였던 만큼 학생들도 교사들도 모두 문제 해결을 위한 협력과 서로에 대한 의존성의 중요성을 인지하였다. 학생들은 반성 노트에 프로젝트 동안 자신이 겪었던 여러 어려움을 적었고, 이러한 어려움을 어떻게 해결하려 노력했는지도 적었다. 학생들은 과학 탐구 과정에서 자료 수집이나 분석 과정에서의 어려움도 컸지만, 중학생과 고등학생이 함께 어우러져 문제를 풀어 가야 했기 때문에 협의를 통한 의사결정에 대한 어려움도 호소하였다. 하지만 학생들은 이 안에서 멘토십을 배우고 협력을 통한 결론 도출의 중요성을 배웠다.

또, 자신이 가진 데이터 분석의 정확성, 이를 다른 집단에 소통시켜야 한다는 책임감 등 지식의 중요성에 대해서도 배웠다고 했다. 이런 어려움을 배우는 일 또한 이들이 미래의 문제 해결자로서 감당하고 해결 방법을 배워 가야 할 교육의 중요한 일부분이다. 물론 여기에 제시한 '문제 해결 중심'의 교육 방법은 교사들이 이런 수업의 가치를 인정하고 이에 대한 열정이 있어야 한다. 이런 수업 방식은 교육과정과 학교 행정의 현실 문제로 사실상 일 년에 한두 번 계획하고 실행할 수밖에 없다는 제한점을 가지고 있으므로 교사들의 신념과 열정 없이는 불가능할 수도 있다. 하지만 문제 해결 수업은 학교교육과정에 따라 재구성될 수 있으며, 교실 안에서도 실행할 수 있다. 문제 중심의 수업에서 학생들은 과학

지식, 과학적 사고, 문제 해결자들이 가지고 있는 사회적 가치 등이 복잡하게 얽혀 의사결정으로 이어짐을 경험하고, 의사결정력, 문제 해결력을 배울 기회를 줄 수 있으며, 이는 전통적인 교육 방식에서는 쉽게 접할 수 없는 요소들이다.

7. 교사교육의 비전

세계화에 대처하는 한 국가의 교사교육은 앞서 소개한 바와 같이 세계 시장 경제에서 살아남기 위한 교육과 세계인의 다양한 가치와 생태계의 변화를 둘러싼 문제 해결을 위한 교육의 중요성을 동시에 안고 있다. 이 두 방향은 국가의 교육을 계획하고 실행하는 이들에게 피할 수 없는 문제이기도 하다(Clay & George, 2000). 하지만 교사교육의 핵심은 시장 경제의 경쟁성, 지식과 교육의 상품화, 표준화를 우선시하게 되면서 학술 자본주의(Academic Capitalism)의 현상이 교육과정의 투자비용은 최소화하고 성과는 극대화해야 한다는 논리 안에 진행되었고, 문화나 생태계의 다양성과 조화는 세계화 교사교육에서 간과되었다. 한편에서는 성취도 평가제 등급으로 교사의 자질과 자격을 결정하며, 교육대학의 교사교육과정을 평가하고 관리하는 교육의 형태가 세계적으로 획일화되어 가고 있으며, 일부에서는 이를 교육의 맥도날드화 현상(McDonaldization of Education)이라고 비판하기도 한다(Wilkinson, 2013). 더 나아가 이러한 현상들은 지역사회의 특수성을 무시하여 개인, 사회, 국가의 정체성을 어지럽히며 신제국주의의 맥락 안에서 서양의 교육제도에 대한 무차별적인 도입을 일으키기도 한다고 주장한다(Blum & Ullman, 2012). 이러한 구조적이고 획일화된 교사교육이나 교사 평가제도는 교사의 자질과 능력의 한 부분만을 고려하는 것이며, 교사의 교실 안 상황을 이해하고 대처하는 행동의 수행 등을 제대로 이해할 수 없다. 또한, 교사의 역량이 세계화로 인해 급변하는 사회에 대비하여 준비되어야 하고, 상생하는 미래를 여는 시민 교육이 되어야 한다고 주장하였을 때 교과 지식 위주의 성취 기준,

표준화에 입각한 교사교육은 그 한계가 있다. 하지만 현재 전 세계는 자유경제 중심의 교육 및 교사교육을 획일화시켜 가고 있으며, 그 안에서 다양성과 생태계의 조화에 기반을 둔 교사의 노력이나 자질은 평가되지 못한다. 교사교육이 자유 경쟁 시장 논리에 입각한 표준화 정책을 지속하였을 때 우리는 앞으로 어떤 미래를 열게 될까? 우리는 획일화 중심의 교육 글로벌리즘을 통하여 어떤 미래를 기대하고 있는 것일까?

국가는 미래의 시장 경제에 대비하는 교육도 인권과 환경의 변화에 대처하는 교육도 다 놓쳐서는 안 될 중요한 과제다. 따라서 이 둘의 방향은 앞으로의 교육 과정의 발전과 목표 구성, 그리고 교사교육을 주도하고 이끌 것이다. 우리에게 당면한 문제는 이 두 방향을 모두 충족할 만한 교사교육을 어떻게 구성하고 주도하는가다. 지금까지 더 많은 영향력을 가져온 시장 경제를 대비하는 교육 목표는 앞으로 국가 간에 더 심각한 획일화와 표준화를 가져올 수 있을 것이다. 즉, 각국의 교육자, 교육 연구자, 정책 연구자들은 더 활발하고 적극적인 정보 교환으로 자신의 교육 제도를 시대의 흐름에 맞게 수정, 보완, 발전시키려고 노력할 것이며, 이 안에서 교육의 방향성은 유사성을 띠게 될 것이다. 하지만 지역사회의 특수성과 함께 상생하는 세계화 교육을 위한 노력은 지역 구성원들이 경험하고 살아가는 시간과 공간의 특수성을 교육이라는 맥락 안에 포함하지 않고서는 이루어질 수 없다. 따라서 우리는 세계화 교육 안에 한국인이라는 정체성이 어떻게 재조명되고 한국이 지닌 지역적·문화적 특수성이 다양성과 어떻게 어우러져 창의적 문제 해결에 참여할 수 있는가를 심각하게 고려해야 한다. 조건 없고 유사성에 편승하는 세계화 교육을 배제하고 지역적 세계화 교육을 위한 노력의 한 방향으로 우리는 현재 교실의 변화를 세계화의 흐름 안에서 이해하려는 노력이 필요하다. 이를 위한 방향으로 교실의 변화를 경험하고, 이를 주도하고 있는 교사들의 경험, 삶을 이해하려는 노력을 들 수 있을 것이다. 교사들은 교육의 지역 특수성을 가장 가까이 경험하고 살아가고 있는 경험, 행동 주체자다. 현상학적 접근이나 내러티브 탐구들을 통해 교사들의 이야기, 경험을 이해하고 나누며 함께 반성함으로써 세계화 교육을 지역적이고 인간 중심적으로 이해하려는 노력이 필요할 것이다.

교무회의에서 세계화를 위한 교육이라는 단어를 처음 듣고 학교 안의 변화를 경험하면서 세계화를 위한 교사의 역할과 책임에 대한 의문이 시작된 지 벌써 20년이 넘었다. 그간 한국, 캐나다, 싱가포르 등에서 교사, 교사교육자, 그리고 연구자로 지내면서 지역사회 안의 세계화 흐름을 경험하고, 또 다양한 교사교육의 방향과 형태도 경험하였다. 또한, 세계화의 흐름 속에 사람들의 사고방식이나 문화 등이 동질화되어 가고 국가의 교육 목표나 방식이 비슷해지는 현상도 실감하였다. 비슷한 교실 환경에서 비슷한 내용의 수업을 받는 다른 모습의 아이들을 본다. 그러나 나는 이러한 사회 간 동질화의 경향을 긍정적으로만 볼 수 없다는 여러 학자의 논리에 동감한다. 어디를 가든 나는 같은 상품들이 즐비한 비슷한 도시의 거리에서 낯섦이 주는 두려움 대신 지역의 세계화가 주는 익숙함에 안도한다. 하지만 이는 또한 지역성을 잃어 가고 문화의 특수성을 잃어 가는 세계화 모습의 일부로 인류의 다양성이 소멸하여 간다는 염려도 준다. 또 이 유사성의 저변에는 신문화 제국주의의 이데올로기가 자리한 백인중심의 문화로 잠식되어 간다는 우려도 있다. 세계화(globalization)가 마치 서양화(eurocentric westernization)인 것처럼 말이다. 유사한 사고방식, 유사한 가치, 유사한 선택과 행동들을 추구하게 된다는 것은 수천 년 동안 서로 다른 전통과 역사를 가지고 살아온 인류에게 어떤 희생과 노력을 요구하는 것이며, 과연 이 희생과 노력은 가치 있는 것인가? 기후 변화로 멸종되어 가는 종들의 증가, 세계 경제 안에서 살아남기 위하여 지역 토착 농작물을 갈아엎고 커피를 심는 사람들, 그리고 똑같은 다국적 기업의 상품과 상점들로 비슷한 모습을 하고 있는 세계 대도시들의 모습은 우리의 미래를 어떻게 변화시킬 것인가? 우리는 세계화를 준비하기 위해 다양성을 이해하고 상생하는 교육을 해야 한다고 말하지만 어쩌면 세계는 세계화로 인해 다양성이 소멸하고 획일화되어 가는 것은 아닌지 모르겠다.

이 글에서 나눈 생각들은 세계화를 둘러싼 나의 개인적이고 국한적인 경험에서 나온 이야기들이다. 우리 모두는 다른 곳에서 다른 모습의 세계화를 경험하고 있으며 또 우리의 후세들이 어떤 세계화를 경험하게 될지 나의 제한적이고 지역적인 경험과 생각으로는 알지 못한다. 하지만 세계화의 흐름이 어떤 방향으로 흘러가든 후세들은 세계인들과 공동의 과제를 수행하고 협상하며 문제를 해결하는 상황에 더 많이 놓이게 될 것이다. 이는 한국인이자 세계인으로서 당면한 세계화의 양상과 문제점을 직시할 수 있는 능력이 있어야 하고, 세계화에 더욱 적극적이고 다양한 방식으로 참여해야 함이다. 세계화 교사교육 역시 이러한 흐름을 감지하고 이에 능동적으로 변화해야 하며, 단순히 도구적·표면적 접근의 교사교육의 도입이나 정책 빌리기보다는 지역적 특성을 가진 세계화를 위한 창의적인 제도로 거듭나야 한다.

영어와 컴퓨터를 중심으로 시작된 우리의 세계화 교육은 이제 20년이라는 시간이 지났다. 예상대로 영어는 글로벌 언어가 되었고, 컴퓨터 기술은 세계화의 중심에 서 있다. 이 과목들은 후세들의 세계화 교육을 위한 필요한 선택이었고, 중요한 세계화 소양과 기술이 되었다. 하지만 그 도입 과정은 준비되지 않은 무리함이 있었고, 교육과정의 변화와 시도는 교사의 주체성과 자아 효능감을 떨어뜨렸다. 세계화를 위한 교육을 위해 학교는 앞으로도 많은 시도와 변화를 경험할 것이다. 이것이 다양성에 관한 접근이든, 지구 환경 대비를 위한 세계화 교육이든 교사들이 경험하는 교실 안의 세계화, 이들이 바라보는 세계화의 관점 등을 이해하고 소통을 통한 변화들이 필요할 것이다. 세계화 교육이 교사들이 경험하는 세계화와 교실의 변화와 함께 반성되고, 소통되고, 토론될 때 이는 다른 정책적인 접근보다 의미 있고 효율적이며 지역화된 세계화를 완성하는 방안이라고 생각된다.

참고문헌

김미경(2011). 세계화와 교육: Thomas Friedman의 이론을 중심으로, 大丘史學. 105, 199-235.

박선미(2010). 예비교사교육 방법으로서 '행위 중 반성'에 대한 비판적 고찰, 사회과교육. 49(3), 39-52.

유성상(2015). 글로벌 사회에서 교사의 역할과 교사 양성의 방향, 교육과학연구. 17(1), 19-41.

장원순(2009). 한국 사회에 적합한 다문화교사 교육과정에 관한 연구, 사회과교육. 48(1), 57-79.

조대훈(2015). 글로벌·다문화 한국의 '시민'과 '시민교육' 새로운 쟁점과 과제, 교육과학연구. 17(1), 1-18.

최원형(2006) 세계화와 교육 개혁 및 논의의 동향, 교육연구. 14(1), 97-112.

Alsop, S., & Bencze, L. (2012). In Search of Activist Pedagogies in SMTE. *Canadian Journal of Science, Mathematics and Technology Education, 12*(4), 394-408.

Apple, M. (2011). Global Crises, Social Justice, and Teacher Education. *Journal of Teacher Education, 62*(2), 222-234.

Banks, J. A. (2001). Citizenship education for diversity: implications for teacher education. *Journal of Teacher Education, 52*(1), 5-16.

Bates, B. (2008). Teacher education in a global context: towards a defensible theory of teacher education. Journal of Education for Teaching. *International research and pedagogy, 34*(4), 277-293.

Bencze, L. (2008). Private Profit, Science, and Science Education: critical Problems and Possibilities for Action. *Canadian Journal of Science, Mathematics and Technology Education, 8*(4), 297-312.

Bickmore, K. (2014). Citizenship education in Canada: 'Democratic' engagement with differences, conflicts and equity issues? *Citizenship Teaching & Learning, 9*(3), 257-278.

Blum, D., & Ullman, C. (2012). The globalization and corporatization of education: the limits and liminality of the market mantra. *International Journal of Qualitative Studies in Education, 25*(4), 367-373.

Bottery, M. (2006). Education and globalization: redefining the role of the educational professional. *Educational Review, 58*(1), 95-113.

Bruno, L. (1987). *Science in Action: How to Follow Scientists and Engineers through Society.* Cambridge, MA: Harvard University Press.

Clay, J., & George, R. (2000). Intercultural education: A code of practice for the twenty-first century. *European Journal of Teacher Education, 23*(2), 203-211.

Darling-Hammond, L., & Cobb, V. L. (1996). The changing context of teacher education. In F. B. Murray (Ed.), *The teacher educator's handbook: Building a knowledge base for the preparation of teachers* (14-60). San Francisco, CA: Jossey-Bass.

Department of wild salmon production: Salmon confidential documentary. Available at http://www.salmonconfidential.ca.

Gill, H., & Chalmers, G. (2007). Documenting diversity: an early portrait of a collaborative teacher education initiative. *International Journal of Inclusive Education, 11*(5-6), 551-570.

Graue, M. E., Delaney, K., & Karch, A. (2013). Ecologies of education quality. *Education policy analysis archives, 21*(8), 1-33.

Guo, L. (2014). Preparing Teachers to Educate for 21st Century Global Citizenship: Envisioning and Enacting. *Journal of Global Citizenship & Equity Education, 4*(1), 1-22.

Haycock, K., & Hanushek, E. (2010). An Effective Teacher in Every Classroom: A lofty goal, but how to do it. *Education Next, 10*(3), 46-52.

Hodson, D. (2010). Science Education as a Call to Action. *Canadian Journal of Science, Mathematics and Technology Education, 10*(3), 197-206.

Hodson, D. (2011). *Looking to the future: Building a curriclum for social action.* Dordrecht: Sense.

Johnston, I., Carson, T., Richardson, G., Plews, J., Donald, D., & Kim, M. (2009). Awareness, Discovery, Becoming: Promoting Cross-cultural Pedagogical Understanding in an Undergraduate Education Program. *Alberta Journal of Educational Research*, 55(1), 1-17.

Kim, M., & Tan, H-T. (2013). A collaborative problem solving through environmental field studies. *International Journal of Science Education*, 35(3), 357-387.

Latour, B. (1987). Science in Action: How to Follow Scientists and Engineers through Society. Cambridge, MA: Harvard University Press.

Ling, C., & Newman, L. (2011). Untangling the food web: farm-tomarket distances in British Columbia, Canada, Local Environment. *The International Journal of Justice and Sustainability*, 16(8), 807-822.

Loomis, S., Rodriguez, J., & Tillman, R. (2008). Developing into similarity: global teacher education in the twenty-first century. *European Journal of Teacher Education*, 31(3), 233-245.

Meyer, S., Brodersen, R. M., & Linick, M. (2013). *Approaches to evaluating teacher preparation programs in seven states.* Washington, D.C. US: Regional Educational Laboratory Central.

Milanowski, A. (2004). The Relationship Between Teacher Performance Evaluation Scores and Student Achievement: Evidence From Cincinnati. *Peabody Journal of Education*, 79(4), 33-53.

Mundy, K., & Manion, C. (2008), 'Global education in Canadian elementary schools: An exploratory study'. *Canadian Journal of Education*, 31(4), 947-974.

OECD(September, 2000). Science, Technology and Innovation in the New Economy, Policy Brief. Available at http://www.oecd.org/science/sci-tech/1918259.pdf.

Pedretti, E. (2003). Teaching science, technology, society and the environment (STSE) education. In D. L. Zeidler (Ed.), *The Role of Moral Reasoning on Socioscientific Issues and Discourse in Science Education*(219-239). The Netherlands: Kluwer Academic Publishers.

Rees, W. (2002). Globalization and sustainability: Conflict or convergence? Bulletin of Science, *Technology and Society*, 22(4), 249-268.

Richardson, G. H., & Blades, D. (Eds.). (2006). *Troubling the Canon of Citizenship*

Education. New York: Peter Lang.

Ritzer, G. (1993). *The McDonaldization of society.* Thousand Oaks, CA, London, UK: Sage Publications.

Shiva, V. (1997). *Biopiracy: the Plunder of Nature and Knowledge.* Cambridge Massachusetts: South End Press.

Shiva, V. (2013). *Making Peace With The Earth.* London, UK: Pluto Press.

Schön, D. (1983). *The reflective practitioner.* San Francisco: Jossey-Bass.

Smith, D. G. (2002). *Teaching in global times.* Alberta, Canada: Pedagon Press.

Statistics Canada. (2015). *Ethnic diversity and immigration.* Available at: http://www.statcan.gc.ca/

Tatto, M. T. (2006). Education reform and the global regulation of teachers' education, development and work: A cross-cultural analysis. *International Journal of Educational Research, 45,* 231-241.

The Huffington Post B. C. (2013). *Japan Tsunami Debris Creeps up on BC Coast 2 year later.* Vancouver BC. Canada: The Huffington Post. Available at: http://www.huffingtonpost.ca/news/japan-tsunami-debris

Troper, H. (2002). 'The historical context for citizenship education in urban Canada'. In Y. Hébert (Ed.), *Citizenship in Transformation in Canada*(150-161). Toronto, Ontario: University of Toronto Press.

Wackernagel, M., & Rees, W. (1996). *Our ecological footprint: Reducing human impact on the Earth.* Gabriola Island, BC & New Heaven, CT: New Society Publishers.

Wiseman, A., & Al-bakr, F. (2013). The elusiveness of teacher quality: A comparative analysis of teacher certification and student achievement in Gulf Cooperation Council (GCC) countries. *Prospects, 43,* 289-309.

Wilkinson, G. (2013). McSchools for McWorld? Mediating Global Pressures With a McDonaldizing Education Policy Response. In G. Ritzer (Ed.), *McDonaldization: The Reader*(3rd ed), 149-157. Thousand Oaks, CA: Sage.

Yoon, H-G., & Kim, M. (2010). Collaborative reflection Collaborative Reflection through Dilemma Cases of Science Practical Work during Practicum. *International Journal of*

Science Education, 32(3), 283-301.

Zhao, Y. (2010). Preparing Globally Competent Teachers: A New Imperative for Teacher Education. *Journal of Teacher Education. 61*(5), 422-431.

Zeidler, D. L., Walker, K. A., Ackett, W. A., & Simmons, M. L. (2002). Tangled up in views: Beliefs in the nature of science and responses to socioscientific dilemmas. *Science Education, 86,* 343-367.

제5장

대안적 교사교육: 현상학적 접근[1]

이근호[2]

1. 서 론

"교육의 질은 교사의 질을 넘어설 수 없다."는 낯익은 표현이 있다. 한때 교사교육의 중요성을 언급하고자 하는 사람이라면 누구나 한 번쯤 거론해 봤음직한 슬로건이다. 그러나 이제는 다소 진부한 문구처럼 들리는 것이 사실이거니와, 그것은 단지 그 문장이 갖는 수사적 참신성이 떨어졌기 때문만은 아닐 것이다. 본래 그 말은 양질의 교사를 육성하고, 다양한 계기와 활동과 경로를 통해서 그 질을 유지, 발전시켜 나가야 한다는 실천적인 요구를 담고 있다. 그러나 그와 같은 실천적 요구가 과연 우리 교사교육, 재교육의 실제에 얼마나 제대로 반영되고 있는가 하는 점에서는 부정적·회의적인 견해를 표방하는 사람들이 많다. 즉, 어떤 실제적인 변화나 개선이 목도되지 않는 상황 속에서 애초의 표어(標語)는 말 그대로 '표어(表語)' 혹은 한낱 공염불 이상의 의미로 다가서기 어렵다는

1) 이 글은 저자가 관련 학회지에 논문으로 발표한 내용을 묶어 재구성한 것임을 밝혀 둠.
2) 현 한국교육과정평가원 교육과정교과서본부 연구위원

뜻이다. 흔히 '우리가 어떤 말을 하는가.'보다 '어떻게 실천하는가.'가 더욱 중요하다고 하거니와 이 경우에도 마찬가지로 적용된다고 볼 수 있다.

그러나 그렇다고 해서 교사교육을 개선하기 위하여 우리가 그간 들인 공과 노력이 적었다고는 말할 수 없다. 한편으로 교사교육을 주제로 한 연구 논문들이 끊임없이 이어져 왔고, 새로운 개념과 모형, 방법론이 모색되어 왔다. 다른 한편으로 교사교육 프로그램을 다변화하고 각종 연수와 연구 활동의 기회를 현직 교사들에게 제공함으로써 교사교육의 질을 유지, 관리하려는 시도가 계속되었다. 그런데도 드러나는 교사교육에 대한 대체적인 불신과 회의의 시각을 우리는 어떻게 받아들여야 하는가? 결국, 이는 현재까지의 교사교육이 그다지 성공적이지 못해 왔다는 반증이기도 하며, 다른 한편으로는 그 이유를 면밀히 따져 보고 이해하는 일이 앞으로 이루어질 교사교육에 관한 논의나 실천의 바탕이 되어야 한다는 뜻이기도 하다. 그리고 교사교육에 대한 반성은 무엇보다도 가르치는 일의 의미는 무엇이며, 가르치는 사람으로서의 교사란 어떤 존재인가를 드러내고 해명하는 일로부터 비롯된다.

교사교육과 관련한 논의가 가르치는 일의 의미나 가르치는 자로서 교사의 존재를 해명하는 일에 비추어 수행되어야만 한다는 것은 지금으로는 지극히 상식적인 지적이다. 그러나 이와 같은 상식이 항상 소중하게 간직되거나 기억됐던 것은 아니다. 지금까지의 교사교육에 관한 논의는 주로 본질주의적(substantialist)인 입장이나 혹은 기능주의적(functionalist)인 시각에서 규정되어 왔다. 본질주의란 이름에서도 드러나듯이, 모종의 본질, 요체, 정수가 선험적으로 주어져 있다는 것을 가정한다. 예컨대, 가르치는 일의 의미는 실제로 가르치는 일이 벌어지는 삶의 맥락과 무관하게 파악될 수 있으며, 따라서 모든 교사가 자신들이 처해 있는 상황과 관계없이 일률적으로 믿고 따를 수 있는 당위적인 지표가 된다. 한편 기능주의적 시각은 교사가 가르치는 맥락에서 수행하는 핵심적인 역할이나 기능들을 분석하고, 수행해야 할 기능을 규정한 후 이를 교사교육을 통해 신장시킴으로써 교사의 전문성을 기를 수 있다는 입장이다.

그런데 이처럼 본질주의적, 기능주의적 시각에서의 교사교육은 교육과 삶의 근원적인 관련성에 대해 편협한 관점을 강요해 왔다. 즉, 교육은 학생들 장차의 삶을 준비하기 위한 것이며, 또한 그것을 잘하기 위해서는 선조들의 삶의 궤적을 잘 따라가야 한다는 것이다. 선조들의 삶으로 대표되는 본질적인 내용에 숙달하고, 미래 학생들의 삶을 준비시키기 위한 다양한 기능과 방법에 충실하면 교사로서 해야 할 역할이 충분하게 채워질 수 있다는 것이다. 그러나 이처럼 순진한 가정이 그것이 마땅히 할 것으로 기대되었던 바를 모두 충족시키지 못해 왔다는 것을 우리는 경험으로 알고 있다. 무엇보다 종래의 본질주의와 기능주의적 교사교육관에서는 교사의 삶이라는 중요한 부분을 간과해 왔기 때문이다.

Herbart는 교육의 과업은 교육받는 사람들을 희생시켜서는 안 되듯이, 교사의 삶도 마찬가지로 결코 희생되어서는 안 된다고 지적한 바 있다(Eckoff, 1896: 13). 교사의 삶은 지식, 이론, 교과로서 선조들의 삶의 흔적만큼이나 중요한 교육의 자원이고, 또한 학생들의 미래의 삶을 좌우하는 원천이다. 우리나라 사람들은 교사의 길을 말할 때, '사표(師表)'라는 표현을 종종 사용한다. 이 표현은 심오한 지식과 도덕적 영향력을 가진 교사를 일컫는 말이며, 특히 표(表)는 그 교사의 일거수일투족이 학생들에게 본, 모범, 예시 등이 된다는 것을 뜻한다. 그래서 우리는 교사에게 높은 수준의 도덕성을 요구하며, 또한 자신의 모든 행위와 행동에 대해서 대단히 사려 깊게 성찰할 것을 주문하는 것이다. 이런 맥락에서 교사에게 필요한 것은 자신이 가진 지식과 기능의 시연뿐만 아니라 끊임없이 자신의 행위를 성찰하고, 삶으로서 성찰의 결과를 본보이는 것이어야 한다.

그러한 맥락에서 이 글은 교사교육을 위한 새로운 접근법, 특히 연구방법론으로서의 현상학적 접근에 대해 탐색하고자 한다. 지극히 일반적인 수준에서 말하면, 연구란 모종의 새로운 지식, 정보, 이해 등을 총칭해서 '앎'을 형성하는 활동이라 말할 수 있다. 한편 연구방법론(methodology)이라고 한다면, 그와 같은 앎을 담보하기 위한 구체적인 방법(methods)이나 기법(techniques)뿐만 아니라, 연구를 통해서 추구하고자 하는 앎의 종류나 성격, 혹은 그러한 앎의 가치나 정당성을 제공하는 이념과 논리(logic)마저도 포함한다. 예컨대, 문학연구방법론이라고 한다면 문학이라는 특정한 탐구의 대상이나 영역에서 어떤 종류의 앎이 가치 있고 정당한가를 드러내며 동시에 그러한 앎에 도달하기 위한 구체적인 절차, 방법, 수단 등을 모두 포괄하게 된다.

그렇게 본다면, 어떤 특정한 연구방법론이 갖는 가치는 그 방법론이 탐구하고자 하는 영역(대상)과 관련하여 나름대로 의미 있고 타당한 앎의 유형을 제시할 수 있어야 한다는 것을 전제한다. 더불어서 그러한 앎에 도달하기 위한 구체적인 절차, 방법, 수단, 경로 등을 제공할 수 있을 때 비로소 연구방법론으로서의 소임을 다한다고 말할 수 있다. 이 글을 통해 대안적 연구방법론의 하나로서 최근에 주목받고 있는 현상학적 접근이 과연 어떤 새로운 종류의 앎을 제기하며 그러한 앎의 형식은 교사교육 및 재교육에 있어서 어떤 시사를 주는가를 살펴보게 될 것이다.

2. 현상학적 접근의 논리

현상학이라는 말이 광의의 맥락에서 다양한 용법으로 활용되고 있다는 것은 이미 주지의 사실이다(유혜령, 2005). 그러나 일반적으로 그 말이 지칭하는 바를 크게 다음과 같이 두 가지로 나누어 생각할 수 있다. 하나는 Husserl 이래로 다양한 학자와 사상가에 의하여 논의되어 온 특정한 철학 내용 체계로서의 현상학이다. 다른 하나는 그러한 논의가 가능하게 했던 현상학만의 독특한 관점과 태도, 혹은 그러한 관점과 태도를 바탕으로 하는 탐구 방식으로서의 현상학이다. 애초에 Husserl이 '철학을 하는 새롭고 급진적인 방식'으로 현상학을 제안하고 있는 데서 드러나듯이, 현상학은 지금까지의 현상학적 논의를 관통하는 개념, 이론, 대표적인 사상가들에게 친숙해지고 달통하는 일만을 지향하는 것은 아니다. 오히려 현상학의 독특한 관점과 안목으로 인간과 세계에 대한 실천적 탐구의 과정에 직접 동참하는 일을 그 의미의 한 축으로 포함한다.

　　그러나 여기서 언급한 현상학의 두 가지 함의가 항상 균형 잡힌 채로 추구되지는 못한 것 같다. 일반적으로 사람들의 관심은 대표적인 사상가들과 그들의 아이디어를 주석하고 전유하는 데 머물러 있지, 실제로 그것을 자신의 탐구 방식으로 활용하는 일에는 소극적이다. 그리고 그것이 불러온 현상학에 대한 오해, 즉 "지극히 난해하다." "실제적이지 못하고 공허하다." 등 세간의 평가는 현상학이 표피적인 관심을 넘어 실제로 사람들의 생각과 행위를 인도할 급진적 학문으로서 기능하지 못해 왔음을 반증한다.

　　현상학이 대중화되지 못하고 소위 '그들만의 세계'를 구축해 왔던 것은 현상학자들 자신의 과실이 가장 크다. 즉, 자신의 관심사를 기존 개념의 구명이나 논쟁의 해결에만 집중해 왔지, 현상학이 갖는 탐구 방법으로서의 성격이나 그 과정을 명확히 하려는 노력을 도외시해 왔기 때문이다. 그리하여 우리는 Husserl, Heidegger, Merleau-Ponty 등과 같은 천재들을 경외(敬畏)하지만, 도대체 그와 같은 천재들이 어떤 생각의 과정을 거쳐서, 어떤 탐구 경로를 거쳐서 그토록 획기적인 아이디어와 조우하게 되었는지를 잘 알지 못한다. 현상학이 담고 있는 급진성은 멀리서 감탄만 하는 일로는 충분히 구현될 수 없다. 현상학자들이 자신들의 탐구 방식을 분명히 하고, 그것들을 공유하고, 보다 많은 사람이 자신들의 탐구에 동참하도록 이끌어 줄 수 있을 때 비로소 그 길이 열리는 것이다.

　　다행스러운 것은 이와 같은 문제의식을 공유하는 일단의 학자들이 이미 등장하고 있다는 사실이다. 흔히 현상학 영역 내에서 '실천 현상학(phenomenology of practice)'이라 불리는 것을 지향한 사람들을 말한다. 그들의 일차적 관심은 현상학의 방법론적 측면을 규명하고 확립함으로써 보다 많은 사람이 '직접 참여하고 수행하는 것'으로서의 현상학 정립에 있다. 특기할 만한 것은 그들 중 대부분이 흔히 실천적 영역이라 불리는 교육학, 임상 심리학, 의학, 간호학, 특수교육학 등의 배경을 가진 사람들이며, 현상학이 연구의 이념적 토대뿐만 아니라 실제로 하나의 실천적 탐구 양식으로 활용될 가능성을 모색하고 있다는 점이다.

정리하자면, 현상학은 이념적·철학적 지향뿐만 아니라 그러한 지향을 실제적이고 실천적인 연구방법론으로 원용하려는 모든 종류의 노력을 망라하는 용어다(이근호, 2007). 현상학은 엄밀한 철학적 체계로서 존재하기도 하고, 또 어떤 때는 그러한 체계를 가능하게 한 정신이나 태도를 함의하는 것으로서 더욱 포괄적인 견지에서 규정되기도 한다. 그러나 연구방법론이라는 측면에서는 전자의 입장이라기보다는 후자의 편에서 현상학적 접근의 의미가 규정되어 왔다고 말할 수 있다(유혜령, 2005; 이근호, 2006). 특정 철학 내용 체계로서 현상학이 이바지하는 바가 적지 않겠으나, 우리가 관심으로 하는 것은 현상학이 기반을 두고 있는 자유로운 비판 정신과 사유 스타일 자체에 있기 때문이다. 그런 맥락에서 이 글에서 지칭하고 있는 현상학적 접근이란 전통 철학의 한 분과로서의 현상학을 일컫는 것이 아니라, 현상학의 관점과 태도를 연구에 적용하려는 특별한 시도 및 실천적 노력을 가리키는 것이다.

그렇다면 현상학적 접근이 취하고 있는 기본 정신 혹은 태도란 무엇을 말하는 것인가? 현상학적 태도를 설명하는 많은 다양한 기술이 있겠지만, 가장 먼저 지적해야 할 것은 현상학이 기반을 두고 있는 첨예한 비판 정신이다. 현상학은 일체의 독단, 편견, 선입견, 주관, 심지어는 기존의 지식이나 이론의 한계를 벗어나서 '사물 그 자체(things themselves)'로부터 새로운 이해를 형성하는 것을 추구한다. 즉, 현상들에 대한 자유로운 관점의 길을 개방시켜 놓는 일을 최우선으로 표방한다(Bollnow; 한상진 역, 2006). 그리고 그러한 것으로의 현상학은 종래와는 급진적으로 다른 방식으로 인간 및 인간의 삶을 개념화한다.

현상학적 견지에서 보면 인간은 사물과는 구분되는 독특한 존재다. 자신이 자연 속의 일부이면서도 동시에 일방적인 자연법칙의 지배를 벗어나고자 하는 특별한 노력을 의도적으로 기울이는 존재다. 그의 삶은 정해진 숙명이나 법칙에 맹목적으로 순응하지 않는다. 그 대신, 비록 미약할망정 자신의 의지를 반영하고, 그러한 의지를 관철하기 위한 끊임없는 노력을 기울인다. 그러므로 현상학은 애초부터 인간과 그를 둘러싸고 있는 환경 혹은 자연 사이에 놓여 있는 변증법적 관계를 기반으로 인간의 본성 또는 인간 삶의 본질을 규명하고자 노력한다. 그리고 이와 같은 인간 존재의 근원적 속성을 일컬어 현상학에서는 세계-내-존재(Being-in-the-world)란 용어를 써서 표현한다.

세계-내-존재로서의 인간이 보여 주는 가장 중요한 특징은 의식(consciousness)을 가진 존재라는 점이다. 의식은 우리가 무엇을 말하고 지적하고 이해하기 위해서 반드시 전제되어야 하며, 세계는 오직 그것을 통해서만 그 진면모를 우리에게 드러낸다. 이는 인식의 주체와 대상을 분리하고, 인간과 세계를 나누며, 이론과 실천을 가르는 전통적인 인식론에 획기적인 변화를 요청하는 것으로 볼 수 있다. 현상학은 의식의 구조가 본디 '지향적(intentional)'임을 설파함으로써 인식의 주체와 인식의 대상 사이의 밀접한 관련을 강조하고 있다(Spiegelberg, 1982). 우리가 수행하는 모든 의식행위나 당면하는 모든 경험은 본질적으로 '~에 관한' 것일 수밖에 없다는 것이다. 즉, 우리가 하는 모든 사고는 항상 무엇인가에 관한 것이다. 우리가 하는 모든 행위는 결국 무엇인가를 하는 것이다. 그렇게 본다면 모든 인간 활동은 항상 지향된 것으로 파악할 수 있으며, 앎과 관련한 주체(의식)와 대상(세계)의 불가분의 관련을 드러낸다.

앎의 주체와 대상의 상호 관련성을 강조하는 지향성 개념은 현상학이 인간의 체험과 의미에 대해서 특별히 주목하게 된 계기를 설명해 준다. 앎의 근원이 일방적으로 주어지는 것이 아니라 앎의 주체와 대상의 상호 작용 또는 구성 작용에서 비롯되는 것이라면, 세계에 대한 우리의 앎은 결코 자연과학에서 상정하듯이 고정적이거나 객관적인 형태로 주어지는 것이 아니다. 오히려 세계에 대한 앎은 세계에 대한 직·간접의 체험(lived experience)을 통해서 우리의 의식이 그 의미를 구성하는 것으로 파악된다. 그러므로 현상학은 인간의 체험에서 의식의 구조 혹은 거기서 파생되는 의미 탐색을 표적으로 한다(Polkinghorne, 1989). 체험이라는 개념은 모든 종류의 개념화, 범주화, 대상화 이전에 전반성적으로 주어지는 원초적이고도 즉각적인 세계 경험을 지칭하는 것이며(이근호, 2006), 오직 체험을 통해서 우리는 우리가 사는 세계의 양상을 확인할 수 있게 된다. 그래서

van Manen(1997: 36)은 "체험이야말로 현상학적 탐구의 시작점이자 종결점이
다."라고 주장하였다.

체험을 통한 의미의 구축이 앎의 근원이라고 한다면, 전통적인 인식론에서 강
조하듯이 단일한 것으로서, 또는 확증된 것으로서의 앎이란 존재하지 않는다.
왜냐하면 각 개인은 자신에게 주어진 상황이나 맥락, 앞선 경험 등을 통해서 서
로 다른 의미를 구성하는 것이 얼마든지 가능하기 때문이다. 그러한 맥락에서
현상학은 철저하게 인간 존재의 독특성을 강조하며, 인간을 그가 가진 일부의
특성이나 단편적인 기능으로 감환하려는 일체의 시도에 대해서 반대한다. 각 개
인의 고유함을 인정하고, 그로부터 파생되는 삶의 다양한 궤적을 존중한다. 그
래서 혹자는 현상학을 '주관의 철학'으로 부르는 데 주저하지 않는다. 그러나 동
시에 현상학은 본질을 지향하는 철학이다. 다시 말하면, 개별 현상을 아우르는
인간성의 보편적 차원, 인간 삶의 상호 주관적 양상을 밝히고, 천착하는 것을 표
적으로 한다. 그래서 현상학은 비단 주관의 철학으로서 뿐만 아니라 독특성과
보편성의 변증법적 탐구 양식으로 기능하게 된다(이근호, 2007).

다음으로 지적해야 할 것은 체험을 통해서 구성되는 의미는 항상 명증한 것으
로 드러나지 않는다는 점이다. 다시 말하면 체험을 통해서 구성되는 인간의 앎
은 결코 자연 발생적이지 않다는 것이다. 인간은 그를 둘러싸고 있는 세계의 일
부이자 동시에 자신의 의지를 통하여 세계를 구현하고 변혁해 가는 존재다. 인
간과 세계의 이와 같은 역동적 관련이 인간 존재의 근원적 배경을 이루고 있다
는 점은 분명하다. 그러나 그러한 관련이 언제나 분명하게 드러나거나 의식되는
것은 아니다. 세계는 이미 내 앞에 주어져 있어서 특별한 노력 없이도 세계를 살
아가는 데 어려움이 따르지 않기 때문이다. 우리에게 공기란 대단히 중요하지
만, 그것의 의미를 매 순간 되새기지 않아도 삶을 살아가는 데 불편이 없는 것과
매한가지다. 물론 어느 특정한 순간, 예컨대 높은 산에 올라갔다거나 혹은 천식
에 걸렸을 때 공기의 의미는 새삼스러울 수밖에 없다. 이는 공기 자체가 달라졌
기 때문이 아니라 공기에 대한 우리의 태도가 근본적으로 변화했기 때문이다.

마찬가지로 세계는 언제나 한결같지만 그것을 대하는 우리의 태도가 어떠한가
에 따라 세계의 의미는 달라진다.

　　현상학에서는 우리가 세계를 대하는 태도를 자연적 태도 및 현상학적 태도라
는 두 가지로 대별해서 설명한다. 전자는 그저 주어진 것으로서의 세계를 살아
가는 일상적이고 관습적인 삶의 양식을 말한다면, 후자는 그것으로부터 한 걸음
벗어나 세계의 의미를 되새기고 삶의 의미를 궁구하려는 자세를 가리킨다. 전자
가 인간을 포함한 모든 생물의 보편적 성향이라면, 후자의 경우는 인간만이 갖
는 특별함이라고 할 수 있다. 앎은 전자의 자세에서 벗어나 후자의 태도로 스스
로와 세계를 대할 때 가능한 것이라 말할 수 있다. 그러나 자연적이고 일상적인
태도라고 명명한 데에서 드러나듯이, 그것을 벗어나는 일은 결코 쉽지 않다. 인
간이 세계를 경험함으로써 구성되는 의미는 아주 특별하고도 의도적인 노력으
로 파악될 수 있는바, 그러한 노력을 일컬어 현상학에서는 '판단중지(epoche)'
또는 '환원(reduction)'이라는 용어로 나타낸다. 흔히 환원은 우리 삶의 일상으로
부터 완전히 벗어나는 일 혹은 이 세계와의 관계를 모두 끊어 버리고 나와 세계
를 관조하는 모종의 초탈한 상태를 일컫는 것으로 오해되는 경향이 있다. 그러
나 오히려 환원은 일상적이고 관습적인 태도에서 이루어지는 모든 종류의 앎과
이해를 더는 자명한 것으로 받아들이지 않고, 그러한 이해 자체에 대해 심각하
게 검토해 보고 반성해 보는 실천적인 일을 뜻한다(이근호, 2007). 이는 우리 삶과
무관한 태도를 말하는 것이 아니라 관성적, 전반성적, 무비판적인 삶의 태도를
잠시 멈추고, 우리가 체험하는 것의 의미에 관해서 심각하게 생각해 보고 점검
해 보는 태도를 말한다. 그러한 것으로서의 환원은 반성 혹은 성찰의 다른 표현
이라 할 수 있으며, 앞서 언급한 현상학의 가장 근원적인 특징으로서의 비판 정
신과 다시금 연결된다고 말할 수 있다.

　　요컨대 현상학은 인간과 그를 둘러싸고 있는 세계 사이의 역동적 상호 관련을
바탕으로 인간 존재의 의미를 규명하고 이해하는 것을 표적으로 한다. 앎은 단
순히 주어지는 것이 아니라 그가 세계를 경험하는 속에서, 세계와의 교호작용을

통하여 구성하는 의미다. 그러한 것으로의 의미는 저절로 주어지는 것이 아니라 그것을 발견하고 창조하려는 인간 자신의 노력을 통하여 생성된다. 그리고 그것을 인도하는 것은 주어진 모든 것을 당연한 것으로 받아들이고 맹목적으로 순응하는 것이 아니라 근원적으로 재검토하는 비판 정신 혹은 반성의 태도, 즉 성찰이다. 결국, 현상학을 한마디로 규정하면 성찰의 학문이라 할 수 있을 것이며, 성찰을 바탕으로 인간성의 본질을 드러내고, 인간 삶의 의미를 이해하려는 시도라고 말할 수 있다.

3. 현상학적 접근의 절차와 방법

   인간을 이해하기 위한 특별한 시도로서의 현상학적 접근의 절차나 방법은 다양성을 근간으로 한다. 각각 독특한 존재로의 인간이 자신의 존재 의미를 묻고 가치를 발견하는 과정은 오직 하나로서 존재하는 것이 아니기 때문이다. 이 점은 최근 급격한 성장을 이루고 있는 다양한 질적 연구 방법의 대부분이 동의하는 바이며, 그러한 맥락에서 현상학적 탐색의 기본 절차나 방법은 여타의 질적 연구들과 크게 다르지 않다.

   그러나 현상학이 다른 많은 질적 연구에 비판과 성찰이라는 중요한 이념적 기반을 제공해 왔다는 점, 그리고 연구의 기본 절차나 방법을 상당 부분 공유하고 있다는 점을 인정한다고 하더라도 구체적인 방법으로의 현상학은 몇 가지 측면에서 다른 질적 연구 방법들과 구별되기도 한다. 예컨대, 현상학은 개인의 체험과 그 속에서 형성되는 주체적 의미에 강조를 두고 있다는 점에서 문화와 집단적 의미에 관심을 두는 문화기술지 방법과 구분된다. 근거이론 연구가 비교적 정형화된 절차나 분석 방법을 동원한다면, 현상학은 부분과 전체를 오가면서 해석의 깊이를 더하고 새로운 의미 발견이나 부여를 시도한다는 점에서 차이가 있다. 연구 참여자가 들려주는 이야기를 소중하게 생각하고 그 이야기 속에 담겨 있는 의미 구조를 밝히려는 측면에서 현상학은 내러티브 탐구와 방법론적으로 많은 것을 공유하고 있다. 그러나 현상학이 더욱 극적이고 예술적인 일화 형식을 선호한다면, 내러티브 탐구는 그보다 긴 호흡의 구조화된 이야기를 활용한다고 말할 수 있다. 이처럼 구체적인 방법으로서의 현상학은 여타의 질적 연구 방법들과 기본적인 아이디어와 형식을 공유하면서도 독특한 방향으로 발전해 왔다고 말할 수 있다.

우선 현상학은 일상성을 깨뜨리는 연구 주제나 문제를 발견 혹은 생성하는 단계로부터 시작한다. 반드시라고는 말할 수 없지만 가급적 연구자 자신의 체험을 바탕으로 한 연구 문제를 찾을 것을 권장한다. 이는 연구자가 그 체험의 양상을 파악하고 의미를 해석하는 데 도움이 되기 때문이며, 자신의 삶과 무관하지 않은 주제를 탐구할 때 연구에 대한 열의를 지속하거나 동기유발이 가능하기 때문이다.

두 번째 단계는 있는 그대로의 체험을 조사하고 서로 다른 형태의 경험 자료를 수집하는 과정이다. 이 단계에서 연구자는 연구 장소나 참여자를 선택하고, 가장 적절한 자료 수집 방식을 결정해야 한다. 연구 참여자는 연구될 현상을 경험하였고 자신의 경험을 잘 표현할 수 있는 개인들로 선택한다. 그리고 참여자들의 경험은 다양한 방식을 통해서 수집된다. 예컨대, 관찰, 면담, 체크리스트, 포트폴리오, 저널, 메모, 사진, 각종 일지, 설문지, 현장노트, 오디오 혹은 비디오 리코딩의 방법이 모두 활용될 수 있다. 중요한 것은 자료 수집 방법의 다양화 못지않게, 자료 수집 과정을 일회적이거나 단선적으로 처리하는 것이 아니라 반복적으로, 혹은 순환적으로 지속해야 한다는 점이다. 그런 맥락에서 현상학적 접근의 자료 수집 단계는 후속하는 자료 분석/해석 단계와 중첩되는 경우가 허다하다.

세 번째 단계는 자료의 분석 및 해석 단계다. 전체적으로 글 읽기, 선택적인 글 읽기, 세분법 혹은 추행법 등을 선택하여 핵심 어구나 주제들을 찾아내고, 그 속에서 전체를 관통하는 현상의 본질적인 주제를 파악하는 과정이다. 일례로

Moustakas(1994)가 발전시킨 현상학적 분석의 과정을 소개하면 다음과 같다.

- 연구자는 현상에 대한 자신의 경험을 전체적으로 기술하는 것으로 시작한다.
- 연구자는 자료를 통해서 개인이 어떻게 주제를 경험하고 있는지에 대한 진술을 찾고, 의미 있는 진술들을 나열하며(자료의 수평화), 각각의 진술에 동등한 가치를 두어 다루고, 반복되거나 중복되지 않는 진술들을 목록화한다.
- 이 진술들은 의미 단위로 분류되고, 연구자는 이 단위들을 나열하며, 축어적 예를 포함하여 일어난 경험의 조직을 기술한다(조직적 기술).
- 다음으로 연구자는 자신의 기술을 반성하고, 상상적 변형 또는 구조적 기술을 사용한다.
- 그리고 연구자는 경험의 의미와 본질에 대한 전반적인 기술을 구성한다.

　　마지막은 보고서를 구성하는 글쓰기 단계다. 일반적으로 글쓰기는 연구 과정의 일부분으로서 간주되어 왔고, 따라서 그만큼의 가치를 인정받아 왔다. 그러나 현상학적 연구에서 글쓰기의 가치는 그것을 훨씬 웃도는 것이라고 파악된다. 현상학에서의 글쓰기는 전체 연구 과정의 한 부면(phase)으로서만 의미가 있는 것이 아니라 사실상 글쓰기 자체가 연구의 전부라고 간주한다. 현상학적 연구에서 탐구는 곧 반성하는 것이고, 반성은 곧 사고하는 일이며, 사고는 다시 글쓰기 작업을 통해서 드러난다. 글쓰기는 생각을 지면으로 옮기는 과정이다. 그것은 반성(사고)하는 일과 불가분의 관련을 가진다.

　　첫째, 글쓰기는 우리를 자연스럽게 반성과 사고의 영역으로 인도한다. 일반적인 대화나 말하기의 경우와는 다른 태도와 자세를 우리에게 요구한다. 그리고 그러한 태도와 자세는 우리가 요구하는 것으로서의 사고 과정과 다르지 않다. 둘째, 글쓰기는 우리가 생각을 통해서 직관하고 통찰한 내용을 타인과 공유할 수 있도록 해 준다. 현상학적 연구가 추구하는 것은 자신만의 깨달음을 넘어서서 다른 사람들이 그 깨달음을 이해하고, 그러한 이해의 결과로 그들의 삶과 실천이 개선될 수 있도록 돕는 일이다.

현상학적 연구에서 글쓰기의 역할은 드러난 현상 자체의 의미를 기술 속에 담아내는 것이다. 현상의 본질을 밝혀 내는 일을 궁극의 목적으로 삼고 있다고 하더라도, 현상학적 연구는 종국의, 고정된, 절대적이고 유일한 것으로서의 의미는 결코 존재하지 않는다고 파악한다. 현상학적 연구의 글쓰기는 체험의 세계 내에서 어떤 현상이 갖는 풍부한 의미들을 기술해 내려고 시도한다. 그렇게 본다면 글쓰기는 탐구의 과정이자 동시에 산물이 된다. 글쓰기는 우리에게 이전에 보지 못했던 것을 보게 하며, 그 현상을 새롭고 신선한 시각으로 바라보도록 유도한다. 이와 관련하여 van Manen(1997)은 다음과 같이 주장하였다.

> 인간 과학적 연구는 본질적으로 언어적 프로젝트다. 즉, 체험 세계가 포함하고 있는 다양한 측면과 차원을 반성이라는 과정을 통해서, 또한 글쓰기의 과정을 통해서 다른 사람들도 이해할 수 있고 알아볼 수 있도록 만드는 일이다. …… 그것은 우리가 체험의 세계에서 맞닥뜨리는 것으로서 인간의 행동, 행위, 의도, 경험에 관하여 살아 있고, 저절로 공감을 불러일으키는 기술(텍스트)을 제공하는 일로 구성된다. (125)

인간의 의미는 텍스트, 즉 글쓰기란 과정을 통해서 효과적으로 소통될 수 있다. 성찰을 통해서 연구자는 체험 속에 있는 의미 구조들을 식별할 수 있게 되며, 그것은 글쓰기를 통해서 소통이 시도되고, 더 나아가 해석의 대상이 된다. 그러므로 연구 방법론으로서의 현상학적 연구는 반성(사고, 성찰)과 글쓰기라는 두 축에 의하여 지지가 되고 있다. 물론 반성과 글쓰기의 과정은 제각각 이루어지는 것이라기보다 나선형적 순환과정을 통해 서로 맞물려 있는 것이라고 보아야 한다. 즉, 생각이 글로 표현되고, 다시 그 글은 더 깊은 사고와 반성적 검토를 통해서 더욱 정련된 형태로 성장한다.

그러므로 현상학적 연구에서의 글쓰기 과정은 탐구를 통해서 얻어지는 이해에 깊이를 더하기 위한 목적을 가진다. 즉, 그 경험이 가진 복잡성이나 모호성을 임의로 해체하는 것이 아니라 그 안에 담겨 있는 다원적이고 다층적인 의미들을 드러내는 일을 표적으로 한다. 글쓰기와 관련한 어떤 기법이 동원되든 간에 현상학적 연구 글쓰기의 핵심은 기술되는 체험 세계의 복잡성이나 모호성을 포착하고 드러내는 일이다.

주지하다시피, 현상학적 연구가 추구하는 이해는 항상 명백한 인지적 용어로 표현되거나 혹은 우리가 갖춘 지적 능력으로 분명하게 파악할 수 있는 것이 아니다. 오히려 "(현상학적 연구가 추구하는) 이해는 실존적, 정의적, 상황 의존적, 그리고 체화된 것으로 드러나며, 따라서 그것은 종종 우리가 가진 인지적 능력이라기보다는 실제적 · 직관적 능력에 호소하는 경우가 많다."(van Manen, 1997: 345) 따라서 현상학적 연구의 글쓰기는 연구자가 독자들에게 모종의 논리적 설명을 제공하려고 시도하는 대신 텍스트가 가진 공명하는 힘(resonating power)에 의지하여 '보여 주고자' 하는 시도로 나타나곤 한다. 바로 이러한 측면에서 우리가 텍스트를 통하여 무엇인가를 말한다기보다는 텍스트가 우리의 입을 빌려 자신을 드러낸다는 말이 성립하게 된다. 그러므로 질적 연구자들이 끊임없이 "비록 일상적인 보고서나 과학적 연구의 진술방식으로 소통하는 일이 불가능한 의미라 할지라도, 어떻게 하면 그 의미를 텍스트를 통해서 표현할 수 있을 것인가"를 고민하도록 요구한다(van Manen, 2001: 22). 그래서 때로 현상학적 연구의 글쓰기는 시작(詩作)에 비유되기도 한다. 결국, 현상학적 연구는 연구를 통해서 얻은 통찰을 글쓰기라는 방편을 활용하여 텍스트가 가진 호소력을 극대화하고자 노력한다. 글쓰기는 다시 생각하고, 다시 고찰하고, 다시 인식하는 과정을 통해 우리 자신을 우리가 알고 있는 것에서 분리하기도 하고, 더 가까이 결합하기도 하며 무엇인가를 볼 수 있게 한다. 반면에 우리 시야의 한계를 드러내기도 하면서 우리에게 삶 속에서 사려 깊은 실천을 할 수 있는 준비를 하게 해 준다.

4. 현상학적 연구 글쓰기의 실제 사례

현상학적 연구의 글쓰기는 보통 기술과 해석이라는 이원적인 체제로 구성된다. 물론 기술과 해석의 구체적인 형식은 방법론에 따라 다양하게 드러나기도 한다. 중요한 것은 기술이란 독자들에게 연구자가 연구하는 현상이 어떤 점에서 의미가 있으며, 그 의미가 어떻게 전유될 수 있을지를 '보여 주는' 글이라는 점이다. 따라서 기술은 다양하고 풍부한 의미가 적재된 것이어야 하며, 그 맥락과 상황을 얼마나 생생하게 전달하는가가 관건이 되는 이야기 형식이다. 그러나 여기서 한 가지 주의해야 할 것은 '생생하다'는 것이 단지 '상세하다'는 것만을 뜻하는 것은 아니라는 점이다. 때로 진부한 일상사의 나열은 독자들에게 식상함만을 안겨 주기 때문이다.

현상학적 연구에서 기술은 동일한 현상이 다양한 맥락에서 어떤 방식으로 드러나는지를 보여 주며, 그 같음과 차이 속에서 주제에 관한 자연스러운 의문을 독자들이 품게 하거나 연구자가 생각하고 있는 바를 독자들이 따라올 수 있도록 하는 장치다. 이와 같은 글을 통해서 우리가 주목해야 할 것은 각각의 상황이 얼마나 생생하게 드러나고 있는가, 그러한 상황들이 꼭 내가 아니더라도 누군가에게 일어났을 법한 개연성을 갖고 있는가, 그러한 기술이 포함하고 있는 의미를 구체적으로 확인할 수 있는가 등에 관해서다. 실제로 좋은 기술을 수행한다는 일은 대단히 어려운 일이며, 상당한 정도의 노력과 연습이 필요하다. 일정한 정도의 문학적 소양이 뒷받침되면 좋겠지만, 훌륭한 연구는 단순한 글재주로 가능한 것이 아니라는 점도 분명한 사실이다.

다음에 소개하는 일화[3]는 현상학적 연구방법론을 수강했던 한 대학원생이

---

3) 일반적으로 일화는 기술의 한 가지 형식이며, 짧은 이야기, 그러면서도 나름대로의 교훈과 의미를 담고 있는 이야기를 뜻한다(van Manen, 1997).

현상학적 기술을 실습했던 내용이다. 각각의 짧은 일화들은 자연스럽게 독자들의 관심을 촉발하며, 서로 다른 상황들을 연결 짓는 공통의 주제에 대한 사색으로 독자들을 유도하고 있다.

[설렘]

"자, 우리 옆에 앉은 친구랑 인사해 볼까요? 오늘부터 한 학기 동안 같이 앉을 짝꿍이에요." 선생님의 환한 목소리가 1학년 5반 교실에 울려 퍼진다. 까르르 웃으며 장난을 치는 아이, 수줍은 듯 고개를 숙이는 아이, 딴청 피우는 아이, 옆에 앉은 친구를 힐끔거리며 몰래 보는 아이……. 제각각의 행동이지만, 모든 개구쟁이 아이들의 얼굴은 발그레하게 상기되어 있고, 눈빛은 호기심에 반짝인다.

저기 마로니에 공원 앞에 서성대는 젊은 남자가 있다. 그는 생각한다. '잠깐……, 오늘 면도는 깔끔하게 됐을까?, 새로 바꾼 향수를 싫어하진 않겠지?, 얼마나 변했을까?, 재잘대는 머릿속을 조용히 시키려 하지만, 쉽지 않다. 남자의 손은 머리를 매만지다가 옷매무새를 다듬고, 다시 휴대 전화를 만지작거리기를 쉴 새 없이 반복한다. 바쁘게 움직이는 오른손과 달리 그의 왼손에는 싱그런 노오란 프리지어 꽃 한 다발이 조용히 웃고 있다.

두근두근……. 발끝부터 조심스레 올라선다. 눈금이 춤추기 시작한다. 떨리던 진동이 멈추며 눈금의 끝이 숫자를 가리키고 있다. 그녀는 두 손으로 눈을 비빈다. 다시 아래의 숫자를 내려다본다. 가슴이 더 크게 방망이질 친다. 아, 드디어……. 입가에 미소가 흘러나온다. 저울에서 내려온다. 그리고 또다시 저울에 올라서 본다. 심장이 두근거리는 힘찬 소리가 그녀의 조그마한 방을 가득 채운다.

바람의 느낌이 달라졌다. 싱그러운 꽃내음도 느껴진다. 살랑살랑 부는 바람이 기분 좋게 귓가를 간질이고 도망간다. 엇, 그러고 보니 멀리 보이는 산의 색깔도 변한 듯하다. 휠체어 바퀴 밑으로 연두색 새싹이 돋아난 것이 보인다. 새싹을 밟고 있던 휠체어가 힘겹게 조금 움직인다. 그 새싹을 바라보고 있는 할아버지의 눈가에 연둣빛 눈물이 맺힌다. 휠체어의 손잡이를 잡고 있던 할아버지의 앙상한 손이 휠체어 손잡이를 더 세게 움켜쥔다.

한편 해석은 일화를 통해서 드러나는 의미들을 연구자 나름대로 체계적으로, 논리적으로, 혹은 학문적으로 풀어내는 글이다. 해석은 연구자 자신의 주관적 해석의 틀에 근거하여 그가 발견한 의미를 독자들과 공유하는 과정이다. 그러므로 연구자의 독창성과 사고의 깊이가 어느 정도 되는가가 관건이 되는 글의 형식이다. 여기서도 주의해야 할 점은 연구자의 해석이 독창적이고 창의적이어야 한다는 말이 철저하게 개인적이고 독단적인 견지에서 글을 구성해야 한다는 것을 뜻하는 것이 아니라는 점이다. 연구자의 해석이 객관적이어야 한다거나 혹은 읽는 독자들 모두가 반드시 동의해야 하는 것이 아니라 하더라도 간주관적으로 이해할 수 있는 글, 다시 말해서 상당한 정도의 개연성과 보편성을 확보한 글이어야만 한다는 것이다. 앞의 일화들에 대해서 제공된 다음의 해석들을 살펴보도록 하자.

초등학교에 입학하여 생전 처음으로 짝꿍이 생기는 날, 헤어진 연인을 다시 만나는 날, 혹독한 다이어트 끝에 일어난 몸무게의 변화를 목격한 날, 오랜 투병 생활 중에 봄이 오는 것을 느낀 어느 날, 이런 날들에 공통으로 느껴지는 감정은 무엇일까? 바로 '설렘', 이 두 글자다. 설렘이란 마음이 가라앉지 않고 들떠서 두근거리는 현상을 말한다.

우리는 삶 속에서 순간순간 이 현상을 경험하게 된다. 그리 대단한 예가 아니더라도, 일상의 소소함 속에서도 설렘은 찾아온다. 너무 목이 말랐다가 시원한 음료수를 발견했을 때, 보고 싶었던 공연 표를 끊어놓고 기다릴 때, 그리운 부모님이 계시는 고향으로 가는 기차에 몸을 실을 때, 길을 가다가 자신의 이상형과 마주치게 되었을 때, 너무 갖고 싶었던 카메라를 손에 넣게 되었을 때, 사랑하는 사람을 만나러 갈 때, 친절한 사람의 미소를 보았을 때, 퇴근 후 가족이 기다리는 집에 돌아가는 때, 먹고 싶었던 음식을 주문해 놓고 음식을 기다릴 때, 오랜만에 걸려온 친구의 전화를 받을 때도 … 우리의 설렘은 계속 이어진다. 이처럼 설렘은 우리의 일상 속에 녹아 있다.

설렘이라는 것이 일상 속에 묻어 있는 만큼, 항상 아름답고, 모든 상황이 갖춰졌을 때, 특정한 대상만이 느낄 수 있는 것은 아니다. 초등학생이 짝꿍을 만나는 것에 설렘을 느끼는 것, 투병 중인 할아버지가 봄이 오는 것에 설렘을 느끼는 것처럼 언제고 어느 때고 느낄 수 있는 감정이다. 또한, 그 사람이 사랑하는 사람을 만나는 행복한 경우이든, 병에 걸려 절망적인 경우이든 어떠한 경우이든 간에 설렘은 찾아온다. 헤어졌다가 다시 만나는 연인을 기다리는 남자의 경우처럼 그들이 다시 만나서 예전처럼 사랑할 수도, 아니면 똑같은 이유로 다시 서로 상처를 남기고 헤어질 수도 있다. 투병 중인 할아버지는 봄이 오는 기운을 느껴 설레고, 자신도 봄의 기운처럼 빨리 건강을 회복해야겠다고 생각해도, 병이 쉽게 낫지 않을 수도 있다. 자신이 세운 목표인 다이어트에 성공해 저울에 올라섰을 때, 빠진 몸무게만큼 새로운 삶을 살 생각에 들떠 있는 여자도 실제로 새로운 삶이 기존의 삶과 별반 다르지 않을 수도 있다. 이처럼, 설렘을 느꼈다고 해서 반드시 해피 엔딩이 따르는 것은 아니다.

그러나 여기서 우리가 중요하게 여겨야 할 점은 설렘에 대한 결과가 행복하든, 불행하든, 밋밋하고 평범하든, 적어도 설렘을 느끼는 순간에는 사람에게서 긍정적인 에너지가 생겨나고, 자신이 잘할 수 있을 것이라는 자신감이 생겨나는 것이다. 여기에 바로 설렘의 본질적인 의미가 있는 것이다.

어떠한 경우라도, 어떠한 사람이라도, 그 결말이 어떻든 간에 평등하게 찾아오는 감정, 그것은 설렘이다. 설렘을 느꼈을 경우, 우리는 자신도 모르게 긍정적인 에너지가 넘쳐나고, 자신감이 생긴다. 입가에 미소가 저절로 지어지며 화색이 돈다. 가슴이 두근거려 내가 정말 살아있다고 느끼게 된다. 이러한 감정은 내가 소망하는 어떤 것을 이룰 수 있게 하는 희망을 준다. 바로, '설렘'은 '희망'에 좀 더 가까이 다가가게 하는 것이다. 새로운 짝꿍과 즐겁게 학교생활을 할 수 있을 거라는 희망, 다시 만난 연인과 사랑하게 될 거라는 희망, 변화된 삶에 대한 희망, 싱그런 봄처럼 나 역시 병을 이겨내야겠다는 희망, 우리의 삶 속에는 설렘으로 인한 희망들이 가득하다. 즉, '설렘'이라는 감정은 모든 사람을 어떠한 경우에라도 꿈꾸게 하는 희망이 가까이 왔다는 신호를 주는 감정이라 할 수 있다.

이와 같은 해석의 작업과 관련해서 꼭 지적해야 할 사실은 이 해석이 독자 모두의 100% 동의를 목표로 수행된 것이 아니라는 점이다. 연구자는 연구의 과정에서 발견한 의미와 사실들을 나름대로 논리적·체계적으로 정리하는 과정을 보여 주고, 독자들은 그러한 해석이 과연 개연성이 있는지, 비록 자기 생각과 일치하지 않는다 하더라도 가능한 인간 경험(possible human experience)에 대한 설명으로 이해할 만한 것인지를 판단한다. 일화 기술이 상황에 대한 생생한 묘사를 생명으로 한다면, 해석은 연구자가 발견한 의미들을 독자들과 더욱 적극적으로 공유할 수 있는가가 관건이 된다. 비유컨대 일화는 가슴으로 읽고, 해석은 머리로 이해하는 글이라고 표현할 수 있겠다(이근호, 2007). 현상학적 연구가 이처럼 독특한 기술과 해석의 형식을 취하는 까닭은 전술한 바와 같이 인간을 탐구하고 이해하기 위한 과정이 본질적으로 다양한 경로와 계기를 통하여 가능하기 때문이다. 그리고 그렇게 얻어진 의미, 통찰, 이해가 언제나 명확한 것으로서, 가시적인 산물로서 드러나지 않기 때문이다.

이 모든 것을 요약해서 말하건대, 현상학적 연구는 독특성(uniqueness)과 보편성(universality)의 변증법적 탐구 양식을 일컫는다. 일차적으로 현상학적 연구는 객관적이고 일반적인 것들 사이에서 잘 드러나지 않는 연구 대상의 고유하고 독특한 측면을 관심의 대상으로 한다. 그러나 그것에 대한 작위적이고 독단적인 해석을 배격하며, 오히려 그것들을 통해 연구 대상에 관한 보편적이고 본질적인 차원을 드러내려고 시도한다. 또한, 현상학적 연구자는 연구자 자신의 주관적이고 독창적인 통찰을 강조하되, 그 통찰을 상호 주관적인 이해의 범주 내에서 소통하기 위하여 노력한다. 이 점에 대한 이해를 돕기 위하여 일화 기술 몇 편을 더 소개하기로 한다.

[아버지]

　어떻게 어미를 졸랐는지 빛누리가 새로운 전화기를 들고 왔습니다. 벨 소리가 좋다 하니, 나는 전화를 넣어 봅니다. 40화음의 웅장한 맛이 꽤 그럴듯합니다. LCD 창에는 발신자의 이름이 떠 있습니다.

　「아부지」

　'녀석하고는…….' 피식 웃음이 납니다.

　"엄마는?" "어무이."

"아빠가 1번이야?"

"아니." / "그럼?"

머뭇거립니다. 녀석의 전화기를 들고 이리저리 만져보다가 그만 전화번호부 버튼을 누르는 실수(?)를 저지르고 맙니다. 아빠를 밀어내고 낯선 '정우'가 1번을 차지하고 있습니다. 얼마 전 100일이라고 한아름 장미를 보냈던 남자친구인 듯합니다. 아무리 물어도 대답하지 않더니 모르는 사이 그 이름이 딸아이 마음 제일 깊은 곳에 들어가 있는 모양입니다. 벌써 다 컸구나 하는 대견스러움, 그러나 잠시 마음이 섭섭해 집니다(김경식, 2006).

[광녀 영은]

그 마을에서 저녁나절 들려오는 영은이의 울부짖음은 더는 새삼스러울 것도 없는 일이 되어 버렸습니다. 마을 사람들 모두 해질 무렵에 어떤 일이 벌어질지 충분히 짐작하고도 남으니까요. 해가 서산마루에 걸칠 무렵이면, 광녀 영은이는 그녀의 작은 집 처마에 걸터앉아 적어도 15분간은 그렇게 외쳐대곤 했답니다.

"소연아, 소연아, 제발 소연아…."

이제 더는 어떤 사람도 그 목소리에 담긴 상심을 들으려 하지 않습니다. 심지어 작은 연민조차도 아까워합니다. 너무 오랜 세월 동안 영은이는 그렇게 부르짖는 일을 해 왔으니까요. 오히려 늑대의 울음소리가 마을 사람들에게는 더 신기한 일처럼 받아들여질 것입니다.

그래도 가끔은 아이들이나 잠깐 이 마을에 다니러 온 사람들은 그 연유를 묻곤 합니다. 그때야 비로소 마을 사람들은 내키지 않는다는 듯이 무미건조한 목소리로 말합니다. "아, 글쎄, 아주 오래전에, 저 미친 영은이가 아이를 가졌다지 뭡니까?" 생각해 봐요, 영은이와 아이라니. 누가 보더라도 터무니없는 일이지요. 그래서 어느 날 사회복지사와 경찰관들이 영은이의 아이인 소연이를 데려갔답니다. 사람들은 말합니다. 모두를 위한 결정이었지요. 그날 누구도 순찰차가 어디로 갔는지를 영은이에게 말해 준 사람이 없었습니다. 또한, 사람들은 말합니다. 그것 역시 모두를 위한 것이었다고."

각자 자신의 아이들을 소중하게 생각하고 사랑하는 수많은 엄마가 사는 이 작은 마을에서 영은이가 할 수 있는 일은 오직 해질 무렵 이름 하나를 외쳐대는 것이었습니다. 수년 동안이나. 그리고 그것도 헛되이.

그녀가 그토록 간절히 외쳐대던 지난 20여 년 동안 그 누구도 그녀의 작은 집까지 와서 따뜻한 말 한마디 건네는 사람이 없었습니다. 그러던 어느 날, 한여름 저녁에 어떤 노신사가 그녀의 처마 밑에 슬며시 붙어 앉아서는 담배 한 개비를 피워 뭅니다. 영은이는 아무 말도 할 수 없었습니다. 여태껏 누군가가 그녀에게 말을 걸어본 적이 없었기 때문입니다.

그 사람은 나지막이 짧은 이야기를 들려주었습니다. 그러나 그 이야기는 영은이에게 그 어떤 동화보다도 황홀한 것이었습니다. 그는 말했습니다. "내가 그런 종류의 일을 하다 보니 당신 딸 소연이를 알게 되었습니다. 그리고 지금부터 내가 하는 말을 잘 들어요. 소연이는 먹을 것도 충분하고, 입을 것도 풍족하고, 잠자리도 안락한 곳에서 잘 지냈습니다. 그러나 어느 날 불행히도 병에 걸렸고, 이제 더는 고통을 느끼지는 않지만, 더는 산 사람이 아닙니다." "참 잘 되었어!" 마치 어떤 커다란 선물이라도 받은 양 영은이는 그렇게 말했습니다. "참 잘 되었어!" 다시 한번 영은이는 되뇝니다. 꿈쩍도 하지 않으면서, 오랜 고독의 벽이 무너질 때서야 비로소 얻을 수 있는 평안 속에 자신을 깊이 파묻은 채로.

그날 저녁 이후, 마을에는 영은이가 점점 더 미쳐 가고 있다는 소문이 퍼지기 시작했습니다. "아니, 그녀는 더는 그렇게 소리치지 않아. 그건 아니란 말이야. 그런데 너 그거 알아, 이제 그녀가 무엇을 하고 있는지를? 그녀는 무엇이 좋은지 구름에다 손 흔들고 하늘 보고 희죽거리고 있다니까."

[잘해 주기]

내가 '가요 톱 10'을 잘 알던가? 아니 그렇지 않아. 그가 실망한 것은 분명하다. 그러면 무엇을 이야기할까? 확실히 그는 오늘 오후 나를 즐겁게 해 주기 위해 작심한 모양이다. 그가 체스를 같이할 수 있는지 물어 오지만, 결국 나는 할 줄 모른다고 답해야만 했다. 확실히 그는 내 대답에 놀란 것처럼 보인다. 이것이 의미하는 바는 더 많은 고민….

"그러면 우리 수영하러 갈까?" 그는 나를 위해서 수영복을 빌려 올 수 있다고 말한다. 하지만 나는 수영을 할 줄 모른다. 이제 놀라움을 벗어난 안타까움이 그에게서 비친다. "근사한 산책을 하는 것은 어때?"

그러나 나는 허리 통증으로 기껏해야 한 시간 남짓이 최선이라고 답해야 했다. 이것으로 앞의 실망, 놀라움, 안타까움은 한 줄기 연민으로 바뀌었다.

가요 톱 10도 모르고…….

체스도 둘 줄 모르고…….

수영도 할 줄 모르며…….

기껏해야 한 시간도 걸을 수 없다니…….

그는 내 손을 잡으며 다음과 같이 말했다. "걱정하지 마. 그런 것은 별로 중요치 않아. 여기 있는 모든 사람이 너 같은 사람들에게 잘 대해 줄 거야." 그리고 그는 자신의 말을 강조하듯이 내 어깨에 팔을 두르고 가볍게 입맞춤해 주었다.

다운증후군 아이와 나, 그렇게 한 시간 동안의 산책, 손에 손 맞잡고.

앞에서 소개한 각각의 이야기들은 제재도 다르고, 이야기를 전달하는 형식에서도 구구각색이지만, 한결같이 무엇인가 우리의 마음을 움직이는 힘을 가지고 있다. 물론 그 마음의 움직임이 구체적으로 어떤 양상으로 드러나는가(해석되는가)는 사람마다 차이가 있을 수 있다. 예컨대, 앞의 광녀 영은 이야기를 통해서 누군가는 마을 사람들의 무관심에 분노를 느끼기도 하고, 또 누군가는 노신사의 친절한 행위를 칭송할지도 모른다. 혹 어떤 사람들은 어머니와 딸 사이의 천륜을 갈라놓은 사회복지사와 경찰 당국자들의 결정을 비판적인 시각으로 바라보려 할지도 모른다. 중요한 것은 이 짧은 글 속에 여러 가지의 인간적인 의미들이 포함되어 있고, 그러한 의미들에 대한 서로 다른 통찰은 설령 그것이 내 것이 아니라 하더라도, 우리의 이해 범주 속에 들어와 있다는 것이다.

마지막으로 강조하고 싶은 것은 기술과 해석의 유기적 관련에 관해서다. 상당수의 현상학적 연구 작품에서 기술과 해석이 별다른 관련을 맺지 못하고 서로 유리되어 표류하는 경우를 보곤 한다. 혹은 기술한 부분에 대한 부연 설명으로 해석 파트를 대신하는 우를 범하기도 한다. 그러한 경우 글의 전반이 중언부언할뿐더러 정작 독자들의 편에서는 흥미를 반감시키기도 하고 생각이 진전되는 것을 방해하기도 한다. 그래서 혹자는 현상학적 연구 작품은 "탁월하거나 혹은 쓰레기이거나, 둘 중의 하나일 경우가 많다."고 말하기도 한다. 사람에 따라 아무리 다양한 해석이 가능하다고 하더라도, 해석은 철저하게 기술된 내용으로부터 도출되어야 하며, 그 양자 사이를 관계 지으려는 노력을 게을리 해서는 안 된다. 이와 관련하여 '외국어로 공부하는 유학생들의 경험에 관한 현상학적 탐구: 한 여행자의 이야기' 속에서 발췌된 기술과 해석의 사례 두 가지를 제시하고자 한다.

[뒷북치기: 즉각적인 반응 능력의 상실4)]

…(전략)… 문제는 여기에 있는 것 같아요. 영어가 모국어가 아니기 때문에 저로서는 말을 시작하기 전에 먼저 머릿속으로 완전한 문장을 만들어야만 하거든요. 그렇지 않으면 중도에서 말문이 막혀 버리는 일이 허다하지요. 그런데 이 고통스런 순간에 대화의 흐름을 놓쳐 버리기 십상이고, 또한 그때그때 빨리 반응할 수 있는 능력이 사라져 버리거든요. 아마 저만큼 진짜 대화에서 일 초가 얼마나 중요한지를 실감하고 있는 사람도 드물 거예요. 종종 제 캐나다인 동료들은 저를 보고 '사려 깊다'고 말을 하지만, 그것이 전적으로 칭찬의 말이 아닌 것은 저도 잘 알고 있어요. 아마도 그것은 그들 편에서 나와 대화하기가 얼마나 어려운지를 완곡하게 돌려 말하는 것일는지도 모르죠.

대화는 항상 우리가 미리 계획해 놓은 경로를 좇아 이루어지는 것이 아니라는 점에서, 살아 있는 대화는 그 자체의 생명력을 가진다고 말할 수 있다. "우리 입을 통해서 나오는 말들은 종종 우리 자신을 놀라게 하며, 지금 우리가 생각하고 있는 것이 진짜 무엇인지를 가르쳐 주기도 한다."(Merleau-Ponty, 1974: 85) 그리하여 대화는 많은 경우에 있어 우리가 하는 생각의 진전에 따라 그 방향이 결정되곤 한다. 그러나 한편으로 대화는 혼자서 하는 독백과는 다른 것이다. 그것은 내가 무엇을 생각하는지를 드러내는 일뿐만 아니라, 내 대화 상대자가 무슨 생각을 하는지를 주의 깊게 경청하는 일, 그와 서로의 견해에 대해 의견을 나누는 일, 더욱 진전된 이해를 그와 함께 찾아가는 일 등도 역시 포함하고 있다. 이와 같은 상호 교환이라는 측면은 진정한 대화가 보여주는 중요한 특징이라고 할 수 있다. 그리하여 참된 대화는 대화 참가자 모두에게 상대방에 대한 합당한 존경과 진지하고도 적절한 반응을 요구하게 된다. 이렇게 하려면, 우리는 우리의 대화 상대자가 무슨 말을 하는지만 이해할 것이 아니라 그가 어떤 사람인지에 관해서도 이해하려고 노력해야 한다. 유익한 대화는 대화의 주제에 관한 우리의 이해를 증진해 주는 역할도 하지만, 동시에 나와 이야기를 나누고 있는 바로 그 사람을 더 잘 알 기회를 제공하기도 한다.

---

4) 이 글쓰기 사례는 Lee, K. H. (2005). A traveller's tale: the experience of study in a foreign language. Unpublished doctoral dissertation. University of Alberta.에서 한 섹션을 발췌하여 번역한 것이다.

따라서 종종 우리는 대화 상대자가 보여 주는 즉각적인 반응이나 응답을 통해서 대화의 성패를 가늠하기도 한다. 우리는 그가 생각하고 있는 것이 무엇인지를 비단 그가 하는 말을 통해서만 아니라 그가 보여 주는 몸짓이나 얼굴 표현, 어조, 말의 빠르기 등을 통해서도 읽을 수 있다. 예컨대, 지금 그의 얼굴이 빛나고 있다면, 아마도 그것은 그가 바로 이 순간 확신에 차있음을 의미할지도 모르며, 만일 그의 눈썹 한쪽이 치켜져 올라가 있다면, 어느 정도 의견의 불일치를 예측할 수 있다.

적절한 단어를 찾고 다음에 무슨 말을 해야 할지 결정하는 바쁜 와중에 외국 학생들은 어느 정도 자신을 대화 맥락에서부터 분리한다. 이처럼 적당한 말을 골라 하는 방식은 자연스러운 대화방식에서 벗어난, 언어에 대한 반성적 접근태도를 보여주며, 즉각적인 상호작용으로부터 한 걸음 물러나는 것을 의미한다(Winning, 1991: 144). 미리 사려 깊게 준비해서 하는 말은 외국 학생들이 대화 중간에서 말문이 막혀 허둥대는 일을 막아줄지도 모른다. 그러나 순간적으로 말문이 막히는 일, 혹은 의도하지 않았던 말이 튀어나오는 일 역시 자연스러운 대화의 일부인 것이다. 그래서 Merleau-Ponty(1973: 36)는 "언어는 발화되는 그 순간부터, 그것이 말로써 생명을 얻는 그 순간부터, 아무리 심사숙고해서 나온 인공적인 언어라 할지라도 곧 불규칙해지고 수많은 예외를 낳게 된다."고 주장하였다.

그러므로 어떤 면에서는 진정한 대화란 우리가 하는 말이 생각 없는 것일 때—대화가 사고를 필요로 하는 것이 아니라는 점에서 생각 없음을 말하는 것이 아니라, 이미 그 생각이 대화 상황에 통합적으로 어우러져 대화 자체의 한 부분을 이루고 있을 때—가능한 것일지도 모른다. 그런 의미에서 어떤 언어에 숙달되어 있다거나 그것을 완벽하게 구사할 수 있다고 하는 것은 결코 흠 없는, 완전무결한 문장을 말할 수 있다거나 혹은 완벽한 발음을 구사할 수 있음을 의미하는 것은 아니다. 오히려 그것은 "자연스러운 대화의 흐름에 동참하고 그것에 즉각적이고도 신속하게 반응할 수 있을 때"(Hoffman, 1989: 118)를 가리키는 것일지도 모른다.

[이종 교배: 모국어와 외국어, 고향과 타향의 경계는 어디에?]

　제가 처음 여기 왔을 때 가장 꼴 보기 싫었던 것은 한국에서 온 동료들이 "어이쿠!" "아야!"라고 하는 대신 자기들이 마치 서양 사람들이라도 된 것인 양 "웁스(oops)!" "아우치(ouch)!"라고 떠들어 댈 때였어요. 그 사람들이 여기 있었으면 얼마나 있었겠어요? 어쩔 수 없이 영어를 쓰기는 하지만, 그런 감탄사들은 수십 년 사는 동안에 저절로 우리 몸에 밴 것 아니겠어요? 그건 일부러 생각해서 쓰는 것이라기보다는 어떤 놀라운 상황에 직면했을 때 저절로 튀어나오는 거잖아요. 그때는 왜 그렇게 그 사람들이 미워 보이든지. 그런데 재미있는 것은 요즘 들어 심심치 않게 웁스, 아우치 하는 소리가 제 입에서 튀어나온다는 거예요. 마치 그것들이 처음부터 제 것이었던 것처럼. 우습지요? 저도 도무지 이해할 수 없다니까요. 그냥 어느새 그렇게 되어 버렸더라고요.

　저는 여전히 영어로 말하고 듣고 쓰는 데 어려움을 느끼고 있습니다. 그러나 흥미로운 사실은 지금 저의 느낌과 생각을 표현하기 위하여 영어를 쓰는 빈도가 점점 늘어가고 있다는 것입니다. 심지어 어떤 것들은 우리말보다 영어를 쓰는 것이 제 원래의 말하고자 하는 의도에 더욱 가깝다고 느낄 때가 있거든요. 참 이걸 어떻게 설명해야 할지. 여하튼 우리말로 표현할 수 없는 것들이 영어로는 될 때가 있다니까요. 왜 아시잖아요?

　저는 이곳에서 7년을 보냈습니다. 지금 제 나이가 서른여섯이니까 무려 제 인생의 5분의 1가량을 이곳에서 보낸 셈이지요. 그건 정말 상당한 분량의 시간입니다. 그러나 저는 이곳을 한 번도 집처럼 느껴 본 적이 없었습니다. 적어도 제가 박사 이후 과정을 위해서 미국으로 떠나기로 하기 전까지는 말입니다. 그런데 막상 떠나려다 보니까 갑자기 모든 것이 달라졌습니다. 어떤 서글픔 같은 것도 느껴지고요, 막연한 회한, 그런 것도 생겨나더라고요. 돌이켜 보면, 처음 공부하기 위해 고국을 떠나 올 때도 이와 비슷한 느낌이 들었던 것 같습니다. 제가 갈 곳은 그다지 눈도 많이 내리지 않고 겨울도 길지 않다고들 하더군요. 그러나 저는 이곳에서 쓰던 하키 스틱을 그냥 가져가기로 마음먹었습니다. 그곳에서 쓰일 일은 별로 없겠지만 아무렴 어떻습니까. 그건 제가 이곳에서 보냈던 시간을 상기시켜 줄 수 있을 테니까요.

　우리가 지금 삶을 영위하고 있는 이 세계는 '현재 있는 상태의 세계(the world of being)'로만 머무는 것이 아니라 동시에 '되어 감의 세계(the world of becoming)'

이기도 하다. 따라서 우리가 원하든 원하지 않든 간에 '변화'를 겪는다는 것은 우리 삶의 엄연한 현실이다. 외국에서 공부하는 학생들에게 있어서 집과 바깥 세계, 모국 어와 외국어의 경계가 점차 불분명해지는 경험을 통해서 그러한 변화가 감지되곤 한다. 애당초 많은 외국 학생에게 있어 여기는 그저 잠시 스쳐 가는 임시 거처에 불 과할 뿐이고, 외국어는 그들의 학업이나 경력을 이어 가는 수단이었을 뿐이다. 그러 나 삶은 항상 뜻하지 않은 놀라움을 우리에게 안겨 주곤 한다. 우리 마음속의 집은 여전히 '거기'에 있지만, 어느덧 '여기'가 집처럼 느껴질 때가 있으며, 자신도 모르 게 애착이 있다는 사실을 발견하기도 한다. 모국어란 우리에게 가장 친숙한 것으로, 나의 한 부분으로 체화된 것으로서의 언어를 말한다. 그러나 우리 가장 깊은 곳에 있 는 그 언어로 표현되기를 거부하는 우리의 생각의 반란을 무엇으로 설명할 수 있다 는 말인가? 또한, 무심결에 타국의 소리를 염치없이 뱉어 내는 우리 몸의 반역은 어 떻게 받아들여야 하는가?

그러나 언어는 시간과 공간을 움직여 다니는 것으로, 부끄러움도 모른 채 자신을 교배함으로써, 그리고 그 자체의 규칙을 끊임없이 바꾸어 나가는 것으로 생명을 이 어가고 자신을 갱신할 수 있다. 유배당한 사람들, 이주자들에게 있어 집이란 그저 스 쳐 가는 혹은 우연적인 곳일 따름이다. '원래의' 집은 다시 되돌릴 수 없지만, 또한 새로 거처하는 집 속에서 그 원래의 집의 존재/부재를 완전히 배제할 수도 없다. 그 리하여 문학적으로 말하자면, 집과 타향 사이를 오가는 것 그 자체가 우리의 머무름, 안주의 방식이라고 할 수 있다(Min-ha, 1994: 14-15).

낯선 이국땅에서 외국인으로 혹은 외국인 속의 이방인으로 사는 데에서 오는 역 경은 결코 소홀히 취급될 수 없다. 그러나 Min-ha(1994)가 지적하였듯이, 그러한 경 험은 "그것이 갖는 근원적인 비애 속에서도 경계를 뛰어넘어 새로운 터전을 개척하 는 경험으로도 작용할 수 있다."(16)

어쩌면 '집'이란 "우리가 결코 있어 본 적이 없는 곳"(Rouner, 1996)을 가리키며, 그래서 '여기' 혹은 '거기' 그 어느 쪽에도 귀착시킬 수 없는 것인지 모른다. 아마 우리는 우리의 모국어와 외국어의 교배를 그다지 걱정할 필요가 없을지도 모르며, 혹 우리가 향해가는 곳이야말로 Min-ha(1994)가 말하고 있는 "제3의 공간"인 것은 아닐까?

여기서 제3이라는 것은 결코 단순히 제1과 제2로부터 파생된 어떤 것을 가리키는 말이 아니다. 그것은 그 자체의 공간을 가지고 있다. 그러한 공간은 제1과 제2를 오가는 움직임 속에 그저 자신을 방치하여 내버려 두기를 거부하는 새로운 주체들의 탄생을 허용한다. 그러므로 제3은 여기에 거기를 더하는 데에서가 아니라 교배의 과정을 통해서 형성되며, 참 쉽게 알 수 있을 것 같은, 그런데도 결코 쉽게 파악되지 않는 여기/거기 내의 또 다른 어디라는 관계로 드러난다. (18-19)

5. 현상학적 접근, 교사교육의 새 지평

가장 간단하게 말하면 교사의 일은 교육이요, 교육은 인간 삶을 기반으로 한다. 이는 일견 간단한 도식처럼 보이지만, 모든 교사교육, 재교육의 시작 지점이요, 결코 벗어나서는 안 되는 본령이다. 이 글은 전통적인 교사교육이 이와 같은 본령을 망각하거나 혹은 소홀함으로써 노정한 무기력과 부작용을 바로잡기 위해 다양한 대안적 사고와 접근이 필요하다는 인식에서 비롯하였다. 그리고 그 구체적 방편의 하나로서 현상학적 접근에 대해 살펴보았다.

물론 삶과 교육의 관계는 다양한 방식으로 규정될 수 있고, 또 그렇게 되어 왔다. 어떤 이들은 교육이 장차의 삶을 준비하기 위한 과정이라고 말한다. 또 어떤 이들은 단순히 미래를 준비하기 위한 과정으로서뿐 아니라 이미 그 자체 삶의 한 부분을 이루기 때문에 교육이 중요하다고 한다. 또 다른 이들은 교육이 삶의 가장 가치 있고 의의 있는 형식이라는 점을 들어 삶 속에서 교육이 갖는 특별한 위치를 강조하기도 한다. 어찌 되었든 교육과 삶 사이의 밀접한 관련성에 대해서는 비단 교육학도들뿐만 아니라 일반 대중에게 있어서도 일말의 의심조차 허용치 않을 만큼 굳건하고 뿌리 깊은 신념으로 자리하고 있다.

그러나 일상적이고 관습적인 믿음을 넘어서서 실제로 삶과 교육의 관련이 여하한 것인지에 관하여 우리가 얼마만큼이나 제대로 파악하고 있는가는 한 번쯤 짚어 볼 필요가 있다. 공기의 중요성을 누구나 다 안다고 생각하지만, 정작 그것을 제대로 알고 있는 사람이 드문 것과 마찬가지로, 말로만 되뇌는 '필연성'이 아닌 삶과 교육의 관련에 대한 진실한(authentic) 이해는 다소간 희박하다고 여겨지기 때문이다.

인간의 삶은 오직 한 가지 관점에서 파악되고 강제될 수 없을 만큼 다양한 양상으로 드러나며, 어떤 이성적 노력으로도 소진할 수 없는 무수한 신비를 포함하고 있다. 전연 양립 불가능할 것 같은 것들이 버젓이 우리 삶 속에 존재하며, 그 불합리와 모순을 우리가 가진 지력으로 모두 납득하거나 해소하기 어려운 것이 또한 삶의 현실이다. 그와 같은 삶의 양상을 파악하기 위하여 우리는 개념적 틀을 동원하지만, 우리가 가진 가장 정련된 이성적 도구를 가지고서도 삶의 총체성은 쉽사리 그 진면모를 드러내지 않는다. 그러나 이 말은 삶을 개념화하기 위한 우리의 노력이 덧없다거나 무의미하다는 것을 뜻하는 것은 아니다. 오히려 삶을 이해하기 위한 우리의 노력은 결코 '일거'에 그리고 '완전무결'하게 이루어지는 것이 아님을 인정하고, 그것을 이해하기 위한 노력을 끊임없이 경주해야 한다는 촉구를 담고 있는 것으로 간주하여야 할 것이다. 그리고 그러한 노력의 지향은 일반적이고 전체적인 함의를 담고 있는 '총체성'의 견지가 아니라, 강제되고 획일화될 수 없는 다양성을 포함하고 있는 것으로서, 다시 말해서 무엇으로도 감환될 수 없을 만큼 다원적이고 다의적이라는 내포를 가진 '총체성'의 의미에 부합하는 것이어야만 한다. 일반적이고 객관적인 것에 얽매이는 태도가 아니라 다양한 삶의 맥락에서, 그 상황의 독특성을 가장 잘 이해한 상태에서 발휘될 수 있어야 한다. 삶의 총체성을 강조한다는 것은 삶이 포괄하고 있는 다양하고 구체적인 맥락들을 이해하고 검토하고자 하는 태도를 바탕으로 한다. 결국, 우리에게 요구되는 것은 독특성(uniqueness)과 보편성(universality)의 변증법(dialectic)인 것이다.

현상학의 궁극적인 관심사는 인간 존재와 그의 삶의 기반으로써 세계 사이에 놓여 있는 독특하고도 특별한 관계를 탐색하고 이해하는 일이다. 그것이 독특하다고 말하는 까닭은 단순한 인과나 병렬과 같은 일상적 이해의 도식으로 양자 사이의 관련을 파악하는 것이 불가능하기 때문이다. 즉, 우리는 분명히 이 세계 속에서 나고 자라고 활동하지만, 단순히 우리를 둘러싼 세계에 의해 조형되는 수동적 존재로서만 아니라, 보다 적극적으로 세계를 구성하고, 변화시키고, 또한 끊임없이 그 세계 속에서 자신의 존재방식을 회의하고 표현하는 능동적 존재이기도 하다. 다른 한편 만일 우리가 존재하지 않는다면 세계는 그 성립 근거나 의미를 생각할 수조차 없을 것이라는 점만큼은 틀림이 없다. 그러나 그렇다고 해서 우리가 그 세계를 전적으로 통제하거나 임의대로 제어할 수 있다고 믿는 것도 또한 가당치 않은 일일 것이다.

결국, 이는 인간과 세계의 관계는 어느 한 극단으로의 감환을 통해서가 아니라 그것들 사이의 역동적 상호 관련을 바탕으로 접근되고 이해되어야만 함을 뜻한다. 현상학은 흔히 기능주의, 본질주의가 그러하듯이 우리와 분리된 것으로서의 세계를 객관적으로 탐구하고자 하는 학문이 아니다. 오히려 현상학은 세계의 한 부분으로서의 우리 자신의 위치를 정확하게 직시하고, 우리가 가진 모든 지식이나 앎은 이미 우리가 삶을 영위하는 터전으로서의 세계에 기반을 둔 것임을 인정하는 일로부터 출발한다.

이와 같은 현상학을 연구의 논리라는 측면에서 파악할 때, 현상학은 독특성(uniqueness)과 보편성(universality)의 변증법적 탐구 양식으로 드러난다. 일차적으로 현상학은 객관적이고 일반적인 것들 사이에서 잘 드러나지 않는 연구 대상의 고유하고 독특한 측면을 관심의 대상으로 한다. 그러나 그것에 대한 작위적이고 독단적인 해석을 배격하며, 오히려 그것들을 통해 연구 대상에 관한 보편적이고 본질적인 차원을 드러내려고 시도한다. 또한, 현상학은 연구자 자신의 주관적이고 독창적인 통찰을 강조하되, 그 통찰을 상호 주관적인 이해의 범주 내에서 소통하기 위하여 노력한다. 연구의 실제라는 측면에서 파악할 때, 현상학은 사려 깊은 글쓰기와 글쓰기를 통해서 더 익은 사고와 생각에 도달하는 변증법을 지향한다. 구체적인 기법과 형식과 절차를 처방하려 들기보다는 끊임없는 반성과 쓰고, 다시 쓰고, 또 고쳐 쓰는 일을 요구한다. 생각을 통해서 글이 가진 제약을 넘어서려 하고, 글쓰기를 통해서 생각을 다듬으려고 한다.

　동시에 현상학은 연구의 논리와 실제의 변증법적 관계 속에 있다. 그것은 순전한 이념형으로도 혹은 맹목적인 형식이나 방법으로도 감환되기를 거부한다. 그리고 이 모든 변증법 사이에서 특별한 균형 감각을 우리에게 요구한다. 이 균형감의 훈련이 바로 현상학이 질적 연구 및 교사교육의 지평을 넓히는 데 공헌할 수 있는 지점이라고 나는 믿는다. 기술과 해석, 반성과 글쓰기, 독특한 것과 보편적인 것, 개인적인 것과 사회적인 것, 주관적인 것과 간주관적인 것, 이론과 실천, 삶과 연구, 이 모든 것을 분절된 것이 아니라 연속적인 것으로 파악할 수 있게 하는 것이야말로 현상학의 강점이라고 생각한다. 현상학이 단순히 대안적인 연구 형식으로써가 아니라 제대로 된 교사교육을 실천하는 길이 될 수 있으려면 아직 가야 할 길이 멀다. 이 글이 부족하나마 그 시발점이 될 수 있기를 기대해 마지않는다.

참고문헌

김경식(2006). 마음에 걸린 풍경 하나. 서울: 문학공원.

유혜령(2005). 아동교육연구의 현상학적 접근: 역사와 과제. 교육인류학연구, 8(1), 57-88.

유혜령(2008). 토론문. 2008 추계학술대회: 교육과정 연구방법의 다양한 접근. 한국교육 과정학회.

이근호(2006). 현상학과 교육과정 재개념화 운동. 교육과정연구, 24(2), 1-25.

이근호(2007). 질적연구방법론으로서의 현상학: 독특성과 보편성 사이의 변증법적 탐구 양식. 교육인류학연구, 10(2), 41-64.

Bollnow, O. F. (1973). *Anthroplogische Pädagogik*, 한상진 역(2006). 인간학적 교육학. 서

울: 양서원.

Bollnow, O. F. (1943). *Existenzphilosophie*. Kohlhammer, 최동희 역(1989). 실존철학이란 무엇인가. 서울: 서문당.

Eckoff, W. J. (1896). *Herbart's ABC of Sense-Perception and Minor Pedagogical Works*. NewYork: D. Appleton and Company.

Lee, K. H. (2005). *A traveller's tale: the experience of study in a foreign language*. Unpublished doctoral dissertation. University of Alberta, Edmonton, AB: Canada.

Moustakas, C. (1994). *Phenomenological research methods*. Thousand Oaks, CA: Sage.

Polkinghorne, D. E. (1989). Phenomenological research methods. In R. S. Valle & S. Halling (Eds.), *Existential-phenomenological perspectives in psychology* (41-60). New York: Plenum.

Spiegelberg, H. (1982). *The phenomenological movement*. The Hague: Martinus Nijhoff.

van Manen, M. (1997). *Researching lived experience: Human science for an action sensitive pedagogy*. London, ON: Althouse Press.

Ziman, J. (2000). *Real science: What it is, and what it means*. Cambridge, U. K.: Cambridge University Press.

제 **3** 부

교육과정 다시 쓰기

제6장

교육과정 담론의 생태학적 재구성[1]

오만석[2]

1. 서 론

1969년 Schwab이 교육과정 분야는 절체절명의 위기에 있다고 선언한 이래 (Schwab, 1969), 과거 교육과정 분야를 지배해 온 담론들의 임의적이고 허구적 인 성격에 대한 심각한 반성과 함께 현대 사회가 직면하고 있는 어려운 이론 적 · 실천적 문제들을 극복할 수 있는 새로운 담론체제의 탐색을 위한 노력이 활발하게 집중되었다. 이러한 노력은 19세기 이후 새롭게 등장한 현상학, 해 석학, 마르크스주의, 여성학, 신과학 등과 같은 학문적 조류를 반영하여 다양 한 입장에서 현대 사회의 문제와 현대 교육 및 교육과정의 문제를 심층적으로 분석하여 이의 개선이나 미래 비전의 탐색을 시도해 왔다. 그러나 이러한 노 력에도 현재 교육 및 교육과정 분야가 절명의 위기에서 벗어나 새로운 회복

---

1) 도덕교육연구 23권 1호에 실린 원고를 부분적으로 수정 · 보완한 것임. 아울러 출판을 허락한 한국도 덕교육학회에도 감사드린다.

2) 현 한국학중앙연구원 한국학대학원 명예교수

국면에 접어들었다고 인정할 수 있는 구체적인 징후들이 아직 나타나고 있지
않다. 오히려 근대사상에 뿌리를 둔 기존의 담론체제에 대한 절대적인 믿음이
상실되고, 새롭게 등장한 담론체제에 대한 확신이나 합의가 아직 이루어지지
못하여 현재의 교육 및 교육과정 분야는 과거 어느 때보다 혼란스러운 상태에
있다.

이 장에서는 교육 및 교육과정 분야의 현 상황에 대한 이러한 시대적 인식에
서 출발하여 교육과정 담론을 생태학적 패러다임을 바탕으로 재구성할 가능성
을 탐색해 보고자 한다. 생태학(ecology)은 집, 주거, 서식지 등을 의미하는 그리
스어 'oikos'에서 나온 말로 '생물 상호 간의 관계 및 생물과 환경과의 관계를
규명하는 학문'이라는 자연과학의 한 분야를 의미하는 개념으로 사용되었다.
그러나 생태학의 의미는 인문, 사회과학의 영역으로 확장되어 "전일적이고 유
기적인 세계관으로 표현될 수 있는 사유의 전통"(문순홍, 2006: 123)이나 인간과
자연 및 사회 간의 유기적 관계를 탐구하는 종합 학문, 더 나아가 근대 과학의
세계관이나 문명을 대체할 새로운 세계관(Capra, 1994)이나 문명(박이문, 1999) 등
과 같이 광범하게 사용되고 있다. 이처럼 넓은 의미로 이해할 때, 생태학은 때로
는 역사의 중심에서, 때로는 주변에서 과거 오랫동안 인류와 더불어 살아온 담
론체제로 볼 수 있다. 그런데도 20세기에 생태학의 담론체제가 다시 등장하게
된 것은 인간에 의해서 생태계가 균형을 잃고 파괴되어 결과적으로 자신들이
디디고 사는 삶의 터전 자체를 위협하고 있는 현실, 그리하여 인류 역사의 종말
을 가져올 수도 있다는 결과의 심각성에 대한 인식의 확산에서 비롯된 것으로
볼 수 있다.

교육과 생태학 간의 관련은 크게 세 가지 관점에서 찾아볼 수 있다. 하나는
자연과학의 한 분야로 분류되는 생태학의 관심사항을 교육의 한 부분으로 보는
관점이다. 천연자원의 고갈, 공해의 확산, 무분별한 개발에 의한 환경 파괴 등
현대 사회가 겪고 있는 생태 위기의 문제를 교육의 중요한 한 부분으로 가르쳐
야 한다는 의견이다. 이 입장에서 생태 또는 환경교육은 과학교육, 수학교육,

직업교육과 같은 교육의 한 하위 영역으로 취급될 수 있다. 대부분의 환경교육, 생태교육, 환경윤리 교육은 이 관점의 논리에서 강조되고 있다. 1992년 브라질의 리우선언에서 채택된 '아젠다 21'에 바탕을 둔 교육적 대안들도 이 범주에 속하는 것으로 볼 수 있다. 이 관점은 현행의 교육체제를 그대로 수용하면서 생태 위기나 환경의 문제를 교육에서 다룰 수 있다는 점에서 유용하다고 할 수 있으며, 따라서 교육현장에서 가장 쉽게 받아들여질 수 있는 관점이라고 할 수 있다.

교육과 생태학 간의 관련을 보는 다른 하나의 관점은 현대의 생태 위기나 환경문제를 근대문명에 내재한 보다 근본적인 위기로 파악하여 패러다임적 차원의 전환을 요구하는 관점이다. 예컨대, 근본생태학에서 주장하는 근대의 실재론, 이원론, 기계론, 인간중심주의나 사회생태학에서 주장하는 절멸주의, 또는 지배주의와 같은 인과구조의 한 표현에 지나지 않는 것으로 본다. 이러한 입장에서는 이러한 근본적인 위기에 대한 철저한 반성과 대안적 패러다임에 바탕을 두지 않는 환경운동이나 교육은 그 진정한 성과를 기대할 수 없다고 본다. 따라서 이 입장에서는 근대의 세계관에 내재한 문화나 의식을 극복할 수 있는 '생태학적 의식'이나 '생태학적 문화'가 강조되며, 생태학적 의식이나 문화를 강조하는 교육이 요구된다(Orr, 1992; Bowers, 1995). 이 관점에 따르면, 현대의 생태 위기는 본질상 의식의 위기이며, 이러한 위기를 극복할 수 있는 교육은 단순한 생태 위기의 표면적 현상과 이의 해결을 위한 구체적 실천을 넘어서 더욱 근본적인 의식의 전환을 요구한다는 점에서 처음의 관점에 비하여 더욱 심층적이라 할 수 있다. 첫 번째 관점에서 좀 더 발전된 형태의 환경교육이나 생태교육에서 볼 수 있는 관점이기도 하다.

교육과 생태학 간의 관련을 보는 셋째 관점은 보다 본질에서 교육 자체를 생태학적으로 재구성하려는 입장이다. 물론 이 관점에서도 현대 사회가 안고 있는 생태 위기 문제의 심각성과 이의 극복을 위한 교육적 대안의 탐색에 공감을 하며, 생태 위기는 본질상 근대문명에 내재한 가치관과 세계관의 한 반영이라는 점에서 두 번째 관점과 입장을 같이한다. 근대에 대한 비판적 성찰이라는 점에서는 포스트모더니즘과도 입장을 공유한다고 할 수 있다. 그러나 세 번째 관점의 중요한 특성은 현대 교육을 근대적 합리성과 세계관의 한 반영으로 보고 현대 사회가 안고 있는 환경문제나 생태 위기는 근대적 합리성과 세계관에 근거한 현대 교육의 위기를 구체적으로 예시하는 것으로 본다. 따라서 이 관점에서는 현대 교육에 내재한 반생태학적 요소들을 비판적으로 성찰하고 이를 생태학적으로 재구성할 방안을 탐색한다. 이렇게 볼 때, 생태학과 교육 간의 관련성에 대한 앞의 두 관점은 생태 문제를 교육의 한 부분으로 다룬다는 의미에서—피상적 수준에서든 근본적 수준에서든— '생태교육'이라고 개념화한다면, 교육 자체를 생태학적으로 본다는 의미에서 세 번째의 관점은 '교육생태학'이라고 부를 수 있을 것이다.

이 장에서는 이러한 의미로서의 교육생태학 관점에서 근대적 합리성과 세계관에 바탕을 둔 현대의 교육과정 담론을 비판적으로 성찰하고, 교육과정 담론을 생태학적으로 재구성할 가능성을 탐색해 보고자 한다. 이를 위해 먼저 기존의 교육과정 담론을 해체한 포스트모던 교육과정 담론의 가치와 한계를 살펴본 다음, 생태학의 주요 특성들을 살펴보고, 이러한 특성들이 교육과정 담론의 재구성에 시사하는 바를 탐색하고자 한다.

2. 포스트모던 담론의 가치와 한계

모든 사회가 지향해야 하고 안내를 받아야 할 규범으로 여겨왔던 근대성은 착오였다는 인식이 점점 확대되고 있다. 하나의 세계관으로서의 근대성은 모든 다양한 세계관을 자동으로 '미신'으로 여기도록 했던 '최종적 진리(The Final Truth)'로서의 지위를 점점 잃어 가고 있다. 근대적 세계관은 여러 세계관 중의 하나로, 어떤 목적에는 유용하지만 다른 목적에는 부적절한 것으로 그 절대적

지위를 상실하게 되었다(Griffin, 1988: ix-xii).[3]

　본래 포스트모던이라는 말은 Toynbe가 『역사의 한 연구(A study of History)』에서 서구 문명이 19세기 이후에 전환점에 들어섰다고 규정하면서 이 시대의 특징을 사회적 불안, 전쟁과 혁명, 그리고 '포스트모던 시대(post-modern period)'라고 기술하면서 처음 사용되었다.[4] 이후 20세기 중반을 넘어서면서부터 예술과 문학 분야에서 모더니즘의 대안으로 등장한 포스트모더니즘은 모더니즘의 한계에 대한 인식의 증가와 이의 극복을 위한 새로운 대안의 탐색에 대한 요청이 증대되면서 정치, 경제, 사회, 문화 등 학계 및 사회의 전 영역으로 빠르게 퍼졌다. 과거 인류의 역사에서 사조나 철학의 변화는 수없이 있었으며, 이 과정에서 여러 가지 사상이나 철학이 하나의 흐름을 형성하여 한 시대를 지배하다가 뒤에 쇠퇴하여 다른 사상이나 철학에 중심적인 자리를 내주는 등 부침의 역사를 반복해 왔으며, 포스트모더니즘 또한 이러한 흐름의 한 부분으로 이해될 수도 있다. 그러나 포스트모더니즘은 그것이 다루는 주제의 영역이 인문・사회과학은 물론, 자연과학의 영역까지 광범하며, 자연, 이성, 주체의 문제 등 본질적이고 심층적인 문제를 다룬다는 점에서 종래의 부분적인 사조나 사상의 변화와는 차원을 달리하는 패러다임, 한 걸음 더 나아가 문명사적 차원에서 변혁을 요구하는 담론 체계라는 데 그 특성이 있다고 할 수 있다.

　포스트모던 교육과정 담론의 가치와 한계를 살펴보기 위해서는 포스트모더니즘이 무엇인지를 살펴볼 필요가 있다. 포스트모더니즘은 크게 농경사회, 산업사회, 후기 산업사회, 혹은 전근대문명, 근대문명, 근대 이후의 문명으로 이어지는 인류 문명사와 관련이 있다고 보아야 할 것이다. Patrick Slattery(1995: 18)에

---

3) David Ray Griffin. (1988). Introduction to SUNY series in constructive postmodern thought. David Ray Griffin (Ed.), *The reenchantment of science: postmodern proposals*(New York: SUNY Press), ix-xii.

4) Calinescu, M. (1986). On postmodernism, *Five faces of modernity*(Durham: Duke University Press), 267-268.

5) Patrick Slattery. (1995). *Curriculum development in the postmodern era*(New York: Garland Publishing, Inc.), 18.

의하면,5) 인류의 역사에서 두 번의 패러다임 전환이 있었다. 첫째는 사냥과 수렵의 고립된 유목사회로부터 도시국가와 농경지원체제의 봉건사회로의 전환이며, 둘째는 이러한 부족 봉건사회로부터 과학기술, 자원의 무제한적 소비, 사회진보, 무제한적 경제 성장, 합리적 사고에 의존하는 자본산업주의 사회로의 전환이다. 첫 번째의 전환에 해당하는 전근대 또는 신석기 시대라고 불리는 전근대 문명은 기원전 1000년부터 서기 1450년까지 지속하였으며, 근대 문명, 또는 산업문명이라고 부를 수 있는 두 번째의 전환은 1450년부터 시작하여 1960년까지 지속하였다.6) 그러나 과거 500년 동안 인류 사회를 주도해 온 근대문명은 개인주의, 인간중심주의, 가부장주의, 경제중심주의, 국가주의, 기계주의, 소비주의, 군사중심주의적 성격으로 심각한 도전을 받게 되었으며, 근대 문명의 한계에 대한 인식의 확산과 함께 새로운 문명에 대한 요구가 확대되었다. Jencks는 근대의 종말과 함께 포스트모던 시대의 도래를 다음과 같이 천명한 바 있다.

> 분명히 말해서 근대 운동의 세 가지 동력, 즉 근대화, 근대성의 조건, 문화적 근대주의는 아직 끝나지 않았다. 아직 제2, 제3 세계에서는 이들이 목표가 되기도 한다. …… 그러나 근대적 세계관의 무조건적인 지배는 결정적인 종말을 맞게 되었다. 그것을 좋아하고 싫어함에 관계없이 서구 사회는 …… 어느 하나의 이데올로기나 인식체계(episteme)가 지배하지 않는 복수의 하위문화들이 공존하는 사회가 되었다.7)

이러한 역사적 맥락에 비추어 볼 때, 포스트모더니즘은 비록 그 의미는 다양하게 사용된다고 하더라도 근대주의의 한계에 대한 인식의 확산에 따라 근대를

---

6) Jencks는 모더니즘으로부터 끝난 시기에 대하여 학자들에 따라 각자의 근거를 가지고 1875년, 1914년, 1945년, 1960년을 주장하지만, 앞으로 더 검토될 필요가 있다고 보고, 1950년대까지를 근대로 규정한다(Charls Jencks, 1992: 10).

7) Charles Jencks. (1992). The postmodern agenda. In Charles Jencks (Ed.), *The post-modern reader*(New York: St Martin Press), 10.

극복하고 새로운 문명 패러다임의 탐색을 위한 노력이라는 점에서는 대체적인 공감대가 형성되고 있다고 할 수 있다. 따라서 포스트모던 담론은 그것을 상반된 것으로 보든, 상호보완적인 것으로 보든 두 가지 종류의 논의를 포함한다고 할 수 있다. 하나는 모더니즘에 대한 비판적 성찰이며, 다른 하나는 전근대 담론으로 돌아가지 않으면서 근대를 극복할 수 있는 새로운 문명 패러다임의 탐색을 위한 노력이다. Griffin의 개념화에 따라 전자의 논의는 해체적(또는 배제적) 포스트모더니즘, 후자는 구성적(또는 수정적) 포스트모더니즘이라고 부를 수 있을 것이다.[8]

지금까지 포스트모더니즘의 본질적인 특성이 무엇인가를 밝히기 위한 많은 노력이 있었다. 예컨대, Kramer는 고급성의 상실, 상상력의 분해, 기준과 가치의 소멸, 허무주의의 승리로 포스트모더니즘을 규정하였으며, Jameson은 미학적 대중주의, 문화생산물의 경박성, 역사성의 빈곤, 의미의 해체, 행복감의 만연, 비판을 위한 이론과 실제 간 거리의 소멸, 재현 이데올로기의 약화를 포스트모더니즘의 특징으로 보았다. 또한, 포스트모더니즘을 체계적으로 정리해 보려고 노력한 Hassan은 포스트모더니즘을 비결정성, 파편화, 탈정전화, 재현 불가능성, 아이러니, 잡종화, 카니발화, 행위와 참여, 구성주의, 내재성 등으로 정리한 바 있다(목영해, 1994). 한편 우리나라에서 포스트모던 교육학을 탐색하고자 했던 목영해(1994)는 포스트모더니즘의 등장 배경 및 포스트모더니스트들의 주장을 토대로 포스트모더니즘을 세 가지로 정리한 바 있다. 즉, 하나는 자아를 해체하는 문화논리이며, 다른 하나는 탈정전화를 추구하는 다원주의 문화논리이고, 또 다른 하나는 대중들이 유희적인 행복감을 누리는 문화논리다. 또한, 김정환과 심성보(1998)는 목영해의 정리를 기초로 포스트모더니즘의 기본입장을 반정초주의, 다원주의, 반권위주의, 연대의식으로 특성화하고, 포스트모더니즘과 교육

---

8) David Ray Griffin. (1988). Introduction to SUNY series in constructive postmodern thought. In David Ray Griffin (Ed.), *The reenchantment of science: postmodern proposals*(New York: SUNY Press), ix-xii.

간의 관련성을 밝히려고 시도한 바 있다.

포스트모더니즘의 이러한 특성들은 포스트모더니즘 담론들을 구성하는 주요 요소들임에는 틀림이 없을 것이다. 그러나 포스트모더니즘의 이와 같은 다양한 특성에도 모더니즘 또는 모더니티의 종말에 결정적인 타격을 가한 것은 아마도 포스트모더니스트들의 근대적 진리관의 해체일 것이며, 이 결정적 타격의 선봉에는 해체적 포스트모더니즘의 주역이라고 할 수 있는 Foucault, Derrida, Lacan과 같은 포스트구조주의자들이 있었다고 할 수 있다. 포스트구조주의자들은 근대를 구성하는 핵심적인 정초가 되었던 과학적 방법론의 절대성, 이를 바탕으로 성립된 근대적 지식의 확실성이 허구라는 사실을 드러냄으로써 근대적 진리의 절대적 지위를 박탈하였으며, 이 논리는 근대적 언어관, 이성관, 근대적 주체, 근대적 지배구조의 해체로 퍼져 포스트모더니즘이 인류 문명사에 하나의 뚜렷한 발자취를 남기게 하는 데 핵심적인 이바지를 하였다고 할 수 있다.

포스트구조주의자들에 의해서 주도된 해체적 포스트모더니즘의 특성은 학자에 따라 다양하게 개념화하였지만, 그 본질적인 특성은 근대, 더 나아가 Socrates 이후 서구 사회를 지배해 온 진리, 지식, 이성, 언어에 대한 가정들을 해체하는 것이라고 할 수 있다. 전통적인 서구의 형이상학에 대해서 결정적인 타격을 가한 것은 Derrida라고 할 수 있다. Derrida는 서구의 사고방식과 언어활동의 바탕이 되어 온 지적 전통을 '현전의 형이상학(metaphysics of presence)'이라고 규정하고 언어에 대한 분석을 통해서 이를 해체하였다. Derrida에 의하면, 서양의 전통 형이상학에서 실재는 현전하며, 그것은 실재와 일치하는 말을 통해서 전달될 수 있다는 가정을 토대로 하고 있다는 점에서 '음성중심주의(phonocentrism)' 또는 '이성중심주의(logocentrism)'라고 할 수 있다. 이러한 전통에 따라 서구 형이상학에서는 선/악, 현전/부재, 진리/허위, 본질/현상, 지성/감성, 능동성/수동성, 기표/기의 간의 관계를 이분법적으로 대립시켜 전자를 본질적이고 가치 있는 것으로, 그리고 후자를 열등하고 가치 없는 것으로 간주하고 전자에 특권을 부여하였다.

그러나 Derrida에 의하면, 이와 같은 현전의 형이상학은 근거 없는 가정이며, 이러한 허구적인 가정에 근거한 지식이나 진리의 절대성을 강조하는 서구의 기존의 지적 전통은 해체되어야 한다. 따라서 근대의 진리의 객관성, 과학적 방법의 절대성, 지식의 확정성 등에 대한 가정은 인위적인 것으로 부정되고, 그 대신 진리의 불확정성, 언어의 비현전성, 의미의 다양성 등이 강조되며, 이러한 근대적 가정에서 성립된 근대교육 역시 심각한 타격을 받게 되었다.

Derrida가 언어의 분석을 통해서 서구 형이상학을 해체하였다면, Foucault는 지식과 권력의 관계에 대한 역사적 분석을 통해서 시간적·공간적 제약으로부터 자유로운 보편적 지식을 가정한 근대의 객관적 지식관을 해체하였다고 할 수 있다. Foucault는 18세기 유럽 사회에서 계몽주의라는 미명 하에 퍼진 사법적 처벌에 대한 분석을 토대로 지식은 권력과 필연적인 관련을 맺고 있으며, 계몽사상, 넓게는 근대사상의 합리적 세계관과 객관적 지식은 보편적이고 객관적인 것이 아니라 근대 이후 유럽 사회에서 권력관계에 의해서 형성된 것에 지나지 않음을 보여 주었다. 이렇게 보면, 근대교육은 물론 근대문명의 사상적 정초라고 할 수 있는 인간 이성의 보편성과 지식의 객관성을 가장한 이성중심주의는 특정한 권력과 지식 간의 연계의 산물이며, 이는 인간의 자유를 확대하고 해방을 촉진하였다기보다 인간을 지배 사회, 또는 지배 권력에 순응하는 길들여진 인간으로 만드는 충실한 임무를 수행해 온 것으로 간주할 수 있다. 따라서 Foucault의 분석에 의하면, 근대의 합리적 이성관이나 객관적 지식관은 허구적인 것이며, 보편적이지도 이상적이지도 않은 해체되어야 할 가정들이라고 할 수 있다.[9]

포스트모더니스트들은 근대적 진리관, 언어관 그리고 지식관의 해체에 이어 근대적 주체 또한 해체의 대상이 된다. 전근대의 형이상학에서 객관적 실체로서의 이데아나 신은 근대에 들어서면서부터 이성적이고 자율적인 주체에 의해서 대치되어 종래에 이데아나 신에게 부여되었던 초월적 지위를 부여받게 되었다.

---

9) 목영해(1994). 『후 현대주의 교육학』. 서울: 교육과학사. 43-44.

그리하여 인식 주체의 인식은 인식의 모든 대상을 객체로 규정하고, 객체의 의미를 인식자의 주관에 의해서 규정함으로써 객체를 타자화하고 도구화해 왔다. 이러한 가정은 윤효녕이 지적한 대로, 정치 영역에서 "한편으로는 봉건적 절대주의를 타파하고 시민 의식을 형성하는 중요한 역사적 기여도 했지만, 다른 한편으로는 브르주아적 지배, 제국주의적 지배, 절대 사회주의적 지배라는 또 다른 형태를 통하여 타자에 대한 억압을 정당화하게 되었다."[10] 그러나 포스트모더니스트들에 의하면 주체에 대한 이러한 가정은 허구로서 해체되어야 한다. 앞에서 살펴본 Derrida의 현전의 형이상학 및 언어 분석이나 Foucault의 지식과 권력 간의 관계에 대한 분석에서도 근대적 주체의 해체를 포함하고 있다고 할 수 있다. "나는 생각한다, 그러므로 나는 존재한다."는 Descartes의 명제에 바탕을 둔 근대적 주체는 절대적 자기 동일성을 갖춘 주체로서 타자를 객체로 규정하여 '폄하하고 배제하는 기능'[11]을 해 왔다. 그러나 Derrida에 의하면, 주체는 고정된 실체를 가지고 있는 것이 아니라 타자와의 변별적 관계에 의해서 생성되며, 그 의미는 끊임없이 지연된다고 봄으로써 근대의 자기 동일적 주체의 허구성을 드러낸다. 또한, Foucault는 권력이 지식을 통해 어떤 대상을 배제하고 억압하는 데 그치지 않고, 적극적으로 개인을 구성하고 학문적 탐구 대상들을 생산하여 주체, 말하자면 길들여진, 정상화된 주체를 만들어 낸다고 봄으로써 근대 주체 철학에서 자명한 것으로 가정해 온 의미와 행위의 원천으로서의 주체관을 해체하였다.

Lacan의 주체에 대한 정신분석학적 분석은 근대적 주체에 의심을 품은 포스트모던 사상가들에게 많은 영향을 미쳤다. Lacan의 정신분석학적인 성과는 "근대 초부터 20세기에 이르기까지 서양 사상의 중심이 된 '나'라는 절대 주체의 개념을 비판한 것과 이 비판을 기초로 새로운 주체 개념을 구축하려고 시도한

---

10) 윤효녕, 윤평중, 윤혜준, 정문영(1999). 『주체 개념의 비판: 데리다, 라캉, 알튀세, 푸코』, 서울대학교 출판부.

11) 앞의 책, 6.

것으로 요약될 수 있다."[12]는 평가에 나타나 있는 바와 같이, Lacan은 Descartes에서 Hegel로 이어지는 자기 동일성을 가정한 주체의 확고한 권위를 거부하였다. Lacan의 분석에 의하면, 주체는 자율성, 통합성, 동일성 등을 갖추고 있지 않으며, 끊임없는 변증법적 과정에서 계속되는 수정을 거쳐야만 하는 것으로 언제나 형성 중이며, 영속적으로 불안정한 분열된 상태에 있다. 이처럼 Lacan은 주체에 대한 정신분석학적 분석을 통해서 자기 동일성을 가정한 서구의 전통적 주체관을 해체함과 동시에, 절대 주체개념 때문에 억압받아 온 인간 주체들을 타자와의 연계 때문에 끊임없이 재구성해 가는 주체의 불안정성, 다양성, 맥락성, 과정적인 특성들을 드러냄으로써 주체에 대한 이해의 지평을 무한히 확장한 것으로 볼 수 있다.

교육 분야에서도 모더니즘에 바탕을 둔 전통교육의 한계에 대한 반성과 새로운 교육 패러다임의 탐색을 시도해 온 노력이 포스트모더니즘이라는 광범한 담론체계와 결합하면서 교육을 이해하는 새로운 지평의 확장과 더불어 과거의 전통 교육에서와는 전혀 다른 새로운 질문과 연구 영역을 확장해 교육 담론을 양적, 질적으로 풍부하게 해 왔다. 특히, 교육과정 분야에서는 일찍이 1960년대부터 공학적 합리성과 과학주의에 묻혀 교육과정을 교육의 관리기술로 전락시켜 왔다는 종래의 교육과정의 문제에 대한 반성과 함께 현상학, 해석학, 사회비판 이론, 기호학, 여성학, 포스트구조주의, 신과학 등 새롭게 등장한 유럽의 학문적 성과를 바탕으로 교육과정을 재개념화하려는 시도들이 포스트모더니즘이라는 흐름과 연결되어 교육과정 담론을 풍성하게 해 왔다. 우리나라의 교육과정 분야에서도 2000년대에 들어서면서 포스트모던 교육과정 담론을 다룬 연구들이 활발하게 발표되어 왔다.

포스트모던 교육과정 담론은 학자에 따라 다양성이 있음에도 불구하고 대체로 근대문명의 바탕이 되어 온 근대주의와 근대성의 실체와 그 한계를 드러내고

---

12) 정문영(1999). 『라캉: 정신분석학과 개인 주체의 위상 축소』, 앞의 책, 55.

이러한 근대주의의 제한된 가정을 바탕으로 성립, 운영되어 온 근대교육의 문제를 드러내고, 이의 극복을 위한 새 교육 및 교육과정 담론을 탐색하는 데 중요한 이바지를 하였다고 할 수 있다. 그러나 포스트모던 담론은, 특히 해체적 포스트모더니즘에서 더욱 드러나듯이, 근대적 진리, 이성, 주체의 초월적 지위에 대한 해체에 집착한 나머지 세계관을 구성하는 요구되는 진리, 이성, 자아, 목적 등을 배제함으로써 방향 없는 다원주의, 심지어는 미래가 없는 허무주의로 이끌 위험성에서 벗어나지 못한다는 비판을 받고 있다. 보통 교육자들에게 진보, 발전, 권력, 해방, 그리고 계몽 등은 '일상적이고 당연하게 받아들이는 담론의 부분들'이며, 이들은 '전통과 해석적 문화의 한 부분'(Usher & Edward, 1994: 31)임에 틀림없을 것이다. 근대 및 근대교육에서 강조해 온 "진리, 정의, 자유의 이념은 우리의 삶을 지탱하는 기반"이며, "이 이념들이 추구되어야 할 이유를 묻기보다는 이 이념들이 추구되어서는 안 되는 이유를 물어야 한다."는 주장(장사형, 2001: 145) 또한 난해한 포스트모던 담론과 비교하면 훨씬 설득력이 있을지도 모른다. 이들에게 "해석적 원리와 자아의 해체, 그리고 역사의 진보와 거부 등의 포스트모던 원리에 채택되는 다원주의적이고 상대주의적인 입장은 교육 실제에서 수용할 수 있고 정당화될 수 있는 그 어떤 혁신적인 대안을 구성할 가능성은 없으며 공허한 메아리에 그칠 공산이 크다"(장사형, 145)는 예견이 더욱 편하게 받아들여질 수도 있다.

물론 포스트모던 담론에 대한 이러한 비판은 이에 대한 부분적 이해의 소산이라고 할 수 있다. 포스트모더니스트들이 해체하고자 하는 것은 진리, 이성, 주체 자체라기보다 근대주의의 그것들에 대한 주장이다. 그들, 특히 해체적 포스트모더니스트들이 극복하고자 하는 것은 진리에 대한 근대 주장의 특권이며, 이의 해체를 통해서 회복하고자 하는 것은 그동안 배제되어 온 다른 진리 주장이라고 할 수 있다. 또한, 구성적 포스트모더니스트들은 근대적 세계관의 해체를 통하여 모더니즘을 극복하려고 하는 것이 아니라 근대적 전제나 전통적 개념의 수정을 통해서 새로운 포스트모던 세계관을 구성함으로써 근대를 극복하려고

하였다(Griffin, 1988). 그런데도 포스트모던 담론 및 포스트모던 교육과정 담론이
일반인들뿐만 아니라 교육자들에게도 편안하게 받아들여지지 않는 것은 그 담
론이 가지고 있는 난해성, 이질성 등과 같은 한계라고 할 수 있으며, 이 담론이
근대 교육과정을 극복할 수 있는 새로운 담론, 한 걸음 더 나아가 근대문명을 극
복할 수 있는 새로운 문명으로 발전되기 위해서는 반드시 극복되어야 할 과제라
고 할 수 있다. 우리가 생태학, 또는 생태 사상에 관심을 기울이는 것은 이러한
시대적 맥락에서라고 할 수 있다.

3. 생태 사상의 의미와 특성

생태학(ecology)이라는 용어는 그리스어로 집, 거처, 서식지 등을 의미하는
'oikos'와 논리, 이성 등을 뜻하는 'logos'가 합성된 개념으로 거주나 서식지
를 다루는 학문 분야라고 할 수 있다. 생태학이 학술적 용어로 처음 사용된 것은
19세기 중반 독일의 생물학자 Haeckel이다. 그는 생태학을 '자연이라는 가정을
연구하는 학문', 또는 '유기체가 그것을 둘러싼 외부 세계와 맺고 있는 관계를
연구하는 종합 학문'으로 정의하였다(예철해, 2006: 154). 그러나 생태학이 오늘날
과 같은 넓은 의미로 사용되기 시작한 것은 핵무기의 위협, 대기 오염, 각종 폐기
물 및 화학 물질의 오염과 같은 생태 위기에 대한 인식이 퍼지면서부터다. 생태
위기에 대한 접근은 '지배적인 세계관과 사회체제의 가정이나 모순 등에 진지하
게 도전하려 시도하지 않은 채, 현 사회 내에서 환경문제를 다루려는 시도들'
(Devall & Sessions, 1985)로 일컬어지는 환경개량주의자들에 의해서다. 이들은 생
태 위기의 문제를 근본적으로 해결하지 못하고 '시간적, 공간적으로 이전시켰을
뿐'이라는 이유에서 비판을 받았다(문순홍, 2006: 52). 1970년대 현재 인류가 겪고
있는 생태 위기는 '인식의 위기라는 단일한 위기의 서로 다른 모습'이라는 이해
가 퍼지면서 인문 · 사회과학의 다양한 학문 분야로 확산되어 왔으며, 21세기에

들어서면서 사상적 심화와 함께 근대, 탈근대를 넘어서는 미래의 새로운 패러다임(Capra, 1994), 또는 근대 과학문명을 대치할 새로운 문명(박이문, 1999)으로 부상하고 있다. 생태 패러다임을 한마디로 규정하기는 어려운 일이지만 " '전일적이고 유기적인 세계관'으로 표현될 수 있는 사유의 전통"[13](문순홍, 2006: 123)이라는 넓은 의미로 이해할 때, 생태사상은 때로는 역사의 중심에서, 때로는 주변에서 인류와 더불어 살아온 사상이라고 할 수 있다. 그런데도 21세기의 시작을 전후로 생태사상이 다시 등장하게 된 것은 인간에 의해서 생태계가 균형을 잃고 파괴되어 결과적으로 자신이 디디고 사는 삶의 터전 자체가 위협받고 있는 현실, 그리하여 인류 역사의 종말을 가져올 수도 있다는 심각성에 대한 인식의 확산에서 비롯된 것으로 볼 수 있다. 생태사상은 그 강조점에 따라 근본생태학, 사회생태학, 여성생태학 등 다양한 분야로 분화, 발전하고 있으며, 학자에 따라 분야에 따라 다소 입장의 차이도 보인다.[14]

현대 생태사상은 핵무기의 위협뿐만 아니라 대기오염으로 인한 오존층의 파괴, 지구온난화와 같은 생태 위기에 대한 인식에서 시작된 것은 사실이다. 따라서

---

13) 문순홍(2006). 『생태학의 담론』. 서울: 아르케, 123.

14) 생태학의 세 입장은 생태위기의 원인 진단과 대안에 차이를 보인다. 심층 생태학에서는 인류 중심주의에 문제가 있으며, 대아의 실현과 생태중심주의로 가치관의 전환을 강조하며, 사회생태학에서는 불공정하고 억압적인 사회구조에 문제가 있다고 보고 이의 철폐를 강조한다. 또한, 여성생태학에서는 남성중심주의적인 가부장제 전통에 문제의 근원이 있다고 보고 이의 극복을 강조한다. 그러나 이러한 차이에도 이들은 모두 대안문화운동이라는 같은 뿌리에서 나온 것으로 공유점이 훨씬 많다. 이들, 특히 심층 생태학과 사회생태학이 기본적으로 같은 견해를 밝히는 부분은 다음과 같이 요약될 수 있다(송명규, 2003: 55).

"인간은 자연의 일부다. 자연은 언제나 자신을 새롭게 하는 자생적인 존재이며, 본래 고귀하다. 따라서 자연을 오직 인류의 복지를 위한 수단이자 도구로만 보아서는 안 된다. 자연계는 너무나 복잡하므로 결코 인간의 지성으로는 통제되지 않는다. 생태계의 다양성을 유지하기 위해서는 인간의 영향이 최소로 미치는 원생지역(wilderness)의 지정과 보존이 필요하다. 지구를 구하기 위해서는 생태학적 감수성과 정신성이 요구된다. 현대의 경제체제는 사회적으로 계층 구조적이며, 생태적으로 파괴적이다. 따라서 분권적이고, 비계층적이고, 다원적이고, 생태적으로 지속할 수 있고, 생명 지역적으로 연합된 생태공동체사회로의 전환이 필요하다."(Zimmeman, 1994: 152)

초기에는 이를 단순한 환경문제로 보고, 환경파괴의 현황과 위험성을 알리고 환
경파괴나 오염을 줄이는 방안의 탐색과 실천에 관심을 두었다. 그러나 현재 우
리가 겪고 있는 생태 위기는 보다 광범하고 심층적인 위기의 한 증상에 불과하
다는 인식이 퍼졌다. 현대의 생태 위기는 근대 이후 과학혁명과 산업혁명의 과
정에서 특히 서구를 중심으로 형성된 특정의 의식과 문화와 깊은 관련이 있으
며,15) 이는 결국 근대문명의 토대가 된 근대사상이 가지는 한계에서 비롯하는
것으로 인식하게 되었다. 따라서 생태사상은 현재의 생태 위기를 자초한 근대주
의의 본질에 대해서 질문을 제기하지 않을 수 없으며, 이 점에서는 근대사상의
허구성과 한계를 드러낸 탈근대사상가들과 관심을 같이한다고 할 수 있다. 많은
저술에서 생태사상이 포스트모던 사상의 한 분야로 분류되는 것은 이러한 이유
에서일 것이다. 그러나 생태사상은 해체적 포스트모던 사상에 대해서는 다소 거
리를 유지한다. 해체적 포스트모던 사상은 근대사상의 허구와 한계를 드러내는
데는 도움이 되지만, 모든 것을 무의미화하고 무가치화하며, 따라서 인류의 미
래에 어떤 빛을 던져 주지 못하는 한계가 있다고 보기 때문이다. Griffin은 해체
적 포스트모던 사상은 그 자체가 근대를 해체에 사용한 논리로 인하여 근대사상
을 극복할 수 있는 새로운 패러다임의 탐색도 불가능하게 만든다고 지적하고,
이를 극복할 수 있는 '구성적 포스트모더니즘'을 제안한 바 있다.16) 생태사상은
생태 위기를 자초한 근대사상을 극복할 수 있는 새로운 패러다임을 탐색하고자
한다는 점에서 구성적 포스트모더니즘과 관심을 같이한다고 할 수 있다. 그러나

---

15) 예컨대, Bowers는 지구적 생태 위기는 계몽주의의 이상인 개인주의에 기초하는 문화적 신념과 실천
에 의해서 양육되었다고 보았다(Bowers, C. A. (1995). *Education for an ecologically sustainable culture: Rethinking moral education, creavity, intelligence, and other modern orthodoxies*(Albany: SUNY Press). 또한, Orr은 생태 위기의 의식적 바탕에 주목하고, 이의 극복을 위해서는 생태적 의식
(ecological literacy)이 요구됨을 강조하였다(Orr, D. W. (1992). *Ecological literacy: Education and the transition to a postmodern world*. New York: SUNY Press)

16) David Ray Griffin(Ed.) (1988). *The reehchantment of science: postmodern proposals*(New York: SUNY Press).

이러한 노력을 근대의 정당화나 근대로의 회귀를 의미하는 것은 아니다. 노자는 도덕경에서 말할 수 있는 도는 도가 아니라고 한 바 있다. 그러나 도덕경의 어디에서도 도 자체를 부정한 적이 없다. 근대사상가들에 의해서, 또는 근대과학에 의해서 정해진 진리가 허구이고 한계가 있다고 해서 진리 자체를 부정하는 것은 인류의 모든 진리 탐구활동을 무의미화하는 것이며, 근대적 이성이나 주체가 허구라고 해서 인간의 이성이나 주체 자체를 부정하는 것은 원시사회로, 심지어 동물적인 생활로 회귀해야 한다는 주장과 다르지 않다.

현대의 생태사상가들은 신과학이나 인류의 다양한 전통사상에서 근대문명을 극복할 수 있는 21세기의 새로운 패러다임 탐색에 도움이 되는 생각들에 귀를 기울인다. 예컨대, 신과학의 혼돈이론에서 발견한 혼돈과 다양성 안에서의 큰 질서는 생태 위기를 극복할 수 있는 새 패러다임 탐색에 많은 도움이 된다. 동서양의 전통 사상들은 근대를 넘어서 자연과 인간, 그리고 그들과의 관계를 새롭게 조명하는데 참신한 통찰력을 제공해 준다. 그러나 이러한 노력은 아직 시작하는 단계에 있으며, 인류 문명사에서 근대사상이 정착되는데 수백 년이 걸렸듯이, 생태사상이 한 시대의 패러다임으로 자리 잡기 위해서는 앞으로 또 다른 수 세기의 노력이 요구될 것이다. 생태사상은 아직 어떤 합의된 철학이나 이론체계를 제시할 수 있는 단계는 아니며, 학자나 분야에 따라 다양성이 존재한다. 이러한 상황에서 생태사상을 요약한다는 것은 매우 어려운 일이다. 그러나 이러한 생태사상의 불확정성과 다양성에도 '혼돈과 다양성' 가운데 '커다란 질서'라고 할 수 있는 핵심적인 생각들을 공유한다.

생태사상가들이 가지고 있는 가장 일반적이고 핵심적인 입장은 '생명존중 사상'이다. 근대과학의 한 중요한 기본 가정은 자연을 하나의 거대한 기계로 보고 자연 속 생명체들 간의 관계를 부품 간의 기능적 관계로 파악하는 원자론적·기계론적 세계관이다. 이러한 세계관에서 생명체들은 하나의 기계 부품과 같은 도구적 가치만이 부각되며, 내재적 가치나 생명력은 무시된다. 생태사상가들은 근대과학의 이러한 가정에 내재한 파괴성에 주목한다. 이들에 의하면, "원자론적

이고 기계적인 세계관, 이원론적이고 인간 중심적인 근대 과학관, 그리고 소비
지향적이고 개인주의적인 생활양식에 의해서 형성된" 근대문명은 "생명 소외의
체제이고, 본질에서 반인간적·반생태적인 문명", 즉 죽임의 문명은 우주, 지구,
생태계, 인간 등으로 이어지는 생명 과정을 해체하고, 이들로부터 생명 가치를
말살시키는 속성을 가지는 것으로 본다. 이러한 생명 과정의 해체와 말살은 세
가지의 하위 과정, 즉 '기계로 인간과 자연을 통제·지배하는 과학기술 발달과
정' '국가 공권력의 확장' '국민경제에 입각한 산업화 과정'을 가속하였다고 주
장한다.[17] 이렇게 보면 현재 인류가 당면한 생태 위기는 생명 말살의 위기이며,
이의 극복을 위해서는 " '죽임의 문명과 패러다임'을 '살림의 문명과 생명의 패
러다임'으로 전환"해야 할 것이 당연히 요청된다고 볼 수 있다.

　생명존중 사상은 '영성의 회복'과 '생명 평등주의'와 바로 연결된다. 영성
(spiritualty)은 근대 과학자들이 다른 한 손에 들고 있던 '신의 책'을 놓는 순간부
터 합리적 논의에서 배제된 개념으로, 현대 사회에서 영성은 종교기관이나 샤머
니즘(shamanism), 종교학 담론에서나 등장하는 주변 개념으로 밀려나 학술적 논
의나 교육에서 영성을 입에 담는 것조차 금기시되었다. 영성은 과학적인 용어로
정의될 수 있는 종류의 언어가 아니다. 그러나 영성은 그것을 신성이나 불성으
로 보든, 또는 자유 의지나 자유 에너지로 보든 세계에 편재한다. 조그만 씨앗이
자라서 울창한 소나무가 되는 것, 나비의 알이 여러 변화 과정을 거쳐 나비로
성장하는 것과 같은 작은 생명현상에서부터 지구의 자전과 공전, 태양의 폭발
과 같은 우주의 생명현상에 이르기까지 영성은 인간뿐만 아니라 지구의 모든
생명체와 우주에 편재해 있다. 과학이 그 현상을 설명할 수는 있겠지만, 아무리
과학기술이 발전해도 모든 생명체가 완벽하게 조화를 이루면서 자체의 존재 의
미를 실현해 가는 우주를 만들 수는 없다. 모든 생명체의 영성에 대한 인식은

17) 김지하(1996). 『생명과 자치』. 서울: 솔출판사.
　　문순홍(2006). 『생태학의 담론』. 서울: 아르케. 178-187.

자연 일부분으로서의 인간과 자연의 모든 생명체에 대한 경외심을 가지게 하며, 만물 평등사상으로 연결되어 생태사상의 중심사상이 되는 것은 이러한 성찰에서 나온 것으로 볼 수 있다. 근대사상은 인간을 포함한 지구상의 모든 생명체의 영성을 외면함으로써 근대문명을 죽임의 문명으로 전락시켰으며, 영성의 회복은 생태 위기의 극복을 위해서 절실한 과제라고 할 수 있다. Griffin이 구성적 포스트모더니즘에서 근대주의를 대체할 수 있는 새로운 세계관에서 근대에 의해서 탈주술화된 자연의 재주술화를 강조한 것은 이러한 맥락에서 의미 있는 시도라고 할 수 있다.[18]

생태 사상의 또 하나의 중심 입장은 세계를 살아 있는 생명체 간의 상호 연결된 전체로 인식하고자 하는 '유기체적 전일적 자연관'이다. 자연은 인간이 그것을 어떻게 규정하기 이전부터, 그리고 그 이후에도 살아 있는 생명체들이 완벽한 조화를 이루고 있어 인간의 경외심을 불러일으키는 세계이기도 하다. 그러나 이러한 자연의 세계는 근대과학에 의해 Galilei나 Kepler가 주장한 것처럼 '수학적 언어'[19]로 움직이는 '시계와 같은 기계'[20]로 전락되었다. 근대과학의 사상적 대부라고 할 수 있는 Descartes는 "정신에 속하는 것으로 신체의 개념에 포함되는 것은 아무것도 없으며, 신체에 속하는 것으로 정신에 포함되는 것은 아무것도 없다"[21]는 선언에 나타난 바와 같이, 물질의 세계와 정신의 세계를 완전 분리함으로써 자연과학이 정신세계에 대한 부담에서 벗어날 수 있는 길을 닦아 준 것이다. Descartes에 있어서 물질의 세계는 하나의 기계였으며, 물질에는 목적이나 생명, 또는 정신 같은 것이 존재하지 않는 것이었다. 물론 Descartes 자신은 신의 존재를 무시하지 않았으나, 이후 과학자들은 정신과 물질의 분리에 따라

---

18) David Ray Griffin. (Ed.) (1988). *The reenchantment of science*, 앞의 책, 1-46.

19) Arthur Keostler. (1963). *The sleep wokers* (New York: Crosset Dunlap, Universal Library Edition, 340).

20) Mumford Lewis. (1970). *The myth of the machine: The pentagon of power* (New York: Harcourt Brace Javanovich, 104).

21) Capra Fritjof, *The turning point*, 이성범, 구윤서 역(1994). 『새로운 과학과 문명의 전환』. 서울: 범양출판부. 56. 재인용.

자연의 생명이나 목적, 가치에 대한 정신적 부담에서 벗어나 기계를 다루듯이 생명 현상으로서의 자연을 과학적 실험과 통제의 도구로 삼을 수 있게 되었다.

　　이러한 Descartes의 심신 이원론과 기계론적 자연관은 Newton에 의해 종합되어 이후 하나의 확고한 패러다임으로 정착되어 자연과학과 인문·사회과학은 물론 일반인들에게까지 광범하게 확산되었으며, 오늘날에도 Capra가 지적한 바와 같이(Capra, 1994: 2장)[22] '서구문화의 전형인 과학주의'에 깊이 뿌리내려 있다. 근대과학의 심신 이원론과 물질세계에 대한 기계론적 세계관은 이후 학문의 영역에서는 물론 일상생활의 영역에 이르기까지 광범한 영향을 미쳐 왔다. 하나는 학문의 분화이며, 다른 하나는 물질세계의 도구화다. 기계의 부속품으로 전락한 물질세계는 인간이 마음대로 요리할 수 있는 도구에 불과하며, 이 기계를 편의에 유용하게 사용하기 위해서는 부품에 대한 전문화가 필수적이며, 자신이 관심을 가지는 부품 외에 다른 부품에는 관심을 둘 필요가 없다. 필요가 있다면, 자신이 관심을 가진 부품의 성능 향상과 관련이 있는 부분에 국한하게 된다. 이처럼 근대과학의 방법론적 토대가 정신과 물질의 분리, 물질에 대한 기계론적 자연관은 학문 간의 세분화와 높은 장벽을 형성하여 세계에 대한 전일적인 이해를 불필요한 것으로, 그리하여 불가능한 것으로 만들었으며, 물질로써 자연에 대한 지배와 착취를 정당화하였다. 생태 패러다임에서 근대과학의 심신 이원론과 기계론적 자연관에 주목하는 것은 바로 이러한 연유에서라고 볼 수 있다. Capra에 의하면, 자연과학의 지배 이전 중세기에는 유기체적 세계관을 가지고 있었으며, 이 세계관은 생태계의 파괴를 제한하는 문화적 억제력을 가졌었으나 이러한 문화적 억제력은 과학의 기계화와 함께 사라지게 되었다(Capra, 1994: 57).

　　물질의 세계는 결코 정신세계와 분리될 수 없으며, 우주를 포함하여 자연은 스스로 완벽한 균형과 조화를 이루는 생명력을 가지고 있다는 유기체적 전일적 세계관은 현대 물리학의 발견과도 일치된다. James Jean에 의하면, 현대 물리학

---

22) Fritjof Capra, 앞의 책, 2장 참조.

에서 광범한 의견 일치가 이루어지고 있는 하나의 큰 흐름은 '비기계론적 실재'를 향하는 것이며, 우주는 '거대한 기계'가 아니라 '거대한 사상체계'로 인식하는 것이다(82). 오늘날 원자 물리학에서는 정신과 물질, 관찰자와 피관찰자 간의 데카르트적 분리가 더는 유지되지 않는다. Capra는 자연에서 과학자가 관찰하는 모형은 그 개념, 사상 및 가치 같은 그의 마음의 모형과 밀접하게 연결되어 있어 과학자는 그들의 연구에 대해서 지적으로뿐만 아니라 윤리적인 책임도 있음을 강조한다. 그는 오늘날의 과학자들이 선택해야 할 두 개의 길을 다음과 같이 제시하였다.

> 물리학에서 양자역학과 상대성 원리의 결과는 과학자들이 추구할 매우 다른 두 개의 길을 열어 놓았다. 극단적으로 표현하면, 그 길은 우리에게 부처의 길로 인도할 수도 있고 폭탄으로도 인도할 수 있는 것이며, 어느 길을 가야 할 것인가는 우리 각자가 결정해야 한다(Capra, 1994: 83. 재인용).

생태 사상에서 강조하는 또 하나의 핵심적인 입장은 '관계적 지식관'이라고 할 수 있다. 오늘날의 학계나 교육계에서 다루는 지식은 부분성과 전문성으로 특징지을 수 있을 것이다. 지식은 그것이 다루는 세계를 원천으로 하는 것이다. 따라서 세계를 어떻게 이해하느냐 하는 것은 지식을 어떻게 보느냐와 불가분의 관계를 맺는다. 생태 사상에서는 전일적 유기체적 자연관에 따라 우주는 미시 세계나 거시 세계와 관계없이 살아 있는 생명체들이 완벽하게 조화를 이루고 있는 세계로 본다. 한 걸음 더 나아가 세계 내 생명체들 간의 상호 의존성을 강조한다. 숲과 동물은 서로를 필요로 하며, 그 가운데 하나 없이 다른 하나는 존재하지 못한다. 이처럼 세계는 상호 의존적인 생명체들이 그물처럼 상호 연결되어 있다고 본다. 이러한 관계적 세계관은 "모든 존재자가 상의성(相依性)과 연생성(緣生性)과 공성(空性)을 법으로 하여 통일된 한 생명의 큰 바다를 이루고 있다."(김종욱, 2004: 45)는 불교의 세계관과도 통한다.

생태학적으로 볼 때, 상호 의존적으로 순환하는 자연이라는 생명의 그물은 연결망 (network) 속에 들어 있는 또 다른 수많은 그물망으로 중첩되어 있다. 마치 인드라의 그물과도 같은 이러한 연결망 속에서 연기론적 또는 생태학적 상호 의존성(interde-pendence)을 우주의 원리로 받아들이는 자는, 그리하여 자연을 법계와 생태계로 보는 자는 피조물을 창조자의 신앙하는 신중심주의도, 합리주의와 산업주의에 따라 자연을 지배하는 근대적 인간중심주의도 결코 내세우지 않는다. 그렇다면 자연과 인간의 바람직한 관계란 서로 간에 중심성을 주장하지 않는 공(空)한 관계, 그래서 중심이 없기에 지배도 종속도 없는 관계라고 할 수 있다. 그런 관계 속에서만 인간의 비인간화와 자연의 비자연화를 극복하고서 인간을 인간답게 하고 자연을 자연답게 할 수 있을 것이다 (김종욱, 2004: 45).

이처럼 자연을 구성하고 있는 물질 간의 상호 의존성·관계성은 자연을 아는 방식과 자연에 대한 지식의 성격에 커다란 변화를 요구한다. 현재 대부분의 학문 분야와 교육에서 지식은 Descartes의 기계론적 세계관을 바탕으로 생산되고 소비된다. 즉, 현대의 지식은 정신으로부터 분리되고 세계에서 분리되어 기계로 환원된 세계를 그대로 반영하고 있다. 지식은 부품화된 분야별로 닫힌 공간에서 생산되고 유통된다. 각 분야에서 생산된 지식은 고정되고, 화석화되며, 상품처럼 시장에 유통되고 소비된다. 또한, 정신으로부터 해방된 지식은 그것의 질적 가치나 내재적 가치보다 도구적 가치에 의해서 평가된다. 이처럼 실재 세계와 인간의 정신으로부터 분리된 지식은 교과서에 백화점식으로 수록되어 학교에 유통되며, 교사는 편지의 내용은 알 필요 없이 전달만 하는 '집배원'과 같이 교과서에 수록된 탈생명화된 지식을 충실하게 전달한다. 이 과정에서 학생은 물론 교사까지도 지식의 생산 과정에서 철저히 소외된다. 이렇게 보면, 오늘날의 교육의 문제는 현대 한국이라는 시간적, 공간적으로 제한된 문제가 아니라 정도의 차이는 있겠지만 세계적인 문제이며, 이는 곧 근대문명이 만들어 낸 불가피한 귀결이라고 할 수 있다. 이의 극복은 단순한 정책의 변화나 제도의 개선으로 가능한 일이 아니라 근대적 세계관에 의해서 변질된 인류의 문화와 의식의 변화, 즉 패러다임 차원에서의 변화를 요구한다.

4. 생태 사상의 교육과정적 함의

앞에서 생태 사상이 기존의 교육과정 담론의 한계를 극복하고 새로운 담론의 탐색에 시사하는 바를 알아보기 위해서 생태 사상의 특성을 생명 존중 사상, 영성의 회복과 생명 평등주의, 유기체적 전일적 자연관, 관계적 지식관 등으로 요약하여 살펴보았다. 이러한 특성은 생태학적으로 이해될 필요가 있다. 말하자면, 생태 사상의 이러한 특성들은 그것에 대한 고정된 정의나 불변의 절대적이고 독립적인 지식을 말하는 것이 아니라, 여러 가지 가능한 특성 가운데 임의로 선택된 예시에 지나지 않으며, 이 특성들은 생태 사상을 반영한 것이라는 점이다. 또한, 각 특성은 다른 특성들과 망처럼 서로 연결되어 있다는 점이다. 생태 사상이 새로운 교육과정 담론에 시사하는 바도 같은 방식으로 이해될 필요가 있다. 생태 사상이 교육 및 교육과정의 담론과 실천에 시사하는 바는 매우 광범하고 심오하다. 그러나 이를 모두 찾아 나열하는 것은 가능하지도 유의미하지도 않다. 여기서는 망처럼 연결된 부분들 가운데 특히 드러나는 부분들을 예시해 보고자 한다.

하나는 우리가 당면하고 있는 위기로부터 지구와 미래 세대, 그리고 우리 자신을 구하기 위해서, 더 나아가 문명 자체의 생존을 위해서는 지금까지와는 전혀 다른 의식이나 가치관의 변화가 요구된다는 점이다. 자연을 도구화하고, 소유하고, 착취하는 인간상을 지양하고, 자연의 일부분으로 자연과 더불어 살아가는 인간상에 대한 지향이다. 생태 사상, 특히 심층 생태학은 산업사회가 일으킨 심각한 환경파괴로부터 지구 생태계를 구하기 위해서는 우리의 인식과 가치, 그리고 생활방식이 근본적으로 변해야, 즉 사회의 지배적인 패러다임이 바뀌어야 한다고 보며, 그 요체는 인류 중심적인 세계관으로부터 생태 중심적 세계관으로의 전환이라고 주장하였다(Naess, 1973). 심층 생태학에서는 생태 위기의 근원을 인류중심주의적 사고라고 본다. 심층 생태학이 추구하는 최고의 가치는 '최대의 자아(대아) 실현(Self-realization)'이다. 대아(Self)란 편협하고 이기적인 소아(self, ego)와 대립하는 개념이다. 최대의 대아실현은 광역적 정체화라고도 하는데, Sessions에 따르면 그것은 편협한 자기 정체화에서 출발하여 다른 사람과의 일체감을 터득한 후 자신과 다른 생물들(종), 생태계, 더 나아가 생물권 전체와의 일체 의식—그는 이를 생태적 자아(ecological self)라고 표현한다—을 경험하게 되는 인간의 정신적 성숙 단계에서 최고의 경지에 이르는 것을 의미한다. Sessions는 이 과정을 통해 우리는 근본적으로 차원이 다른 세계관을 얻게 되는데, 이때는 자타의 구분이 소멸하며, 따라서 삼라만상에 대한 진정한 애정을 갖게 된다고 하였다(Sessions, 1993). 생태적 대자아의 실현은 생태 위기의 시대에 인류에게 남겨진 기대요, 희망이라고도 할 수 있다. 그러나 현대의 교육과정 공간에서 Tylor의 기술공학적 접근, Skinner의 행동주의, Bloom의 교육목표 분류학, Bruner의 지식 구조 등은 아직 교육 및 교육과정 실제에서 하나의 거대 담론, 또는 메타서사로서의 기능을 하고 있다. 이러한 반생태적 환경에서 자연을 인간의 욕망 충족을 위한 도구가 아닌 자연 일부로서 일체 의식을 가지고 생태적 자아를 경험하고 실현할 가능성에 대한 탐색은 생태 사상이 교육 및 교육과정 이론가와 실천가들에게 요구하는 의미심장한 과제라고 할 수 있다.

생태 사상이 교육 및 교육과정 이론가와 실천가들에게 보여 준 하나의 중요한 과제는 학교 지식의 생태적 성격이다. 근대과학은 과학적 방법을 통해서 세계에 대한 객관적 지식을 획득할 수 있으며, 이는 언제나 어디에서나 누구에게나 보편적인 확실성을 지니는 것으로 보았다. 사실 근대과학 혁명 이래 이와 같은 근대과학의 방법론적 가정을 바탕으로 지식이 점점 더 발전할 수 있다고 믿었으며, 실제로 지식의 양은 과거와는 비교할 수 없을 만큼 증가하였다. 근대교육은 기본적으로 이러한 객관적 지식관을 바탕으로 성립하였다. 현대교육에서도

지배적인 획일적인 교육과정, 같은 교과서, 획일적인 평가 등은 이러한 지식관
을 그대로 반영한 것이다. 그러나 현상학, 해석학의 발견에 의하면, 과학적 방법
론의 절대성에 대한 근대의 가정은 '다른 선입견들을 부정하는 선입견'으로 간
주하고 그것의 절대성을 부인하였다(Gadamer, 1975).

또한, 포스트모더니즘에서, 특히 포스트구조주의자들의 분석에 의하면 앞에
서 살펴본 바와 같이 허구적인 가정을 전제로 성립하는 것이므로 해체되어야 한
다. 생태 사상가들은 생태학적 상호 의존성을 통해서 독립적이고 객관적인 지식
의 성립 가능성을 부인한다. 그 대신 그것은 그물처럼 상호 연결된 세계에 대한
존재론적 반영이라고 할 수 있다. 생태적 관점에서 보면, 앎이란 객관화된 지식
을 소유하거나 수동적으로 수용하는 것이 아니라 인드라 망처럼 얽히고설킨 지
혜의 바다를 헤엄쳐 다니면서 지혜의 바다에 참여하는 것이다. 따라서 생태적
교육에서 지식은 교사나 학생의 밖에서 객관적이고 독립적으로 존재하는 것이
아니라 교사와 학생이 같이 몸을 던져서 발견, 창조해 가는 것이다. Oliver와
Gershman(1989)이 지적한 바와 같이 근대교육에서 "학생은 교사가 관리하는 적
절한 교육과정에 따라 기계에 의해서 제조되고 개발되는 상품"(161-162)에 지나
지 않으나, 생태학적 접근의 예라고 할 수 있는 과정 지향적 접근(process oriented
approach)에서 "교사는 학생들에게 지식이나 기술을 전달하는 것이 아니라, 학생
들이 교사의 세계에 들어오고, 교사가 학생들의 세계에 들어오는 방식으로 공통
의 세계에 대한 공유를 추구한다."(162)

5. 생명 회복 교육으로의 비전

현재 국제 사회에서 한국 교육에 대한 평가는 상반되게 나타나는 것 같다. 어
떤 사람은 한국 교육을 높이 평가하고 한국 교육을 찬양하는가 하면, 어떤 사
람은 한국 교육을 심각하게 우려하기도 한다. 미국의 오바마 대통령이 한국의

교육을 배워야 한다고 한 것은 다분히 정치적 의도와 관련된 것이라 해도, 세계 적인 석학이라고 할 수 있는 Huntington은『문화가 중요하다』라는 저서에서 가 나와 한국의 경제성장을 비교하면서 한국의 교육 성과를 높이 평가하였으며, (Huntington, & Harrison, 2001) Drucker는 35년의 일제 강점기 동안 일본이 한국의 기업과 고등교육을 철저히 말살시켰음에도 한국은 유능한 젊은이들을 교육하여 이제 '아주 발전된 나라가 되었다고 한국의 교육을 소개한 바 있다(Drucker, 1993). 반면에 Negroponte는『디지털이다』(Negroponte, 2000)라는 저서 한국어판 서문에서 "여러분(한국인)들은 교육 분야에서 극히 위험한 길을 걷고 있다. 창의 적이고 유연한 교육의 길 대신에 주입식 암기교육에 극단적인 가치를 부여하고 있기 때문이다."라고 우려를 표한 바 있다. 외국인들의 한국 교육에 대한 평가에 대해서 지나치게 민감할 필요는 없다. 우리 자신이 우리의 교육문제를 누구보다 도 잘 알고 있기 때문이다. 문제는 우리의 교육은 따라가야 할 선진국 모델이 없 으며, 우리 스스로가 교육의 새 패러다임을 짜야 할 상황에 있다는 점이다. 앞에 서 지적한 바와 같이 근대사상을 토대로 발전된 현대 교육은 정도의 차이는 있 지만, 현대 교육이 공통으로 가지고 있는 범지구적인 문제이기 때문이다.

앞에서 우리는 현대 교육을 주도하고 근대교육의 한계를 극복할 수 있는 새로 운 교육 및 교육과정 담론의 탐색을 목적으로 생태 사상의 의미와 특성, 그리고 생태 사상이 새 교육과정 담론의 재구성에 시사하는 바를 살펴보았다. 그러나 이는 어디까지나 하나의 시론이었다는 생각에 머물 수밖에 없음을 고백한다. 모 더니즘이나 포스트모더니즘은 물론 생태 사상도 탐구의 영역과 범위 및 성향이 워낙 광범하고 다양하여 그것을 체계화하여 제시하는 데 한계를 느꼈다. 이 가 운데는 필자 자신이 잘 이해하지 못한 부분도 있으리라 생각되며, 쟁점 자체가 간단한 정리의 한계를 넘어서는 부분도 있으리라고 생각한다. 한 가지 위로가 되는 점은 포스트모더니즘이나 생태 사상이 출현한 역사가 모더니즘이나 서구 주요 철학보다 상대적으로 최근이며, 이 담론, 또는 패러다임들은 발전 과정에 있어 많은 지성의 참여를 기다리고 있다는 점이다. 이 글이 앞으로 인류가 현재 겪고 있는 위기를 극복할 수 있는 새로운 패러다임의 탐색에 작은 밑돌이 될 수 있기를 희망한다.

현대 교육의 문제와 관련하여 앞으로 교육이 가야 할 새 방향을 탐색함에 있어서 생태 사상이 할 수 있는 가장 중요한 기여는 생명성의 회복이라고 할 수 있다. 생태 사상은 근대 과학주의의 방법론적 이상과 원자론적·기계론적 세계관에 의해서 사물화된 자연, 인간, 사회의 생명력을 회복하는 데 중요한 이바지를 하였다고 할 수 있다. Slattery가 지적한 바와 같이 기존 교육에서 강조해온 행동적 목표, 학습 위계, 가치중립성, 경험-분석적 연구 방법, 교육 목적과 목표에 대한 집착, 기계적 암기, 경쟁적 학습환경 등은 교육에서 생명력을 상실하게 하는 데 주된 역할을 해 온 것으로 볼 수 있다(Slattery, 1995: 253). 일찍이 Whitehead는 교육의 목적에서 근대교육에서는 '죽은 아이디어(inert idea)'가 만연되어 있음을 지적하고 교육에서 생명력의 중요성을 다음과 같이 강조하였다.

> 학생들은 살아 있는 존재다. 교육의 목적은 학생들의 자기 계발을 촉진하고 안내하는 것이어야 한다. …… 교사들 역시 살아 있는 생각으로 가득 찬 살아 있는 존재들이다. 이 책에서 다루는 모든 것은 죽은 지식에 대한 저항, 그것은 곧 죽은 아이디어에 대한 항변이다(1929: 253).

원자론적·기계론적 세계관에 바탕을 둔 근대교육의 교육과정 공간에서 교육내용은 교육과정 구성자로부터 일방적으로 주어지는 것이며, 교육과정은 미리 주어진 교육내용을 효과적으로 가르치는 방법과 절차로 규정된다. 이 공간에서 지식은 살아 있는 세계로부터 독립된 고정불변의 것이 되며, 교사는 외부에서 주어진 교육내용의 전달자가 되고, 학생은 이러한 지식체계의 수용자에 지나지 않는다. 이러한 공간은 지식, 교사, 학생 모두를 질식시키는 물화된 공간, 즉 죽은 공간이라고 할 수 있다. 그러나 생태 사상에서 교육과정 공간은 살아

숨 쉬는 교사와 학생들이 살아 있는 생명체로 구성된 세계에 대한 생생한 경험을 통해서 이해해 가는 살아있는 공간이 된다. 생태 사상은 우리가 학교에서 교육이라는 이름으로 다루는 모든 것은 고정된 불변의 초월적인 어떤 것이 아니라, 살아 움직이는 세계에 대한 살아 움직이는 교사와 학생들 간의 살아 있는 관계에 의해서 끊임없이 창조, 재창조해 가는 과정임을 새삼 깨닫게 한다. 이렇게 보면 교육과정의 모든 공간에서 죽은, 또는 잠든 생명성을 회복하는 일이야말로 생태 사상이 교육 및 교육과정 종사자들에게 전하는 가장 중요한 메시지라고 할 수 있다.

참고문헌

김종욱(2004). 다르마와 법계 그리고 생태계. 철학연구, 제66집, 46-64.

김정환, 심성보(1998). 교육철학. 서울: 박영사.

김지하(1996). 생명과 자치. 서울: 솔출판사.

노상우, 김관수(2007). 생태주의에서 본 교과관과 교육방법. 교육종합연구, 제5권, 제1집, 75-94.

목영해(1994). 후 현대주의 교육학. 서울: 교육과학사.

문순홍(2006). 생태학의 담론. 서울: 아르케.

박민정(2005). 포스트모더니즘 담론과 교육과정 논의의 쟁점. 교육과정연구, 제23권, 제4호, 37-57.

박이문(1999). 문명사적 기로의 세기. 서양사론, 제62호, 29-48.

송명규(2003). 심층생태학과 사회생태학의 논쟁에 대한 비판적 고찰. 도시행정학보. 제16집, 제3호, 45-61.

윤효녕, 윤평중, 윤혜준, 정문영(1999). 주체 개념의 비판: 데리다, 라캉, 알튀세, 푸코. 서울대학교 출판부.

예철혜(2006). 불교생태학 주요 원리를 실천하기 위한 생태 교육의 방향. 종교교육학연구. 제3권, 151-172.

장사형(2003). 포스트모더니즘의 도덕교육에의 시사. 교육철학. 제3집, 179-195.

정문영(1999). 라캉: 정신분석학과 개인 주체의 위상 축소. 서울대학교 출판부.

카프라(Cafra, F.) (1994). 생태학적 세계관의 기본 원리, 과학사상 가을, 199-213.

Bowers, C. A. (1995). *Education for an ecologically sustainable culture: Rethinking moral education, creavity, intelligence, and other modern orthodoxies.* Albany: SUNY Press.

Calinescu, M. (1986). *On postmodernism, Five faces of modernity.* Durham: Duke University Press.

Capra, F. (1982). *The turning point.* 이성범, 구윤서 역(1994). 새로운 과학과 문명의 전환. 서울: 범양출판부.

Cherryholms, C. (1988). *Power and criticism: Post-structural investigations in education.* New York: Teachers College Press.

Devall, B., & Sessions, G. (1985). *Deep ecology: Living as if nature mattered.* Peregrine Smith Books.

Drucker, P. (1993). *Post-capitalist society,* 이재구 역(2002). 자본주의 이후의 사회. 서울: 한국경제신문사.

Foucault, M. (1977). *Discipline and punishment.* New York: Vintage.

Gadamer, H. (1975). *Truth and method.* New York: Seaberry Press.

Griffin, D. R. (Ed.). (1988). *The Reenchantment of science: Postmodern proposals.* New York: SUNY Press.

Griffin, D. R. (1988). Introduction to SUNY series in constructive postmodern thought. In D. R. Griffin (Ed.), *The reenchantment of science: postmodern proposals.* New York: SUNY Press(ix-xii).

Giroiux, H. P., Penna, A. N., Pinar, W. F. (1981). *Curriculum and instruction.* Berkerley: McCutchan Publishing Corporation.

Jencks, C. (1992). The postmodern agenda. In C. Jencks (Ed.), *The post-modern reader.* New York: St Martin Press.

Keostler, A. (1963). *The sleep wokers.* New York: Crosset Dunlap, Universal Library Edition.

L. E. Harrison,, & S. P. Huntington. (2000). Culture Matters. Basic Books, 이종인 역(2001).

문화가 중요하다. 서울: 김영사.

Mander, J. (1978). *Four arguments for the elimination of television.* New York: Morrow.

Mumford, L. (1970). *The myth of the machine: The pentagon of power.* New York: Harcourt Brace Javanovich.

Naess, A. (1973). The shallow and the deep, long-randge ecology movement: A summary. *Inquiry, 16,* 95-100.

Negroponte, N. (1996). *Being Digital.* Vintage Books, 백욱인 역(2000). 디지털이다. 서울: 커뮤니케이션북스.

Orr, D. W. (1992). *Ecological literacy: Education and the transition to a postmodern world.* New York: SUNY Press.

Pinar, W. (Ed.). (1975). *Curriculum theorizing: The reconceptualists.* Berkerley: McCutchan Publishing Corporation.

Schwab, J. (1969). The practical: A language for curriculum. *School review, 77* (Nov.), 1-23.

Sessions, G. (1993). Introduction. In N. E. Zimmerman., & L. E. Harrism (Eds.), *Environmental philosophy: From animal rights to radical ecology.* Englewood Cliffs: Printice Hall. (161-170)

Slattery, P. (1995). *Curriculum development in the postmodern era.* New York: Garland Publishing, Inc.

Usher, R., & Edward. R. (1994). *Postmodernism and education.* London and New York: Routledge.

Whitehead, A. N. (1929). *Aims of education.* New York: Free Press Macmillan.

Zimmerman, M. E. (1994). *Contesting earth's Future,* California, MA: Berkerley University Press.

제7장

'내러티브 교육과정 메이커'로서의 교사의 삶

홍영숙[1]

1. 서 론

2006년 9월 캐나다 앨버타대학교에서 박사학위 과정을 시작하였다. 이미 20여 년의 초등교사경력을 지니고 있었던 나는 그동안 실증주의를 바탕으로 한 양적 연구의 전통에 매우 익숙해져 있었고, 가르칠 내용으로 구성된 '교육과정'을 학 생들에게 잘 전수하는 것이 '좋은 교사'라는 신념과 자부심으로 똘똘 뭉쳐 있었 다. 내가 지니고 있던 교육과정에 대한 관념은 '공부의 코스(course of study)' '공 부의 내용(contents of study)'이었으며, 내가 가르치는 학생들은 일반화의 잣대로 평가받는 전체로서의 개인들이었다.

박사학위 과정에 들어가면서 질적 연구방법론의 한 갈래인 내러티브 탐구 (Narrative Inquiry)의 초석을 다진 Dr. Jean Clandinin을 지도교수로 만나게 되었다. 그녀가 개설한 'Curriculum Foundation' 코스에서 접한 교육과정에 대한 새로운 개념은 나의 교사로서의 신념과 자부심 모두를 뒤엎었고, 지난 교사로서의 삶에

1) 현 중원대학교 교수

대한 통렬한 반성으로 이끌었다. 나는 진정 '나쁜 교사'였다. 위로부터 주어진 교육과정과 학교 정책, 사회적 요구 등에 천착하여 이를 전수하고 수행하는 것에만 전념한 주어진 교육과정의 수행자였다. 개별 학생들 삶의 경험과 이야기를 고려하고 존중하지 못하였다. 주어진 교육과정 수행자로서의 교사가 군림하는 교실에서 학생들은 그들의 학습에 있어 단지 수동적인 존재로 취급받을 수밖에 없었고, 거기에 학생들의 목소리를 들으려는 공간은 없었다. 어떠한 설득도, 어떠한 타협도, 어떠한 대화도 없었다. 오로지 계획에 짜인 대로 따라가야 한다는 강압만이 있었다. 정규과목으로 도덕 과목이 운영되고 있었지만, 교사의 교수에 있어 가장 강조되는 것은 주지 과목의 학문적 지식 전달이었다. 나는 지식의 전수자로서 나의 교사직을 참으로 열심히 했다. 마치 교실이라는 왕국의 통치자처럼… 이러한 깨달음을 선사한 새로운 교육과정 개념은 '삶으로서의 교육과정', 즉 '내러티브 교육과정'이다. 삶은 경험으로 구성되고, 경험은 이야기화될 때 의미가 부여된다. 내러티브 교육과정 개념 속에서 학생들은 개별 인간으로 존중받으며, 각각의 경험이야기로 의미 있는 교육과정을 구성하게 된다. 개별 학생의 경험이야기가 살아 있는 교실, 거기에서 학생은 항상 중심에 위치할 수밖에 없다.

제6차 교육과정에서 교육과정의 분권화 움직임이 시작된 이래로 우리나라의 국가 교육과정은 학교 수준에서 구체적인 교육과정을 편성하고 운영하는 데 필요한 기준을 제공한다는 데 목적을 두게 되었다. 질 높은 교육과정의 유지와 개선을 추구하며 우리나라의 국가 교육과정은 수차례의 개정 연구를 지속하고 있다. "2015 국가 교육과정 개정이 추구하는 가치의 핵심은 '학생 우선'에 있으며, 교사들이 자신의 교육 실천을 반성하며 개선하는 것을 지원하는 데 초점을 둔다."(김경자, 2015)는 점은 교사들의 '내러티브 교육과정' 개념 수립에 대한 필요성을 옹호한다.

이 장에서는 '교사'가 주체가 되는 교육과정의 재개념화를 통하여 내러티브 교육과정 메이커로서의 교사 삶의 이야기 구성을 위해 '내러티브 교육과정'이라는 용어의 성립을 '내러티브 탐구'의 철학적·이론적 바탕과 연계하여 고찰

해 보고자 한다.

2. 내러티브 교육과정의 의미

1) 교육과정

'교육과정(curriculum)'이란 말의 라틴 어원은 '경주 코스'를 의미하고, 이러한 언어적 기원 때문에 가장 흔하게 생각하게 되는 교육과정의 정의는 '공부의 코스(course of study)'다(Connelly & Clandinin, 1988). 하지만 이 교육과정의 개념은 교육연구물 속에서보다는 학교 안이나 학교 주변에서 가장 많이 만나게 되는 개념이다. Oxford English Dictionary(OED)의 경우, 교육과정을 '공부의 코스(course of study)'와 '인생의 코스(course of one's life)' 두 가지로 정의하고 있다. 사람에 따라서, 즉 그들이 처한 환경과 살았던 경험에 따라서 교육과정에 대한 개념은 각기 다르게 자리 잡을 수 있을 것이다.

다음은 교육 분야에서 많이 알려진 '교육과정'의 정의를 살펴본 것이다. '교육과정'에 대해 설명한 여러 정의 중에서 독자가 동의하는 것들은 어떤 것이고, 왜 그러한 정의를 받아들이는지 설명할 수 있기를 바란다.

- 교육과정이란 학습을 위한 계획이다(Taba, 1962).
- 학교의 지도 아래 학생이 가지게 되는 모든 경험(Foshay, 1969).
- 졸업이나 자격증 취득, 또는 전문적 직업 분야로 나아가기 위해 학교에서 학생에게 제공하여야만 하는 교육내용이나 교육자료에 관한 일반적이고 전반적인 계획(Good, 1959).
- 일단의 학생에게 사고방식과 행동양식을 훈육할 목적으로 학교에서는 향후 겪게 될 경험의 순서를 정한다. 이러한 일련의 경험을 교육과정이라 칭할 수 있다(Smith et al., 1957).

- 교육과정은 학교 생활이며, 학교 프로그램이다. …… 안내된 삶에 대한 사업계획: 교육
  과정은 학생들과 그들 선배의 삶을 구성하는 역동적인 활동들의 흐름이다(Rugg, 1947).
- 교육과정이란 교사(teacher), 학생(student), 과목(subject), 환경(milieu)이라는 교과요
  소들이 드러날 수 있는 일련의 방법을 탐색하는 방법론적 연구다(Westbury &
  Steimer, 1971).
- 학교의 후원 아래, 인간적-사회적 능력에 대한 학생의 지속적이고 계획적인 성장을
  위하여 학습 경험이 계획되고, 안내되며, 의도된 학습 결과가 세워진다. 이러한 학습
  경험과 학습 결과는 지식과 경험의 체계적인 재구성을 통해 생산된다(Tanner &
  Tanner, 1975).
- 근본적으로 교육과정은 반드시 다음 다섯 개 영역의 공부를 포함하여야 한다: (i) 모
  국어 통달과 문법, 문학, 작문의 체계적인 학습; (ii) 수학; (iii) 과학; (iv) 역사; (v) 외
  국어(Bestor, 1955).
- 교육과정이란 인간 경험에 관해서 생각할 수 있는 매우 광범위하면서도 가능성을 지
  닌 형태로 간주된다-결론(conclusions), 소위 진실(truths)이란 것이 근거를 두면서 입
  증될 수 있는 맥락 안에서(Belth, 1965).

'공부의 코스'에서 출발한 교육과정의 개념은 시간이 흐르면서 여러 내용이
첨가, 변형되면서 그 의미를 확장해 왔다. '가르쳐야 할 내용이 교육과정을 구성
한다.'는 개념은 지난 50년간 실증주의 패러다임에 Tyler(1949)의 논리가 결합하
여 한국 교육계를 지배해 왔다. 구체적이고 상세한 교육목표를 설정하고, 목표
달성을 위하여 수단으로서 지식과 경험을 계열화하고 평가함으로써 목표와 수
단의 이분법적 분리를 도모하였다. 교육과정 전문가라는 외부인에 의해 만들어
진 교육과정의 목표 달성이 중점이 되었고 교육과정 수행의 결과는 수치화되었
다. 이러한 상황 속에서 교육은 당연히 '통제'가 전제되었고, 숫자로 드러나는
교육의 결과에 도달하기까지의 과정은 무시되었다. 이전의 교육과정은 일방적
이고 계열적이며 결정론적이고 닫힌 틀로서 작용하였다(이흔정, 2004). 역사적으
로 보면 실증주의적 관점이 학교교육을 지배하게 된 이래로 과학적 사고를 강조

하는 교과들이 학교 교육과정을 주도해 왔다. '모든' 사람을 위한 공통 교육과정
에서도 국어, 사회, 과학 등의 과목에서 성취 기준에 따른 정답을 가르치는 방식
으로 내용 기준이 만들어지고, 이를 성취하면 학습이 성공적으로 이루어진 것으
로 판단했다. 모호성이나 시간이 걸리는 인간성에 대한 비판적 성찰이나 미묘한
차이에 대한 주의나 감수성, 인간의 끊임없는 노력에 관한 것은 그동안의 학교
교육과정에서 배제되곤 하였다(김경자, 2015).

　이제 우리는 포스트모던 시대, 글로벌 시대를 살아가고 있다고 한다. 이전의
교육환경에서 중시되었던 보편성, 안정성, 예측성, 확정성 등의 추구에서 다양
성, 혼돈, 불안정성을 인정하고 개성과 창의성의 추구로 삶의 논리를 전환하였
다. 다시 말해 개별 인간의 독특함을 인정하고 존중하는 분위기로의 전환을 맞
이하였다고 하겠다. 이제는 목표에 도달하기까지의 과정에서 학생의 이야기에
귀를 기울여야 할 때가 되었다. 서두에 언급한 대로, 나는 '공부의 내용'이라는
교육과정의 개념을 가지고 주어진 교육과정 수행자로서의 교사 이야기를 살았
었다. 교육과정의 개념은 교사의 실제적 지식이 되어 교실에서 자연스럽게 표출
될 수밖에 없고 그에 따른 교사 이야기를 구성하게 되는 것이다. 그러므로 교사
가 어떠한 교육과정의 개념을 지니고 있느냐는 교실에서 학생들과 어떤 삶의 이
야기를 구성하느냐와 관련된 매우 중요한 문제다. 이 장에서는 교육과정을 구성
하는 네 가지 요소: 교사; 학생; 과목; 환경(curriculum commonplaces: teacher;
learner; subject matter; milieu)(Schwab, 1960) 중에서 '교사'에 중심을 두고 '교사의
삶 속에서 작동하는 교육과정의 개념'에 초점을 맞추어 개별 학생들의 경험이야
기를 듣고 존중하면서 그들의 삶의 의미를 확장해 나가는 교사 이야기를 살 수
있도록 이끌어 주는 '내러티브 교육과정'의 개념을 제안하고자 한다.

2) 내러티브 교육과정

　내러티브란 '이야기'를 의미한다. 그렇다고 해서 내러티브 교육과정이 이야

기를 활용한 교육방법의 강조만을 의미하는 것은 아니다. 여기서 내러티브는 '내러티브 탐구(Narrative Inquiry)'의 철학적·이론적 바탕에서부터 그 의미를 가져온 것이다. '내러티브 탐구'는 인간 이해를 목적으로 인간의 경험을 탐구하는 방법이다. 그 철학적 바탕에는 Dewey(1938)의 경험이론이 자리하고 있다. 인생은 살아진 경험(lived experience)으로 구성되며, 인생의 의미는 삶의 경험에 대한 이해에서 비롯되고, 경험에 대한 이해는 이야기를 통해 일어나며, 그 이해의 과정은 의미부여로 이어진다(Clandinin & Connelly, 2000). 그러므로 '내러티브 교육과정'이란 개별 학생에 대한 이해를 전제로 하며, 그들의 경험이야기, 삶의 이야기를 듣고 존중하여 새로운 경험의 구성으로 이끄는 '삶으로서의 교육과정'을 의미한다. 이야기화된 경험의 구술을 의미하는 '내러티브'가 경험의 이해와 의미 형성에 얼마나 강력하게 작동하는지 여러 학자의 변으로 대신하고자 한다.

- Bruner(cited in Charon, 2002)

    이야기를 한다는 것은 엄청난 것이다. 우리는 기대했던 것이나 그 기대를 뒤엎는 반전 등에 관해 서로에게 이야기하는 것을 주목적으로 하는 종자들이다. 그리고 우리는 우리가 말하는 이야기를 통해 그것을 한다. (8)

- Crites(2004)

    경험은 내러티브 질을 지니고 있다. 가장 중요한 문화적 표현의 하나로 간주하는 storytelling에 연관 지어 말한다면, 시간성 속에서의 경험이란 것의 형식적 질은 본원적으로 내러티브다. (291)

- Kerby(1991)

    ······ 내러티브/내레이션은 우리가 '자아'라고 칭하는 것에 의미를 부여한다. (1) 인생의 의미는 오직 내러티브나 이야기와 같은 틀 안에서만 적합하게 파악될 수 있다. (33)

- MacIntyre(1981)

    내러티브는 우리의 삶을 이해하는 방법이다. 우리는 모두 우리의 삶 속에서 내러티브를 살아낸다. ······ 우리는 우리가 살아내는 내러티브의 관점에서 우리 자신의 삶을 이해할 수 있다. 내러티브는 경험과 불가분의 관계다. (212)

앞과 같은 '내러티브' 의미를 사용하여 이 장에서 제안하는 교육과정은 그 핵심을 '경험(experience)'과 '상황(situation)'에 두고 있다. 사람은 누구나 경험을 가지고 있고, 상황은 사람과 그들을 둘러싸고 있는 환경으로 형성된다. 교육과정이란 '상황 속에서 경험되어진 어떤 것'(Connelly & Clandinin, 1988)이라는 생각에 근거하여 내러티브 교육과정이 내포하는 다섯 가지 전제(ibid, 6-9)를 다음과 같이 살펴보고자 한다.

첫째, 상황(situation)은 여러 가지 물건들(things), 그것들로 둘러싸인 환경 속에서 일어나고 있는 어떤 일들(processes), 그리고 이 두 가지와 상호작용하고 있는 사람들(persons)로 이루어진다.

상황이라는 그림 속에서 물론 사람이 중심이지만, 물건들, 일어나는 일들, 사람들, 이 세 가지 요소가 각기 독립적으로 존재할 수는 없다. '교육과정'을 생각할 때, 이 모든 요소가 상호작용하고 있음을 마음에 새기는 일은 매우 중요하다.

둘째, 언제 어느 때에도 사람과 물건, 일어나고 있는 일들 사이에는 역동적인 상호작용이 존재한다.

상황을 구성하는 부분들은 정지된 요소로 멈추어 있는 것이 아니라 상호작용이라는 유동적 상태에 있다. 교사와 학생 모두 움직임이 별로 없는 조용한 활동 상황 속에 있어도 마주하고 있는 물건이나 둘러싸여 있는 환경과 함께 몸과 마음으로 끊임없는 상호작용을 한다. 어떠한 상황 속에서도 늘 상호작용적 긴장감이 작동하고 있다. 그래서 '교육과정'을 생각할 때 교실 상황에서 작동하는 역동적 상호작용의 힘을 느낄 수 있어야 한다.

셋째, 모든 교실 상황은 앞서 벌어졌던 상황으로부터 생겨난다.

이 전제 사항은 Dewey(1938)가 말한 경험의 속성 중 '지속성(continuity)'과 관련된 것으로, 모든 상황은 역사성을 지닌다는 것이다. 즉, 교실에서 5분 전에, 혹은 어제, 일주일 전 등에 일어났던 일은 지금 현재 일어나는 일에 영향을 미치고 현재 일이 지니는 역사의 일부분이 되는 것이다. 이 전제를 바탕으로 교사는 학생을 경험의 역사를 지니고 있으며 그 역사를 되돌아보면서 상황 속에 사는 존재로 바라보아야 한다. 다시 말해, 학생은 현재가 지니는 상황의 특수성을 다루면서 그 역사를 지속적으로 다시 만들어 가는 존재다. 그러므로 교사는 학생의 현재 경험이 과거 경험의 영향 속에 형성된다는 앎을 가지고 학생의 배경을 이해하려고 노력하게 되는 것이다.

넷째, 상황은 미래를 품고 있다.

각각의 상황은 미래의 또 다른 상황으로 이끌어 간다. 교실 상황에서 겪게 되는 모든 경험이 내일, 다음 주, 다음 달, 혹은 전 인생에 걸쳐 경험이 형성되는 상황에 영향을 미친다. 상황 속에서 겪게 되는 모든 경험은, 경중이 있긴 하지만, 우리 자신을 구성하는 일부분이 되며, 새로운 경험 형성에 이바지하고 차이를 만들어 낸다.

다섯째, 상황은 방향성을 지닌다.

상황은 어떤 목적(the ends)을 향한 미래로 열려 있다. 인생을 함부로 살아보려는 사람은 거의 없다. 사람들은 어딘가를 향하여 가고 있다. 상황이 단순히 시간이 흐른다는 이유로 미래로 움직여 가는 것이 아니라, 우리가 움켜쥐고 있는 목적에 의해서 미래로 이끌려 가는 것이다. 여기서의 목적이란 것이 때에 따라 구체적이고 특정한 행동 목표, 의도, 성취 도달점, 학습결과 등을 가리킬 수도 있지만, 좀 더 철학적 견지에서 인생에 관한 개인적 신념이나 가치 기준이 될 수도 있어 인간이 살아가는 방식을 결정하고, 인생이 나아가는 방향을 유지하도록 돕는 나침반의 역할을 하기도 한다.

앞에서 살펴본 다섯 가지 전제를 신념으로 마음에 담고서 학생과 교사의 이야기를 살아가는 것이 바로 '내러티브 교육과정'이다.

3. 내러티브 교육과정으로의 재개념화[2]

1) 삶으로서의 교육과정

교육과정 개념을 좀 더 다르고 종합적인 방법으로 이해하게 된 것이 나의 교사 정체성에 있어서 박사학위 과정 중에 겪게 된 가장 두드러진 변화였다. 20년간 초등교사로 살면서, 난 어떻게 하면 교육 내용인 교과지식을 효율적으로 전달할 수 있을까에 온 관심을 기울였다. 좋은 지식 전달자가 좋은 교사라고 철석같이 믿고 있었다. 내가 지니고 있던 교육과정 개념은 '공부의 코스(course of study)' 또는 '공부의 내용(contents of study)'이라는 극히 제한적인 것이었고, 이 개념에 부합되는 정부로부터 내려온 주어진 교육과정은 내겐 교사가 따라야만 하는, 법과 같은 불가침의 것이었다. 그러나 Aoki(1993)는 다음과 같은 말로 그것이 '계획으로서의 교육과정(curriculum-as-plan)'일 뿐이라고 역설하였다.

> 계획으로서의 교육과정은 교육과정 책임자로 지명된 공무원의 지시 아래, 교육과정 설계자들과 종종 교육현장에서 선발된 교사들과의 작업의 결과다. 그것은 불가피하게 설계자들의 세상에 대한 시각으로 가득 찰 수밖에 없으며, 삶의 방식에 관한 그리고 교사와 학생이 이해되는 방법에 관한 그들 자신의 관심과 가정들로 채워질 수밖에 없다. (258)

---

2) 이 부분은 필자의 박사학위논문 「A Narrative Inquiry into Three Korean Teachers' Experiences of Teaching Returnee Children」의 3장을 수정·보완하여 수록하였음을 밝힌다.

나의 교육과정 사고 속에 교사 자율성이나 학생 개별성에 대한 고려는 없었다. 학생 경험에 대한 존중은 결코 교육과정에서 고려해야 할 부분이 아니었다. 학생 경험에 대한 존중 여부는 교사 개인의 도덕성이나 감정에 달린 문제라고 생각했다. 내게 있어 교육과정이란 오직 계획되고 강제적으로 주어져 수행해야만 하는 것이었지, 교실에서 살아지는 삶 자체가 교육과정이라는 생각은 꿈에도 해 본 적이 없었다.

교과목의 내용을 전달하는 것이 교육과정이라고 생각하는 교육과정 개념은 당시 한국교육연구의 대부분을 차지하고 있었던 실증주의 패러다임과 밀접하게 연결된 것 같다. 학생은 개개인이 특별하고 독특한 개별인간으로서가 아니라 전체 군(群)으로서의 학습자로 간주되었고, 교육연구가나 정책입안자들이 어느 정도의 확신을 하고 행동의 변화를 예측할 수 있는 연구대상자로 여겨졌다. 이러한 내용—중심, 주어진—교육과정 수행의 결과가 오늘날 한국 학교에서 학생 간 심각한 경쟁주의로 발현되었다고 나는 믿는다.

그러나 살아진 경험(lived experiences: Aoki, 1984)으로서의 교육과정, 즉 '삶으로서의 교육과정'에서는 개별성, 개인에 대한 존중이 강조되는데, 이러한 교육과정에 대한 아이디어는 Dewey(1938)의 경험이론에 그 뿌리를 두고 있다. Dewey는 경험의 범주로 연속성(continuity)과 상호작용성(interaction), 두 가지를 이야기하고 있다. 연속성(continuity)이란 "경험은 다른 경험들로부터 자라나고 또 다른 경험으로 이끈다. 인간이 시간의 연속선상 어느 지점에 자신을 위치시키더라도, 각각의 지점은 모두 과거의 경험적 바탕을 가지며 경험적 미래로 이끈다." (Clandinin & Connelly, 2000: 2)고 풀이된다. 여기서 경험의 시간성(temporality)에 주목하게 된다. 인간의 경험은 시간적 연속성을 가지는데, 이는 경험이란 지속적으로 의미를 규명하면서 새로운 경험에 의해 확장된다(Polkinghorne, 1988)는 것을 뜻한다. "모든 현재의 경험은 지나가 버린 과거의 경험으로부터 무언가를 취하고, 다가올 미래의 경험의 질에 어떤 방식으로든 영향을 미친다." (Dewey, 1938: 35) 예를 들어, 한 사람이 어떤 상황에서 어떤 종류의 지식이나 기능을 익혔다고 치자. 그 사람이 배운 것은 앞으로 다가올 상황에 대처하거나 그 상황을 이해하는 도구가 된다. 이 과정은 지속되고, 결국 과거의 경험은 현재의 경험을 구성하는 것이고, 현재의 경험은 미래의 경험에 영향을 미치게 되는 것이다.

경험의 두 번째 범주, 상호작용성(interaction)이란 한 경험이 형성되는 데 있어 외적(환경적, 객관적) 조건과 개인의 내적 조건 간의 상호작용을 의미한다. 이러한 상호작용 속에서 상황(situation)이 생성된다. 개별 인간들은 일련의 상황 속에서 사는 것이고, 경험이란 항상 개별 인간의 내적 조건과 그 인간 주변의 환경 사이의 주고받음이다.

Pinar(1978) 또한, 개인의 교육적 경험을 강조함으로써 교육과정의 재개념화를 논하였다. 그 역시 교육과 경험이 상호 얽혀있다는 Dewey의 생각을 따르고 있으며, '각 개인 경험의 독특함에 대한 이해'(Pinar, 1974: 137)를 촉구하였다. Pinar(1975)는 개인의 교육적 경험에 초점을 맞추는 것이 교육과정 연구의 새로운 출발점임을 주장하였다. 그는 '교육과정 이해'의 한 방법으로 다음을 제시하였다.

> ······ 우리가 말하는 이야기들, 다른 사람을 통해 듣는 이야기들에 근거하여 '이야기를 한다'는 것은 일반적 용어로 과거, 현재, 미래에 대한 거대한 아웃라인과 우리의 경험, 특별히 우리의 교육적 경험에 대한 본질을 형성하는 시도, 일종의 증거라고 일반화시킬 수 있다. 또 '이야기를 한다'는 것은 우리가 계속 앞으로 나아가고, 예전보다 좀 더 발전하고, 좀 더 배우도록 하는 동력이며, 우리가 우리의 현재를 이해할 방법이 된다. (1975: 15)

각 개인의 삶은 그가 살아온 경험들로 이루어진다. 사람의 경험을 탐구함으로써 우리는 그 사람을 이해할 수 있다. 따라서 개인의 삶은 교육과정의 출발점이 되는 것이다. Aoki(1993)는 "살아진 교육과정이란 계획 속에서 펼쳐진 것이 아니라, 실생활 속에서 다소 살아진 계획"(257)이라고 정의하였다. 살아진 교육과정은 교실 상황에서 학생들이 독특한 인간 존재로서 존중받을 때 그 빛을 발하게 된다. Aoki(1993)가 주장하기를, "독특함을 인정받지 못하고 얼굴 없는 사람으로 치부되는 학생들을 위한 계획이란 면에서 한편으론 비난받고 있는 외부 교육과정 설계자들의 지루하고 난해한 말로 학생들이 언급될 때, 그들의 독특함은 어둠 속으로 사라져 버린다"(258)고 하였다.

Portelli와 Vibert(2001)는 '삶으로서의 교육과정(curriculum of life)'에 대해 다음과 같이 언급하였다.

> 삶으로서의 교육과정은 학생들 삶 속에서 큰 범주에 속하는 사회적 · 정치적 맥락에 근거할 뿐만 아니라 당면한 매일의 일상생활에 기반을 두고 있다. 그래서 학생들의 세상과 삶은 양해, 동정, 중재, 혹은 교정되어야 하는 요소로서 언급되는 것이 아니라 교육과정과 잘 어우러지게 하려면 배움의, 또는 배움을 위한 필수적인 바탕으로 이해되어야 한다. 이것이 바로 학생들의 마음과 경험에 대한 진정한 존중을 전제로 하는 교육과정에 대한 접근법이다. (78-79)

그들은 또한 '삶으로서의 교육과정'에 있어서 세상과의 관계성이 매우 중요함을 주장하였다.

> 삶으로서의 교육과정은 학생들이 속한 학교와 지역사회 세계에 그 근간을 두고 있다. 그 세계 속에서 우리가 누구인지, 어떻게 함께 잘 살아갈 수 있는지를 묻게 된다. 이것은 학교와 지역사회의 범주를 넘어 더 큰 가능성의 세계로 넓혀 간다. 그리고 이러한 세계가 놓여 있는 더 커다란 사회적 · 정치적 상황에 관한 질문을 직접 던지게 된다. (78)

Aoki 또한 다음과 같이 역설하였다.

나는 교육과정 개념을 인간과 세상과의 관계성이라는 좀 더 큰 틀의 중심에 위치시키는 것이 중요하다고 생각한다. 왜냐하면, 그렇게 함으로써 교육 상황에서 좀 더 인간다워진다는 것, 인간답게 행동한다는 것이 무엇인지에 대한 좀 더 깊은 의미를 파악할 수 있기 때문이다(1978/1980: 95).

그러므로 '삶으로서의 교육과정' 개념은 인간으로서의 각 개인에 대한 존중에서부터 온다. 수많은 교육과정학자가 이러한 맥락에서 교육과정에 대해 논하였다(Aoki, 1984; Clandinin, 1986; Clandinin & Connelly, 1988, 1992, 1995, 2000; Connelly & Clandinin, 1988, 1990, 1999, 2006; Dewey, 1916, 1938; Noddings, 1986, 1992; Eisner, 2002; Greene, 1971; Pinar, 1974, 1975, 1978, 2005). 그들은 교육과정 만들기에 있어 인간적 초점에 대한 관심을 공유하였다. 앞에 언급한 저술들을 읽으면서 나는 머리로만 알고 있던 '계획으로서의 교육과정' 개념에서 '삶으로서의 교육과정'이라는 새로운 개념으로의 전환을 경험하였고, 이를 가슴으로 받아들이게 되었다.

개별 학생의 경험이야기를 존중하는 '내러티브 교육과정' 개념을 지니게 된 교사는 더이상 주어진 교육과정을 전달하는 교육과정 수행자에 머물지 않는다. 교실 상황 속에서 학생들과 상호작용하면서 서로의 경험이야기를 만들어 가는, 살아진 경험이 교육과정이 되는 교육과정 메이커가 되는 것이다. 이제 교사가 교육과정 메이커로서의 교사 이야기를 살아갈 때, 그 교사 이야기 구성에 강력한 영향을 미치게 되는 세 가지에 관하여 다음 2), 3), 4)절에서 이야기해 보고자 한다.

2) 교사의 개인적 · 실제적 지식

우리가 교육과정을 '공부의 내용' 또는 '공부의 코스'로 생각하는 한, 교사는 주어진 교육과정의 수행자로밖에 인식될 수 없다. 이러한 교육과정 개념 안에서 교사는 지식이 있는 사람(knowledgeable and knowing people)으로 보일 수 없다. Connelly와 Clandinin(1988)은 교사를 '지식이 있는 사람'으로 바라보는 관점을 드러내기 위해 '교사의 개인적 실제적 지식(Teachers' Personal Practical Knowledge: PPK)'이란 용어를 개발하였다. 내가 교육과정을 '살아진 경험(lived experience)'으로 이해하기 시작하면서부터 난 내 경험에 의해 형성된 나의 개인적 실제적 지식이 교실에서 내가 가르치는 학생들의 삶의 교육과정을 구성하는데 결정적 영향을 미쳤음을 깨닫게 되었다.

교사의 개인적 실제적 지식이란 "배우거나 전수된, 객관적이고 독립적인 무언가가 아니라 교사 경험을 통해 형성하게 되는 경험적 · 실천적 지식이며, 또한 경험의 총합"(Connelly, Clandinin, & He, 1997: 666)이라 말할 수 있다. 따라서 개인적 실제적 지식은 "관계적이며 시간성을 띠는 환경에서 경험을 통해 체화된 지식이며, 이것은 특정 시간과 장소에서 발현된다."(Clandinin et al., 2006: 5) 즉, 교사의 경우, 개별 교사의 개인적 실제적 지식은 그들의 교수활동 속에서 표현되고 드러나는 것이다. 개인적 실제적 지식은 인간 행위의 모든 면에 영향을 미치게 된다. 이는 개별 인간의 삶 속에서 구성되는 내러티브적 형성체이며, 경험이 시간성과 사회성, 장소에 따라 새롭게 형성되어 가듯이 개인적 실제적 지식 역시 개별 인간에 따라 모두 다르며 끊임없는 변화를 거치면서 형성되어 간다. 개인적 신념, 가치관, 이미지, 실제적 원칙들, 생활 리듬이나 사이클, 은유적 상징 등을 개인적 실제적 지식의 예로 들 수 있다.

나의 박사 논문은 「한국의 초등귀국학생을 가르치는 교사 경험에 관한 내러티브 탐구」였다. 이 연구에서 내가 보고 싶었던 것은 연구참여교사들이 그들의 영어학습경험을 통해 무엇을 알게 되었고, 그 경험을 통해 형성된 지식이 귀국학생을 지도할 때 어떻게 표현되는지에 관한 것이었다. 교사의 개인적 실제적 지식은 교수 행위의 모든 면에 영향을 미친다: "교사-학생 간의 관계성; 교과목에 대한 교사의 해석과 학생의 삶에서 그 교과목의 중요성; 교재 속에 나와 있는 내용 또는 연구나 사고를 통해 습득한 아이디어 등을 다루기; 교육과정 계획하기와 학생 향상도 평가 등"(Connelly, Clandinin, & He, 1997: 666), 즉 교사의 개인적 실제적 지식은 학급 교육과정 구성에 있어 가장 중심에 자리한다는 것이다.

　제7차 교육과정이 시작되었던 2000년대 초기, '개별화된 교육과정' '교사 수준 교육과정' '수요자 중심 교육과정' 등의 용어가 자주 등장하게 되었다. 당시 나는 이 모든 용어가 교육과정 편성에서 '학생의 개별성'을 강조하기 위해 고안된 것이라고 알고 있었지만, 학생의 살아진 경험으로서의 교육과정 개념을 가지고 접근해야 한다는 생각은 하지 못했다. '교사는 개별 학생의 학습수준을 고려하여 교육내용을 재구성해야 한다'는 것으로만 이해했다. 나는 내 학생들을 위한 교육과정 구성이 나의 개인적 실제적 지식과 연결됨을 알지 못했다.

　'교사 자신이 교육과정 메이커'라는 깨달음 이후, 나는 교육과정 구성에 영향을 미치는 개인적 실제적 지식을 갖춘 '지식이 있는 사람'으로 나 자신을 바라보게 되었다.

3) 교사의 전문적 지식 환경

　교사의 전문적 지식 환경(Teachers' Professional Knowledge Landscape: PKL)(Clandinin & Connelly, 1995, 1996)이란 개별 인간이 처한 직업적 환경을 의미한다. 그 안에서 형성되는 사람들과 장소들, 기타 여러 가지 것과의 관계성이 초점이 되며, PKL의 상황이나 모습에 따라 인간이 살아가는 이야기의 모습이 달라지기도 하고 다른 여러 가지 이야기를 다양하게 살아가기도 한다. 내가 교사로서 PKL인 학교환경에서 그 상황과 장소에 따라 서로 다른 이야기를 살았던 모습을 나의 박사학위 논문(Hong, 2009: 63)에서 발췌해 본다.

I realized I lived out 'stories' in school landscapes. I lived out many different stories. I lived out stories of a teacher who put much value on English teaching in the in-classroom places. Those would be my "secret stories"(Soltis, 1995). In out-of classroom places, I lived out stories as a teacher who was an expert and implementer of the National English Curriculum. I recognized I lived out "cover stories" in the out-of classroom places. As I lived these different stories in the school landscape, I felt tension between children, parents, other teachers, and myself. Two narrative ways Clandinin and Connelly(1995) understood how these tensions appeared in the landscape were described as "competing stories" and "conflicting stories"(125).

　나는 학교라는 환경 속에서 교사로서 여러 가지 다른 모습의 삶을 살아왔다는 것을 깨달았다. 교실 안에서는 영어 학습에 아주 커다란 가치를 부여하는 교사의 이야기를 살았는데, 그러한 이야기들은 나의 'secret stories'(Soltis, 1995)로 명명될 수 있을 것이다. 교실 밖에서는 국가영어교육과정 수행자이자 전문가로서의 교사 이야기를 살았는데, 이는 나의 'cover stories', 즉 나를 포장하는 이야기라고 생각된다. 내가 학교라는 환경에서 교실 안과 밖이라는 장소의 다름에 기인한 서로 다른 모습의 이야기를 살아갈 때, 나는 학생들과 학부모, 동료 교사들, 그리고 나 자신 사이에서 편하지 않은 무언가를 느꼈다. 자신이 처한 학교라는 환경 속에서 살아가면서 이러한 편치않음이 어떻게 생겨나는지를 이해할 수 있게 도와주는 내러티브한 방법을 Clandinin과 Connelly(1995)는 'competing stories'와 'conflicting stories'(125)라는 두 가지 용어로 설명하고 있다.[3]

PKL이 학교라는 환경일 경우, 교사는 교실 안과 교실 밖에서 서로 다른 이야기를 사는 경우를 많이 볼 수 있다. 교실 안에서 교사의 개인적 실제적 지식(PPK)에 입각하여 살아가는 개인적 이야기를 secret stories로, 교실 밖에서 학교의 정책이나 가치에 부합되는 이야기를 살고 있음을 보여 주는 이야기를 cover stories로 표현하고 있으며, 서로 다른 이야기를 살면서 발생하게 되는 tensions를 이해하기 위해 competing stories와 conflicting stories라는 용어를 개발하였다. competing stories란 서로 다른 이야기이기는 하지만 추구하는 가치 면에서 그다지 큰 충돌을 일으키지 않기 때문에 함께 갈 수 있는 이야기를 말하고, conflicting stories란 기관에서 추구하는 지배적 이야기와 크게 달라 충돌이 일어나게 되므로

---

3) 위 Hong(2009: 63)의 논문에 대한 번역임.

수명이 길게 살 수 없는 이야기를 말한다. 이는 교사가 사는 PKL인 학교환경의 상황에 따라 교사는 다양한 모습의 이야기를 살아가게 된다는 것을 설명하고 있다. 나는 영어교육이 중시되었던 당시의 학교 이야기를 따라 살면서 교실에선 과도한 영어 학습활동을 제공하는, 영어교육에 있어 특기를 갖춘 교사로서의 competing stories를 살았다는 것을 알게 되었다.

　　Clandinin과 Connelly(1995)는 PKL에서의 '경관(landscape)'의 은유를 다음과 같이 설명하고 있다.

> 　　경관(landscape)의 은유는 공간과 장소, 시간에 관해 이야기하도록 한다. 더구나, 이 것은 서로 다른 관계성 속에 있는 다양한 사람들, 물건들, 사건들로 가득 차 있다는 포괄성과 가능성을 내포하고 있다. 경관을 구성하는 것으로서의 전문적 지식을 이해한다는 것은 매우 다양한 요소로 이루어져 있고, 다양한 사람, 장소, 물건에 영향을 받는 것으로서의 전문적 지식 개념이 필요하다. PKL은 사람과 장소와 물건 사이의 관계로 이루어져 있기 때문에…… (4-5)

　　나는 학교환경(PKL) 안에서 학생과 학부모, 다른 동료 교사, 교감 · 교장 선생님 등과 관련된 다양한 이야기를 살았다. 내러티브하게 구축된 경관(landscape) 속에서 내가 살았다는 것을 이해한다. "학교는 교실 안과 교실 밖이라는 근본적으로 다른 두 장소로 이루어진"(Connelly & Clandinin, 1999: 2) 스토리의 장소다. '교실 밖'과 '교실 안'이라는 장소에 대해서 Clandinin과 Connelly(1996)는 다음과 같이 묘사하였다. '교실 밖'이라는 장소는:

> 　　교실에서의 교사와 학생의 삶을 바꾸기 위하여 학교 조직으로 보내어진 지식으로 가득 차 있는 장소. …… 학생들에게 무엇이 좋은지를 이야기하는 다른 사람들의 말로 가득 차 있는 장소. 교육연구가, 정책입안자, 행정가, 또 다른 사람들이 다양한 수행 전략을 사용하면서 연구의 결과나 정책 발표문, 계획, 발전방안 등을 소위 말하는 conduit('전달통로'를 뜻하는 은유적 표현)를 통하여 PKL에 있는 '교실 밖' 장소로 밀어 내린다. (25)

한편, '교실 안' 이라는 장소는:

> 대부분 교사가 가르치는 이야기를 살기에 자유롭고, 일반적으로 감시, 감독으로부터 자유로운 안전한 장소다. 이곳에서 교사가 사는 이야기는 근본적으로 비밀스럽다. 더구나, 이 비밀스럽게 산 이야기를 대부분 다른 비밀 장소에서 다른 교사들에게 말하곤 한다. 교사가 교실에서 교실 밖으로 나갔을 때, 그들은 자주 cover stories를 살고 이야기하곤 한다. cover stories란 자신을 학교에서 수용할 수 있는 범주에 있는 교사 이야기를 사는 교사나 전문가로 보이도록 하는 이야기를 의미한다. (25)

학교에서 내가 살아 냈던 이야기들은 개인적, 역사적, 문화적, 사회적 상황 속에서 내가 겪었던 경험으로부터 형성된 나의 개인적 실제적 지식의 표현이었다. 이러한 맥락에서 내가 나의 학생들에게 가르쳤던 것은 학문적 지식이 아니라 나의 개인적 실제적 지식이었다고 말할 수 있다. 학생의 배움에 있어 가장 중심이 되는 영향은 바로 교사의 개인적 실제적 지식이다. 교사는 학교라는 환경의 영향을 받아 형성된 그들의 개인적 실제적 지식으로 그들이 교사로서 살아 내는 이야기를 구성하게 된다. 교사로서 살았던 이야기를 되돌아보며, 교사는 '나의 교사 이야기 속에서 나는 누구인가?' '학교의 교실 안과 교실 밖에서 나는 누구인가?' '나의 학생들의 이야기 속에서 나는 누구인가?'와 같은 교사 정체성과 관련된 질문을 하게 된다. 내가 누구인지, 내가 어떤 사람이 되어 가는지를 나타내는 그들의 이야기 속에서 PKL과 PPK가 얼마나 밀접하게 연관되어 있는지를 발견하게 된다.

4) 교사가 살아 내는 이야기/교사 정체성

Connelly와 Clandinin(1999)는 교사의 개인적 실제적 지식(PPK)과 교사의 전문적 직업 환경(PKL), 교사 정체성(Teacher Identity)을 개념적으로 함께 가져오기 위해 "교사가 살아 내는 이야기/교사 정체성(Teachers' Stories to Live by: SLB)" (4)이 라는 내러티브 개념을 개발하였다(Clandinin et al., 2006: 8). 이는 어떻게 지식과 상 황 맥락, 정체성이 함께 연결되어 있는지를 이해하도록 돕는 개념이다.

> Clandinin 등(2006)에 따르면 '정체성(SLB)'이란 인간이 과거와 현재, 살고 일하는 상황 맥락에서 형성된 지식(PPK)에 의해 구성되는 삶의 이야기의 독특한 발현으로 이 해할 수 있다. Stories to live by는 다중적이고 유동적이며 아이들, 가족, 학교 행정가, 타인과 살아가는 순간순간들 속에서, 그리고 학교 안과 밖이라는 상황 맥락에 따라 끊 임없이 구성과 재구성을 반복하게 된다. … Stories to live by는 그들이 사는 환경과 개인적 실제적 지식에 의해 형성된 플롯 라인에 의해 생성된다. 경험스토리를 다시 말 하고(retelling) 다시 살아봄(reliving)으로써 stories to live by는 변화에 대한 가능성을 제시한다. 다시 말하고(retelling) 다시 사는 것(reliving)은 우리가 살아 내는 이야기 (SLB)를 변화시키는 다시 이야기하기(restorying)다. (9)

'개인적 실제적 지식(PPK)의 표현'이라 할 수 있는 '살아 내는 이야기(SLB)'란 내가 누구인지, 내가 무엇을 알고 있는지를 말하고 사는 이야기를 뜻한다. 이해 를 돕기 위해 내가 초등영어교사로 살아 냈었던 이야기(my stories to live by)를 소 개한다.

> My experience of learning English through much struggle shaped how I valued English. This feeling about the importance of English shaped how I lived my stories as an eager learner of English. Later, when I was located in a professional knowledge landscape which focused on implementing a policy about English education, I was treated as a teacher who had a specialty in teaching English. It was a moment in which my personal practical knowledge and stories to live by regarding the importance of English was integrated with

social values about it. My personal practical knowledge related to English, consequently, shaped the importance I placed on English learning and teaching. I lived stories as an expert who had complete knowledge about the English curriculum and who taught English very well. I also lived stories in the classroom as a teacher who had concerns about children's English learning. My personal practical knowledge of English drove me to identify my view of English with my students. (Hong, 2009: 66)

　　수많은 어려움을 겪으며 익혔던 영어학습의 경험은 결국 영어에 많은 가치를 부여하는 쪽으로 나를 이끌었다. 영어가 매우 중요하다는 내 생각은 영어를 배우는 데 매우 열심인 영어학습자로서 나의 삶의 이야기를 구성하였다. 나중에 영어교육정책 수행에 집중되어 있는 학교환경에서 살게 되었을 때, 나는 영어를 가르치는 것에 아주 뛰어난 교사로 여겨지게 되었다. 영어의 중요성과 관련해서 내가 형성한 나의 개인적 실제적 지식과 영어교사로서 내가 살아 내는 교사 이야기가 영어에 관한 사회적 가치와 함께 통합되어 드러난 현상이었다. 영어와 관련된 나의 개인적 실제적 지식은 마침내 영어 교수·학습을 매우 중시하는 영어에 대한 태도를 형성했다. 나는 영어 교육과정에 대해서 매우 잘 알고 있는 교육과정 전문가이자 영어를 잘 가르치는 교사로서의 이야기를 살았다. 또한, 교실에선 학생들의 영어 학습에 관하여 많은 관심이 있는 교사로서의 이야기를 살았다. 영어에 관한 나의 개인적 실제적 지식은 내가 학생들과 더불어 살아가면서 영어에 대해 어떠한 관념을 가지고 그것을 교사의 삶에 적용하였는지를 설명하여 준다(홍영숙, 2009: 66).[4]

---

4) Hong(2009: 66)의 논문에 대한 번역임.

4. 교육과정 메이커로서의 교사

이 장은 '내러티브 교육과정' 개념을 견지하며, 교육과정과 관련하여 '교사'
에 초점을 맞추어 살펴보고 있다. 이는 교육과정에 관한 OED의 두 번째 정의,
'인생의 코스'라는 교육과정 개념과 밀접히 연결된 것이다. "교사와 학생은 교
육과정을 살아 낸다; 교사는 교육과정과 교육목표를 전수하거나 실행하고 가르
치는 것이 아니다; 교사와 학생이 교재 내용이나 교수 방법, 교육 의도에 의해서
일이나 공부를 수행하는 것 또한 아니다. 시간의 흐름 속에서 살아가는 교사와
학생의 삶에 대한 이야기가 바로 교육과정이다."(Clandinin & Connelly, 1992: 365)
교사와 학생의 삶의 이야기로 구성되는 내러티브 교육과정 개념 아래에서 교사
는 학생의 경험을 구성하는 데 중심적 역할을 하는 '교육과정 메이커'가 된다.

현재 교육과정 구성의 중심이 되는 '교사'의 위치가 교육과정(curriculum)이라
는 용어가 생겨 난 초창기에서부터 교육과정 문헌들 속에서 어떻게 변해 왔는지
살펴보고자 한다. 19세기 교육계에서 말하는 교육과정이란 학습을 위한 공식적
코스나 프로그램을 의미하였다. 교육과정은 학교의 공부 코스를 학문적 교과목
과 연결할 뿐이었다(Cremin, 1971). 초창기 교육과정 서적 속에서 '교사'는 전혀
주요 어휘로 인식되지 않았고(Lee, 1966), 교사와 교수(teaching)는 당시의 교육과
정과 그 대상인 학생을 연결하는 것으로만 간주되었다. 교수 내용을 의미하는
교육과정을 목적(ends)으로, 교육과정을 전달하는 교사와 교수 행위(instruction)
를 수단(means)으로 명확히 구분하였다.

Tyler(1949)와 Schwab(1960)이 교사에 대한 그들의 견해를 언급한 것은 교사를
교육과정 메이커의 이미지로 생각할 수 있게 만드는 단초를 제공하였다. Tyler
(1949)는 "교사는 바람직한 반응을 끌어내기 위해서 환경과 상황을 조직하고 구
성하는 것을 통해 교육적 경험을 제공할 수 있다."(64)고 언급하였으며, Schwab
(1960)은 교육과정 구성에 필요한 네 가지 요소(교사, 학생, 교과목, 환경)에 '교사'

를 포함했고, 교사와 연결되는 직접적, 또는 암시적 문구가 포함되지 않는 서술문은 '제대로 된' 교육과정 서술문이 아니라고 일갈하면서 교육과정 구성에서 교사의 위치를 부각했다.

1950년대부터 1980년대까지 학교 개혁 운동(북미를 중심으로)이 전개되고 이를 다룬 문헌들 속에서도 교사의 존재는 미미하게 취급되었다. Schwab(1970a, 1970b, 1971, 1973)이 교육연구자들에게 이제는 실험실에서 나와 학교로 연구의 장소를 옮겨야 한다고 촉구하면서 교사의 교수 행위가 관심을 받게 되었고, 수단과 목적을 명확히 구분하던 교육과정 개념에서 수단으로만 취급되던 교사를 수단과 목적은 밀접하게 연관되어 있으므로 다른 방향으로 교사를 바라보아야 한다고 이끌어 간 학자는 John Dewey였다(Clandinin & Connelly, 1992).

1970년대 교육계에 'Conduit Metaphor(배수관 은유)'가 등장하였다. 이는 교육행정가, 정책입안자, 교육과정 개발자, 교육연구가 등이 그들이 만든 교육과정 수행 전략이나 정책, 교육방법, 이론 등을 학교로 내려보내는 통로를 의미하는 은유적 표현이다. 'Conduit Metaphor(배수관 은유)'에 부합되는 교사 이미지는 'worker'(Connell, 1985), 'machine'(Grobman, 1970), 'manager'(Clegg, 1973) 등이었으며, 심지어 'Teacher Proof'(Connelly & Clandinin, 1988: 138)라는 용어가 사용될 정도로 교육과정 구성에서 교사는 철저히 배제되기도 하였다. 교육과정 구성자로서의 교사 이미지는 어디에서도 찾아볼 수 없었다.

교사를 교육과정 메이커로 생각하는 아이디어는 Dewey의 저술을 바탕으로 한 Philip Jackson, Joseph Schwab, Elliot Eisner의 글에서 꽃을 피운다. Dewey는 『The Child and the Curriculum』(1956), 『The School and Society』(1956), 『My Pedagogic Creed』(1897)에서 '교사가 적극적이고 창조적인 역할을 하는 교육과정 개념'을 표현하였고, 이는 교육과정 운동의 시발이 됨과 동시에 그 이후 Jackson, Schwab, Eisner 등과 같은 학자들에게 영향을 주어 교육과정 구성에 있어 차지하는 교사의 위치를 공고히 하는 데 이바지하였다. Dewey(1938)는 "삶과 교육은 동전의 양면과 같은 것이다. 교육과정 메이커로서의 교사란 학생의 성장을 위한 사회 유산과 학생 경험의 재구성, 그 이상을 의미한다. 이러한 재구성을 통하여 교육과정 메이커는 사회 성장 그 자체를 의미하게 된다. 사회적 · 개인적 성장은 교사가 중심적 교육과정 메이커가 되는 유기적인 장소에서 아주 밀접하게 연결된다."고 이야기하였다. '삶 = 경험 = 교육'을 하나로 보는 Dewey의 사상은 교사를 교육과정 메이커로 바라보는 다음 학자들의 글에서 되살아난다.

• Philip Jackson

실제 교실에서 어떤 일이 일어나는지 알아내려고 노력하기보다는 교실에서 일어나야 하는 것에만 신경을 쓰는 교육연구자들을 비판하였고, 실제로 '선에 대한 추구'는 성과를 올리지 못했음을 반성하였으며, 교수 활동의 도덕적 질에 좀 더 관심을 가질 것을 촉구하였다. (1966) 그의 『Life in Classroom』(1968)은 '내러티브 교육과정'에 주요 의미를 부여하는 '교사 이야기와 교사에 관한 이야기(『Teacher's stories and stories of teachers』)'와 관련된 서적들의 근간이 되는 문헌이다.

• Joseph Schwab

그의 에세이, 『Eros and Education』(1954)에서 그는 eros를 '염원의 에너지'로 정의하고, '진리 추구에 있어 교사와 학생의 정서적 결속'으로 해석하였다. 성공적인 교육이란 이 에너지의 근원을 개척하는 것이고, 이는 오직 교사만이 할 수 있는 일이며, 교육과정 구성에서 교사의 역할은 특정 학생들과의 강력한 관계 속으로 들어가는 능력에 있다고 하였다(1954). 그는 또한 현재와 미래의 삶에 관하여 학생들이 생각하는 좋고 싫음에 대해 가장 잘 아는 사람이 교사이며, 학생들을 가르치려 애쓰고 하루 중 좀 더 나은 순간, 일 년 중 좀 더 나은 때를 위해 학생들과 더불어 살아가는 사람도 교사라고 설파하였다(1983).

• Elliot Eisner

그는 Dewey의 영향을 가장 많이 받은 학자로, 교사를 교육과정 메이커로 여기는 관념의 중심에 자리하고 있다(Clandinin & Connelly, 1992). Schwab, Jackson과 더불어, conduit의 개념에 따라 사회적 목적, 이론, 교육과정 개혁 등을 위한 수단으로 교사 행위와 학교 체제를 바라보는 교육계의 시류를 반대하였다(1988).

이제 교사는 교육과정 구성의 그 중심에 설 수 있게 되었다. '내러티브 교육과정' '삶으로서의 교육과정' 개념이 전제될 때 가능한 이야기다. 지식을 전수하고 가르치는 티칭 기계로, 교육과정 전달의 수단으로 여겨졌던 교사가 아니라, 학교와 교실에서 학생들과 교사 자신 모두의 삶의 이야기를 구성하는 교육과정 메이커로 되살아난다. 교사와 학생, 교과목, 환경의 역동적인 상호작용이 벌어지는 교육의 과정에서 교사는 가장 통합적인 역할을 한다. 내러티브 교육과정 메이커로서의 교사 삶의 모습을 많이 마주하기 위해서 우리는 교직에 관련된 교사 이야기에 좀 더 귀를 기울여야 할 것이고, 교육과정 메이커로서의 교사 이야기를 함께 써 가는 데 힘을 실어야 할 것이다. 학생 이야기, 교사 이야기, 학부모 이야기……. 내러티브 교육과정의 핵심은 '이야기'다. 우리는 이러한 이야기를 하고 살아간다. 그리고 이러한 교육과정 모습의 근간은 '개별 인간 존중'이다.

마지막으로 '귀국학생을 지도했던 나의 경험이야기'를 나의 박사 논문(Hong, 2009: 31-33)에서 발췌하여 싣는다. 다음의 이야기는 교사의 개인적 실제적 지식—여기서는 나의 교육과정 개념—에 따라 교사가 살아가는 이야기가 어떻게 다를 수 있는지를 보여 주는 예시자료가 될 것이라 믿는다.

1999년 4월의 어느 날, 새 학년 새 학기가 시작되던 무렵 작고 귀여운 9살 먹은 유미가 3학년을 맡은 나의 학급에 전학을 왔다. 얼굴에 약간의 긴장감과 수줍음을 띄고서 엄마 손을 꼭 잡은 채 유미는 교실 앞문에 서 있었다. 이날이 유미에겐 한국 학교에서의 첫날이었다. 어머니와의 짧은 대화를 통해 난 유미의 가족이 아빠의 해외파견으로 5년간 미국에서 살았다는 것을 알게 되었다.

내가 근무하던 학교는 당시 경기 북부에 새롭게 형성된 중간 규모 신도시 안에 있었다. 학교 주변이 온통 아파트로 둘러싸여 있었다. 학생들은 비교적 사회·경제적으로 안정적인 가정 출신이었던 것 같다. 교실마다 영어 사용 국가에서 살다가 돌아온 학생들이 한, 두 명씩은 있었다.

초등학교에서 정규교과로 영어를 3학년부터 가르치기 시작한 지 3년이 되고 있었다. 난 3년 동안 3학년만 가르치고 있었고, 교과 외 업무도 영어교육 관련 업무만 맡아 하고 있었다. 우리 학구에 있는 모든 학교가 제7차 초등영어교육과정의 방향5)을 따라가기 위하여, 즉 학생들을 위한 가장 효과적인 영어 교수를 하기 위하여 총력을 기울이고 있던 때였다. 예를 들어, 각 교실에 English Corner를 만들고, 놀이 같은 교수·학습이 되도록 애쓰고, 학교에 English Zone을 설치하고, 영어 말하기 대회를 개최하는 등 여러 가지 것이 영어교육이라는 타이틀 아래 맹렬히 이루어지고 있었다.

영어영문학을 전공한 교사로서 나는 영어 교육에 큰 관심을 가지고 있었다. 나의 교실은 영어 단어와 예쁜 영어 그림카드로 장식되었고, 아이들의 일상 속에서 영어 입력을 증가시키고자 영어 그림책 도서관, 영어 듣기코너 등을 교실 안에 설치하였다. 매일 아침, 첫째 수업시간에 앞서 아이들은 헤드셋을 끼고 영어 그림책을 보면서 오디오 테이프를 들었다. 아침 시간이나 쉬는 시간에 오디오 테이프를 들을 때마다, 들은 테이프의 개수만큼 아이들은 스티커를 받아서 자기의 스티커 판에 붙여 나갔다. 한 달에 한 번, 나는 가장 많은 영어 테이프를 들은 학생을 시상하였다. 학부모의 도움을 받아 3월 중순쯤에 마무리되었던 교실 환경 꾸미기의 모습을 유미의 전학 첫날 본 유미의 어머니는 "와, 미국 교실보다 훨씬 좋은데요!"라며 감탄하였다.

내가 예상했듯이, 유미의 영어능력은 매우 훌륭하였다. 유미의 발음은 완벽하였고 듣기 능력 또한 AFKN TV에서 나오는 만화영화를 즐겨 본다는 말을 통해 그 출중함이 입증되었다. 유미는 모든 영어만화영화를 이해하며 볼 수 있었다. 한편으로, 열성적인 영어학습자인 나는 유미의 영어 유창성을 흠모하였고, 또 다른 한편으로 유미의 영어 유창성이 한국에서 살면서 사라지면 어쩌나 걱정하였다. 영어를 외국어로 배우고 있는 우리나라 실정에서 아주 특별한 노력을 기울이지 않으면서 영어 유창성을 유지한다는 것은 유미의 나이를 고려할 때 매우 힘든 일이라는 것을 나는 알았다. 나는 가능한 한 유미가 학교에서 영어를 많이 사용할 수 있도록 애썼다. 한글이 아닌 영어 일기를 쓰도록 하였고, 영어로 쓰인 일기에 영어로 피드백을 주었다. 또한, 학급 친구들을 위해 영어

5) 교육부, 초등학교교육과정 해설 V (1997): 영어 챈트와 영어 노래 활용을 통한 학습동기 고양; 학생의 학습 수준 고려; 게임과 놀이를 통한 활동 중심 지도; 영어에 대한 관심과 성취를 느낄 수 있는 기회 제공; 다양한 학습 전략 사용을 통한 의사소통능력 개발 등을 제7차 초등영어교육과정의 방향으로 제시함.

수업시간에 유미가 발음 시범을 보이도록 부탁했다. 난 학교에서 개최하는 영어 말하기 대회에 유미가 참석하도록 설득하였고, 매일 방과 후 내 앞에서 스피치 연습을 하게 시켰으며, 교실에서 다른 학생들이 보는 앞에서도 해 보도록 연습을 시켰다.

그러나 유미는 내가 정성을 기울여 이끄는 이 모든 활동을 하는 데 썩 내켜 하지 않는 눈치였다. 그것들을 할 때의 유미는 그다지 행복해 보이지 않았다. 유미가 했으면 좋겠다고 생각되는 어떤 것을 내가 제안할 때마다 유미는, "어…. 해 볼게요. 하지만 잘하지는 못할 거예요."라고 답했다. 유미는 결코 자신의 영어능력이 학급 친구들에게 드러나는 것을 원치 않았다. 하지만 그룹이나 전체 학생이 함께하는 활동들(예: 동작하면서 영어 노래를 부르거나 챈트하기)에는 아주 즐겁게, 적극적으로 참여하였다. 영어능력에 관한 한 유미는 정말 보통 학생처럼 보이고 싶었던 것 같다. 나로서는, 비록 유미의 현재 영어능력에 내가 이바지한 바는 없지만, 유미의 영어능력이 잘 유지되도록 해서 영어교육에 총력을 기울이는 한국 학교라는 환경 속에서 영어를 가르치는 데 매우 큰 관심이 있는 교사로서 유미가 나의 자랑이 되기를 원했다. 그때 내가 어떻게 그러했는지 되돌아본다. 아마도 영어능력 유지를 위한 유미의 희망을 돌봐 주면서 아울러 유미가 한국 학교에서의 삶에 좀 더 잘 적응할 수 있도록 도와줄 수도 있었을 것이다.

당시의 나는 유미의 유창한 영어능력자로 사는 삶의 이야기만을 바라보았지, 새로운 한국 교실에서 적응하려 애쓰는 귀국학생으로서의 유미를 바라보지 않았다. 그저 다른 아이들과 똑같이 평범한 아이로 보임으로써 한국 학교에 적응하려는 유미의 바람을 고려하지 못했다. 그 당시 한국은 초등을 포함한 모든 급의 학교에서 '왕따' 문제로 골치를 앓고 있었다. 너무 눈에 띄거나 너무 나약해 보이는 아이는 일반 학생들에게 왕따의 대상이 될 수 있었다. 왕따의 경험은 그 경험자의 정신과 마음에 커다란 상처를 남기기 때문에 부모님, 선생님, 학생 자신 모두가 이 왕따 문제에 매우 민감하였다.

영어권 국가에서 살다 돌아온 학생의 부모는 뛰어난 영어 능력 때문에 자녀가 학급 친구들에게 왕따를 당할까 봐 걱정하였을지도 모른다. 부모가 그 자녀에게 영어능력 과시도 하지 말고 늘 겸손하라고 당부했을 수도 있다. 유미의 부모가 그녀에게 어떻게 말했는지 난 알지 못하지만 유미는 자신의 훌륭한 영어능력을 가지고 아이들 앞에 나서는 것을 꺼렸다. 그리고 학급 친구들과 잘 어울리며 새 학교에 잘 적응하는 것으로 보였다. 나는 이제 '꺼렸던 유미의 태도'를 영어능력에선 친구들에게 평범하게 보임으로써 한국 학교에 적응하고자 했던 유미의 희망으로 해석한다.

당시의 나는 자신의 영어 유창성 유지를 위한 선생님의 정성에 전혀 협조적이지 않았던 유미에게 섭섭함을 느꼈다. 나는 유미에게 있어서 영어란 무엇인지 그 의미를 간파하지 못했고, 유미의 영어능력 유지를 돕는다는 명분으로 귀국학생으로서의 유미의 마음을 이해하지 못했다. 한국 학교 상황에서 유미가 어떤 이야기를 살아가고 싶은지에 대해 '대화'(dialogue: Noddings, 1992)를 가졌어야만 했다. 내가 유미와 대화를 가졌었다면 어땠을까 상상해 본다. 나는 다른 사람 앞에서 훌륭한 영어능력을 내보이는 우수한 나의 학생으로서의 유미 이야기를 살도록 유미가 살아갈 이야기의 플롯 라인을 이미 만들어 놓은 상태에서 유미를 대하였다. 만약에 학교에서 주최하는 영어 말하기 대회에 나가도록 종용하는 대신 유미와 대화를 가졌었다면 어떤 일이 벌어졌을까 궁금하다. 만약에 좀 더 관심을 가지고 유미의 경험에 대해 생각했더라면, 아마도 유미를 모델로 사용하고, 영어로 경쟁하는 곳에 밀어 넣음으로써 내가 얼마나 근사한 영어교사인지를 보이고 싶어 하는 나의 욕구, 즉 내가 살아가고자 하는 이야기에 천착하기보다 유미가 말하는 이야기에 좀 더 귀 기울일 수 있었을 것이다.

참고문헌

김경자(2015). 국가 교육과정 무엇을 왜 개정하는가?. 제1차 국가교육과정 전문가 포럼, 1-33.

이혼정(2004). 내러티브의 교육과정적 의미 탐색. 한국교육학연구, 10(1), 151-170.

Aoki, T. T. (1978/1980). Toward curriculum inquiry in a new key (1978/1980). In W. F. Pinar & R. L. Irwin (Eds.), *Curriculum in a new key: The collected works of Ted T. Aoki* (89-110). Mahwah, New Jersey: Lawrence Erlbaum Associates, Inc.

Aoki, T. T. (1984). Toward a reconceptualization of curriculum implementation. In D. Hopkins & M. Wideen (Eds.), *Alternative perspectives on school improvement*. Philadelphia: The Falmer Press.

Aoki, T. T. (1993). Legitimating lived curriculum: Towards a curricular landscape of multiplicity. *Journal of Curriculum and Supervision, 8*(3), 255-268.

Belth, M. (1965). *Education as a discipline: A study of the role models in thinking.* Boston: Allyn and Bacon.

Bestor, A. E. (1955). *The restoration of learning: A program for redeeming the unfilled promise of American education.* New York: Knopf.

Charon, R. (2002). Memory and anticipation: The practice of narrative ethics. In R. Charon & M. Montello (Eds.), *Stories matter: The role of narrative in medical ethics.* London: Routledge.

Clandinin, D. J. (1986). *Classroom practices: Teacher images in action.* London: Falmer Press.

Clandinin, D. J., & Connelly, F. M. (1988). Studying teachers' knowledge of classrooms: Collaborative research, ethics, and the negotiation of narrative. *The Journal of Educational Thought, 22* (2A), 269-282.

Clandinin, D. J., & Connelly, F. M. (1992). Teacher as curriculum maker. In P. W. Jackson (Ed.), *Handbook of research on curriculum* (363-401). New York: MacMillan Publishing Co.

Clandinin, D. J., & Connelly, F. M. (1995). *Teachers' professional knowledge landscapes.* New York: Teachers College Press.

Clandinin, D. J., & Connelly, F. M. (1996). Teachers' professional knowledge landscapes: Teacher stories-stories of teachers-school stories-stories of schools. *Educational Researcher, 25*(3), 24-30.

Clandinin, D. J., & Connelly, F. M. (2000). *Narrative inquiry: Experience and story in qualitative research.* San Francisco, CA: Jossey-Bass.

Clandinin, D. J., Huber, J., Huber, M., Murphy, M. S., Murray-Orr, A., Pearce, M., & Steeves, P. (2006). *Composing diverse identities: Narrative inquiries into the interwoven lives of children and teachers.* New York: Routledge.

Clegg, A. A. (1973). The teacher as a manager of the curriculum. *Educational Leadership, 30*(4), 307-309.

Connell, R. W. (1985). *Teachers' work.* Sydney, London, Boston: George Allen & Unwin.

Connelly, F. M., & Clandinin, D. J. (1988). *Teachers as curriculum planners: Narratives of experience.* New York: Teachers College Press.

Connelly, F. M., & Clandinin, D. J. (1990). Stories of experience and narrative inquiry. *Educational Researcher, 19*(5), 2-14.

Connelly, F. M., & Clandinin, D. J. (1999). *Shaping a professional Identity: Stories of educational practice.* New York: Teacher College Press.

Connelly, F. M., & Clandinin, D. J. (2006). Narrative inquiry. In J. L. Green, G. Camilli, & P. Elmore (Eds.), *Handbook of complementary methods in education research* (375-385). Mahwah, NJ: Lawrence Erlbaum.

Connelly, F. M., Clandinin, D. J., & He, M. F. (1997). Teachers' personal practical knowledge on the professional knowledge landscape. *Teaching and Teacher Education, 13*(7), 665-674.

Cremin, L. A. (1971). Curriculum-making in the United States. *Teachers College Record, 73*(2), 207-220.

Crites, S. (2004). The narrative quality of experience. *Journal of the American Academy of Religion, 39*(3), 291-311.

Dewey, J. (1897). My pedagogic creed. *School Journal, 54,* 77-80.

Dewey, J. (1916). *Democracy and education.* Old Tappan, NJ: MacMillan Publishing Co.

Dewey, J. (1938). *Experience and education.* New York: Collier Books.

Dewey, J. (1956). *The child and the curriculum* (1902) and *The school and society* (1900, rev. 1915). Chicago: University of Chicago Press.

Eisner, E. (1988). The primacy of experience and the politics of method. Educational Researcher, 15-20.

Eisner, E. (2002). The centrality of curriculum and the function of standards. In E. Eisner (Ed.), *The arts and creation of mind* (148-177). New Haven, CT: Yale University Press.

Foshay, A. W. (1969). Curriculum. In R. I. Ebel (Eds.), *Encyclopedia of educational research: A project of the American Educational Research Association* (4th ed.) (5-119). New York: Macmillan.

Good, C. V. (Ed.). (1959). *Dictionary of education* (2nd ed.). New York: McGraw-Hill.

Greene, M. (1971). Curriculum and consciousness. *Teachers College Record, 73*(2), 253-269.

Grobman, H. (1970). *Developmental curriculum projects: Decision points and processes.* Hasca, IL: Peacock.

Hong, Y. S. (2009). *A narrative inquiry into three Korean teachers' experiences of teaching returnee children.* Unpublished Ph. D. Dissertation, University of Alberta, Edmonton.

Jackson, P. W. (1966). The way teaching is. In O. Sand & L. J. Bishop (Eds.), *The way teaching is: Report on the seminar on teaching* (7-27). Washington, DC: Association for Supervision and Curriculum Development/National Education Association, Center for the Study of Instruction.

Jackson, P. W. (1968). *Life in classroom.* New York: Holt, Rinehart and Winston.

Kerby, A. P. (1991). *Narrative and the self.* Bloomington and Indianapolis: Indiana University Press.

Lee, G. C. (1966). The changing role of the teacher. In J. I. Goodlad (Ed.), *The changing American school. Sixty-fifth yearbook of the national society for the study of education,* part II (9-31). Chicago: University of Chicago Press.

MacIntyre, A. (1981). *After virtue: A study in Moral Theory.* Notre Dame, Ind.: University of Notre Dame Press.

Noddings, N. (1986). Fidelity in teaching, teacher education, and research for teaching. *Harvard Educational Review, 56*(4), 496-510.

Noddings, N. (1992). *The challenge to care in schools: An alternative approach to education.* New York: Teachers College Press.

Pinar, W. F. (1974). Heightened consciousness, cultural revolution, and curriculum theory: An introduction. In W. F. Pinar (Ed.), *Heightened consciousness, cultural revolution, and curriculum theory: The proceedings of Rochester Conference,* 1-15.

Pinar, W. F. (1975). *Curriculum theorizing: The reconceptualist.* Berkeley, CA: McCutchan.

Pinar, W. F. (1978). The reconceptualization of curriculum studies. *Journal of Curriculum Studies, 10*(3), 205-214.

Pinar, W. F. (2005). What should be and what might be. Foreword in J. Miller, Sounds of silence breaking: Women, autobiography, curriculum (ix-xxx). New York: Peter Lang.

Polkinghorne, D. E. (1988). *Narrative knowing and the human sciences.* Albany: State University of New York Press.

Portelli, J. P., & Vibert, A. B. (2001). Beyond common educational standards: Toward a curriculum of life. In J. P. Portelli & R. P. Solomon (Eds.), *The erosion of democracy in education* (63-82). Calgary, AB: Detselig Enterprises Ltd.

Rugg, H. O. (1947). *Foundations for American education.* Yonkers-on-Hudson, NY: World Book Company.

Schwab, J. J. (1954). Eros and education: A discussion of one aspect of discussion. *Journal of General Education, 8,* 54-71.

Schwab, J. J. (1960). What do scientists do? In I. Westbury, & N. J. Wilkof (Eds.), *Science, curriculum, and liberal education: Selected essays* (184-228). Chicago: University of Chicago Press.

Schwab, J. J. (1970a). The practical: A language for curriculum. In I. Westbury, & N. J. Wilkof (Eds.), *Science, curriculum, and liberal education: Selected essays* (287-321). Chicago: University of Chicago Press.

Schwab, J. J. (1970b). *The practical: A language for curriculum.* Washington, DC: National Education Association.

Schwab, J. J. (1971). The practical: Arts of eclectic. *School Review, 79,* 493-542.

Schwab, J. J. (1973). The practical: Translation into curriculum. *School review, 81,* 501-522.

Schwab, J. J. (1983). The practical, 4: Something for curriculum professors to do. *Curriculum Inquiry, 13*(3), 239-265.

Smith, B. O., Stanley, W. O., & Shores, J. H. (1957). *Fundamentals of curriculum development.* New York: Harcourt, Brace and World.

Taba, H. (1962). *Curriculum development: Theory and practice.* New York: Harcourt, Brace and World.

Tanner, D., & Tanner, L. N. (1975). *Curriculum development: Theory into practice.* New York: Macmillan.

Tyler, R. W. (1949). *Basic principles of curriculum and instruction.* Chicago, IL: The University of Chicago.

Westbury, I., & Steimer, W. (1971). Curriculum: A discipline in search of it's problems. *School Review, 79,* 243-267.

제8장

교육과정 주체로서 초등교사의 삶[1]

박세원[2]

1. 서 론

　최근 우리나라의 공교육현장에는 '교육과정 재구성',[3] '교육과정 주체로서의 교사'란 용어가 전국적인 인기몰이를 하고 있다. 이러한 현상은 바람직하다고 할 수 있는데, 그 이유는 단위 차시의 교수 · 학습까지 상세화해 놓은 교과서와 교사용 지도서 위주의 전통적 교육방법, 그리고 학습자의 삶의 맥락과 떨어진 분과 지식 위주의 교육방법이 오늘날의 시대적 상황을 고려할 때 폭넓고 완전하게 재고되어야 할 필요가 있기 때문이다. 오늘날의 세계화 · 다문화사회는 단일 규범문화가 지시하는 바를 그저 충실히 살아 내는 인간상 이상일 것을 요구하고 있다. 오늘날의 사회는 다른 세대, 성, 직업, 신분, 민족, 문화, 국가, 집단으로부터 발생하는 다양한 목소리를 소통시키면서 대화적 공동체를 만들어

가는 인간상을 요구한다. 날이 갈수록 인간 개체의 삶은 다양한 지식이 복합적이고 중층적으로 구조화된 기호언어체계에 의해 영향을 받는다. 따라서 세계화·다문화사회에서 발생하는 제 문제들에 대한 해결 역시 다층적이고, 중층적인 특성을 가질 수밖에 없다.

그런데 여기서 중요한 점은 인간의 삶, 문화, 진보를 생성하고 이끄는 궁극적 주체는 유전자도, 제도도 아닌 인간 개체의 몫일 수밖에 없다는 점을 폭넓고 온전하게 이해하는 것이다. 이에 따라 학습자가 자율적, 융합적 지식을 구성하는 능력을 갖추게 하는 것은 미래 사회가 가져다 줄 복잡하고 강력한 삶의 문제들을 대화적으로 해결하도록 도움으로써 인류가 소통적인 삶, 문화, 역사를 만들어 가는 데 핵심적인 역할을 할 수 있다. 하지만 지금의 내용학 중심의 초등학교 교과교육은 다층적, 중층적으로 구조화되어 있는 사회현상을 학습자가 주체적으로 탐구하고, 이해하고, 해결하기보다는 사회가 필요로 하는 학문 위주의 내용 지식을 내면화·체화시키는 데 상당 부분 초점화되어 있는 것이 현실이다.

아울러 필자는 교육부, 지역교육청, 단위학교, 교사들을 자주 접하면서 현재의 공교육 시스템이 어떻게 교사 주도의 교육과정 재구성을 체계화시킬 것인가의 문제에서 설득력 있는 존재론, 인식론, 방법론을 아직 충분히 확보하지 못하고 있다고 판단하게 되었다. 교사 주도의 교육과정 재구성은 초등학생의 전체적 발달성에 대한 이해, 아동의 삶에 대한 온전한 이해, 국가교육과정에 대한 체계적인 이해, 학습자 중심의 교수·학습 및 평가 전략, 교사의 전문성과 자율성을 위한 제도적 정비 및 지원이 부재할 경우 그저 시대를 한 번 풍미한 구호에 그칠 수도 있다. 필자는 교육과정 재구성을 주제로 박사학위를 취득한 이후 지금까지 초등학교현장에서 20회 이상의 교사 주도의 교육과정 재구성 연구를 수행하였으며, 특히 남대구초등학교에서 6년간 국가교육과정 재구성 시범학교를 연구하고 운영하는 과정에서 교과교육과정 재구성에 대한 실천적 지식을 체계적으로 축적할 수 있었다.

이 장에서 필자는 지금까지의 교사 주도의 교과교육과정 재구성 연구 결과들을 종합적으로 정리하여 독자들에게 소개하고자 한다. 필자는 도덕 교육자로서 도덕 교과를 다른 교과들과 통합 재구성하여 교육함으로써 학생들이 복잡하고 다층적인 윤리적 현상들을 주체적이고 통섭적으로 탐구하는 능력을 향상하기 위한 노력으로 교과교육과정 재구성 연구를 전개해 왔음을 서두에서 미리 밝힌 다. 따라서 이 글의 논의는 도덕 교과를 중심에 두고 전개될 것이지만 주된 논의 는 일반적인 교사 중심의 교육과정 재구성 방법에 대한 것임을 독자들이 이해하 기 바란다.

2. 교사 중심의 교육과정 재구성의 가치

교육과정 재구성을 바람직하게 수행하기 위해서 공교육자는 교육과정의 본 래 의미가 무엇인지에 대해 깊이 있게 해석해야 한다. 현장의 많은 교사는 '교육 과정'이라는 용어를 단지 국가교육과정 문서, 특히 교과교육과정 문서로 인식하 는 경향이 강하다. 하지만 교육과정의 본뜻은 국가교육과정 문서를 비롯한 지시 적 문서를 지칭하는 것이 아니라 교육적 삶의 형성 과정을 가리키는 말이다. 주 지하다시피, 교육과정은 말이 '행로를 달린다(to run the course)'라는 라틴어 'currere'에서 기원한다. Pinar(1975)는 이렇게 교육과정을 하나의 과정으로 생각 할 때, 교육과정은 교육적 여행이나 순례(pilgrimage)가 될 수 있다고 주장하였다. 여기서 '과정'이라는 말은 삶, 좀 더 상세화하자면 교육적 삶의 형성 과정을 뜻 한다. 교육과정은 교육자와 학습자가 '교육—학습'이라는 상호적 형성 활동을 매개로 서로의 성장을 이끌고 돌보는 교육적 삶의 여정을 의미한다.

우리의 삶을 떠난 교육과정은 없고, 또 있어서도 안 될 것이다. 타자와 더불 어 배우는 삶의 공동체 형성을 교육의 중요한 특징으로 강조한 Dewey의 교육 사상을 내러티브 교육 영역에서 의미 있게 재개념화한 두 사람이 있는데, 그들 은 Connelly와 Clandinin이다. 그들은 Dewey의 교육철학에 기초해 교육과정 요소들을 학생(learner), 교사(teacher), 교과목(subject matter), 환경(milieu)의 네 가
지로 재해석하였다(Connelly & Clandinin, 1988). 그들에게 교육과정은 각각의 학생
이 자신의 의미와 목적을 형성하고 살아가도록 교과와 환경을 '더불어 배움'의
공동체로 형성해 가는 이야기적 삶이다. 반면에 현장의 교사들은 일반적으로 행
로(course)만을, 그것도 교과교육과정만을 행로로 생각하는 경향이 뚜렷하다. 하
지만 행로는 교과의 수업 내용 요소뿐만 아니라 질문하기, 생활지도, 과제, 현장
학습 등 교사가 체계적으로 계획하는 교과적 내용(subject matter) 모두를 의미한
다(박세원, 2009).

그들에게는 환경의 의미 또한 중요한데, 여기서 환경이란 학생 각자의 학습이
학습공동체 속에서 활발한 교호작용을 통해 계속성을 가지고 일어날 수 있도록
물리적·문화적 학습 환경을 구축하는 것을 의미한다. 물리적 환경의 예는 게시
판, 아동 활동 공간, 독서코너, 작업대, 모둠 공간, 진열대, 텃밭 등을 조직화하는
것을 들 수 있고, 문화적 환경의 예는 신뢰 및 보살핌의 관계 형성, 집단 상담, 발
표 및 토론, 대화저널 쓰기, 일지 쓰기, 학급 문집 만들기 등의 학급 문화를 조직
화하는 것을 들 수 있다. 이때 환경의 조직화는 각각의 학생이 자신의 흥미를 계
속성을 바탕으로 교호작용을 하면서 공동선을 형성해 가도록 도울 수 있어야 한
다(Dewey, 1938).

앞에서의 논의를 종합하자면, 교육과정 실현은 교사가 학생이 자신의 흥미를
바탕으로 공동체 속에서 교호작용 하면서 자신의 성장을 이야기적으로 형성할
수 있도록 돕는 교육적 삶의 형성 과정이다. Clandinin은 여기서 더 나아가 교육
과정 계획, 실행, 평가의 궁극적 주체는 학생이 되어야 함을 주장하였다(Huber,
Murphy & Clandinin, 2012). 모든 교육활동은 학생이 자신의 삶을 주체적으로 형성
해 가도록 돕는 것이라고 볼 때, 그들의 주장은 이상적으로 바람직하다. 그런데
그녀의 급진적인 생각을 모두 수용한다는 것은 우리나라의 현 공교육 실정에서
는 힘든 일이 아닐 수 없다. 그런데도, 학생이 자기 삶의 의미, 가치, 목적을 이야
기적으로 구성해 갈 수 있도록 교과와 환경을 조직화하는 것은 공교육자들의

2. 교사 중심의 교육과정 재구성의 가치

중요한 책임이라는 점은 부인할 수 없다. 그리고 교육과정 주체로서 교사의 삶은 온전한 학생 이해를 배경으로 학생이 자기 삶의 행로를 자기 자신의 힘과 언어로 가꾸고 살아 내도록 하는 것에 있다.

공교육자의 교육과정 실현은 현실적 맥락 또한 충분히 고려되어야 하는데, 그 이유는 국가가 법적 문서로 고시한 국가교육과정을 구현할 공적 의무가 공교육자에게 주어져 있기 때문이다. 여기서 '교육과정 재구성'이라는 용어가 생성되었는데, 교육과정 재구성이란 법적 문서로 제시된 국가교육과정의 요구를 학생의 발달, 실태, 능력에 최적화해서 교육하기 위해 교사가 국가교육과정을 재구성하여 활용한다는 의미다.

교사가 교육과정 재구성을 수행해야 하는 이유는 교육이라는 이름으로 수행되는 모든 행위는 언제나 학생을 위한 것이어야 한다는 교육철학적 관점에 기초하고 있다. 국가교육과정도, 교육부도, 교육기관도, 교사도, 교사교육자도, 학교도, 교실도, 교과서도, 교육행정도 모두 학생의 삶과 성장을 위해 존재하는 것이지 그 역이 될 수는 없다(박세원, 2009). 만약 국가교육과정이 요구하는 교육과 학생의 삶이 필요로 하는 교육이 대립적 상황에 직면한다면, 교사는 마땅히 국가교육과정이 아니라 학생의 삶을 선택해야 한다. 헌법 제31조에는 "모든 국민은 능력에 따라 균등하게 교육을 받을 권리가 있다."고 명시되어 있다. 학생의 사정과 능력을 고려하여 그가 교육적 혜택을 받는 데 있어서 불이익이 없도록 교육하는 것은 교사가 취해야 할 가장 우선적인 책임이자 권리다. 아울러 교사의 교육과정 재구성은 지방분권화, 학교 자율화, 교사의 전문성, 학생 맞춤형으로 대변되는 정부의 교육정책과도 그 맥락을 같이한다.

교육과정 재구성의 철학적 기초는 아동중심의 교육철학과 그 맥을 같이한다. Rousseau에게서 시작한 아동중심 교육은 Dewey에 와서 정립되었다(박세원, 한정희, 2011). 사실 교육과정 재구성을 구현하는 데 요구되는 존재론적 · 인식론적 · 방법론적 교육체계는 Dewey에 의해 정초되었다고 해도 과언이 아니다(조용기, 2005; 최석민, 2005). 그리고 Dewey 이후에 Pinar(1975)가 '교육과정 재개념화 운동(reconceptualist movement)'을 전개하는 과정에서 교육과정은 공교육 활동을 지시하고 규제하는 '공적 문서'라는 개념에서 학생과 교사가 교육적 삶을 형성해가는 과정으로 재인식되기 시작하였다. 교육과정 재개념화 운동은 교육과 학습을 교호적 삶의 구성 문제로 인식하는 데 있어서 중요한 전환점을 마련해 주었다.

말은 경주마, 조랑말, 노새, 당나귀 등 그 종류가 다양하다. 그런데 이들에게 늘 100미터 달리기를 시키면 누가 1등을 하겠는가? 그것은 언제나 경주마일 것이다. 하지만 만약 여러분이 차마고도와 같이 좁고 험한 절벽 길을 짐을 싣고 가야 하는 상황이라면, 여러분은 경주마와 당나귀 중 어느 말을 데리고 갈 것인가? 물론 현명한 선택은 언제나 당나귀일 것이다. 필자는 학생도 이와 다르지 않다고 생각한다. 학생들이 가진 기질, 성격, 능력, 관심, 선행지식, 환경은 저마다 독특하며, 교사의 교육활동은 학생 각자가 가진 독특성을 바탕으로 이루어져야 한다. 서울 서초구에 있는 초등학교와 강원도 정선에 있는 시골 분교에서의 교육이 똑같을 수는 없으며, 결손이 많은 학급의 '가정 만들기' 수업은 결손이 거의 없는 학급의 수업과는 달라야 한다. 만약 이 두 학교(혹은 학급)의 교사들이 똑같은 교과서의 내용대로 교육을 수행한다면, 거기서 교사의 전문성은 찾을 수 없다. 교과서와 교사용 지도서가 가진 가장 큰 문제점은 지금 당장 내가 가르치고 있는 학생의 삶의 맥락을 충분히 담아낼 수 없다는 점이다. 지역, 학교, 학급, 학생의 실태에 대한 이해 없이 교육한다는 것은 진단도 없이 환자를 치료하려는 의사나 상담가와 다를 바 없는 것이다(박세원, 2009).

요약하자면, 교육과정 재구성은 교사에게 요청되는 전문적 언어다. 교사는 문서로써 고시된 국가교육과정과 학생 각자의 삶(기질, 성격, 능력, 관심, 선행지식, 발달성, 환경)을 절충하면서 교육을 실천하는 교육의 궁극적 주체다. 왜냐하면, 학생에 대한 온전한 이해와 그 이해에 기초한 교육활동의 계획과 수행은 교장도, 교육과정 입안자도, 학부모도 대신할 수 없는 교사만의 몫이기 때문이다. 이러한 이유로 국가는 교사에게 교육과정 재구성의 권한을 제도적으로 보장하고 있다. 교육과정 재구성을 위해서 교사는 먼저 국가교육과정의 편성·체계·운영에 관해, 그리고 교사 자신에게 주어진 재구성 권한의 내용과 수준이 어디까지인지 명료하게 인지하고 있어야 한다. 다음으로, 교사는 학생의 발달성, 환경, 학습 실태에 대해 질적 탐구활동을 수행하면서 교육활동을 수행할 수 있어야 한다. 국가교육과정과 학생 이해라는 두 가지 지평 사이에서 학생들의 삶과 성장을 최적화할 수 있는 행로와 환경을 계획하고, 조직화하고, 실행하는 교사의 교육 행위가 바로 교육과정 재구성이다.

3. 학생 이해에 기초한 교사의 교육과정 재구성 방법

1) 교육과정 재구성의 수준과 범위

개인 수준 교육과정, 학급 수준 교육과정, 학년 수준 교육과정, 학교 수준 교육과정이라는 네 가지 재구성 수준에서 이루어지는 단위학교의 교육과정 재구성은 학생 이해와 국가교육과정에 대한 상호 이해에 기초해 유기적이면서도 체계적으로 계획되어야 한다. 여기서 교육과정 재구성의 실제적 주체는 언제나 교사가 되어야 하는데, 그 이유는 앞에서도 언급한 것처럼 학생의 발달, 실태, 환경을 진단하고 그들의 학습과 성장에 알맞은 교육을 계획하고 수행하는 행위 당사자는 언제나 교사이기 때문이다. 물론 교사의 교육과정 재구성의 관점이나 성격은 단일 내용 재구성일 수도, 내용 간 통합일 수도, 다학문적일 수도, 간학문적일 수도, 탈학문적일 수도, 발현적일 수도, 또는 이들을 혼합한 형태일 수도 있을 것이다. 하지만 교사가 교육과정 재구성을 수행할 때는 어떤 특정의 관점보다 더 근본적으로 고려해야 할 것은 학생의 삶과 발달성에 대한 체계적인 탐구와 온전한 이해다. 학생 각자의 삶과 성장에 필요한 교육이 어떤 것인지에 대한 온전한 이해를 얻은 후에야 교사는 학생들이 처한 다양한 맥락에 알맞게 교육과정 재구성의 관점을 바람직하게 선택하고 수행할 수 있다.

그런데 교육과정 재구성을 계획하고 실행하는 문제에서 교사는 교육의 다른 여러 주체와 절충하고 타협해야 하는 것을 잊지 않아야 한다. 학생의 개별적 요구, 학부모의 요구, 학교장의 경영 철학, 시도교육청의 교육 목표 및 학교운영 지침, 교육지원부서와의 행·재정적 협의, 동학년 교사·동료교사·전담교사·특수교사와의 협의 및 협조 등을 통해 교사는 다른 교육 주체들의 필요와 요구를 자신의 교육과정 재구성에 일정 정도 반영해야 하기 때문이다. 다른 교육 주체들이 요구하는 내용을 어느 정도 반영할 것인가에 대한 판단 기준은 언제나 학생의 삶과 성장에 대한 이해다. 만약 다른 교육의 주체들이 학생의 삶과 성장에 해가 되거나 불필요한 요구를 해 올 때, 교사는 그것들을 적절히 차단하여 학생의 학습권과 생활권을 지켜 줄 수 있어야 한다. 이를 위해 국가가 교사에게 부여한 의무와 권리가 바로 교권(혹은 교육권)이다.

교육과정 재구성 계획을 수행하는 시기도 중요하다. 교사의 성공적인 교육과정 재구성을 담보하기 위해서는 학년이 시작하기 전에 교육과정 계획이 모두 완결되어야 하므로 교원 인사는 적어도 당해 학년도가 시작하기 2개월 전에 이루어지는 것이 바람직하다. 이 기간에 교사를 비롯해 교육지원부서와 학부모(혹은 보호자) 대표가 참여하는 교육과정위원회를 조직해 교육과정 재구성 작업이 네 가지 수준 모두에서 전개되도록 해야 한다. 따라서 교사는 방학 기간에 그동안 축적된 개별 '아동 성장철',4) 학교 및 학급 실태 조사를 기초로 개별 수준, 학급

---

4) 아동 성장철은 학생에 대한 교육, 진로, 생활지도, 상담을 효과적으로 수행하기 위해 개별 학생의 삶(특히, 지적·사회적·심리적·사회적·도덕적 발달)에 대해 체계적으로 탐구하여 그 결과를 누가 기록한 비공식적 결과물을 의미한다. 아동 발달을 짧게 정리하는 생활기록부의 개념이 아니라 개별 학생의 생활과 학업 활동 등을 면접, 관찰, 인공물 분석을 통해 질적으로 탐구하여 그 결과를 정리해 놓은 학생별 탐구 포트폴리오를 말한다. 아동 성장철은 유치원에서 고등학교까지 담임교사를 비롯한 교사들이 지속적으로 누가 기록하기 때문에 교사는 신학년도에 개별 학생과의 면접이나 관찰 없이 아동 성장철만 가지고도 교육과정 재구성을 성공적으로 수행할 수 있다. 아동 성장철은 필자가 교사의 교육과정 재구성을 위해 공교육 제도에 도입하고자 하는 주요 개념 중 하나다.

수준, 학년 수준, 학교 수준 교육과정을 상호 연계하여 조직하는 데 주도적 역할을 할 수 있어야 한다. 예를 들어, 교사는 자연과 접하기 어렵고 외적 생활환경이 열악한 도심 학교 학생들을 위해 자연과의 상호작용을 최대화할 수 있는 교육과정을 네 가지 수준에서 계획할 수 있다. 구체적으로, 교사는 여러 교과에서 자연과의 체험을 확대할 수 있는 교과 체험 활동을 구상할 수 있으며, 다양한 식물을 기를 수 있는 텃밭이나 교재원, 자연 탐구 대회, 자연과 함께하는 체험 및 견학 활동을 교육과정 활동으로 조직화할 수 있다.

교과교육과정 재구성은 국가가 고시한 교과교육과정을 기반으로 이루어진다. 초등학교 교과교육과정은 주로 교과의 목표, 성격, 내용, 방법, 평가의 다섯 가지 영역으로 제시되어 있다. 교사는 각 영역이 교사에게 요구하는 내용이 무엇인지 체계적으로 이해하고 난 후에야 개인 수준과 학급 수준의 교과교육과정을 일관적이면서 상호보완적으로 계획할 수 있다. 교사가 교과교육과정의 요구를 성공적으로 반영하기 위해서는 특히 교과교육과정 속에 제시된 '학습 내용별 성취 기준 요소'를 체계적으로 해석할 수 있어야 한다. 예를 들어, 2012 개정 도덕과 교육과정(교육부 고시 제2012-14 [별책 6]: 10)의 '우리·타인과의 관계' 영역에서 제시된 '(가) 화목한 가정'은 다음과 같이 3~4학년을 위한 내용 성취 기준 요소들을 제시하고 있다.

(가) 화목한 가정

화목한 가정생활의 중요성을 이해하고, 화목한 가정을 이루기 위해 부모님께 효도하고 형제자매 간에 우애 있게 지내는 태도를 지닌다. 이를 위해 다양한 가족의 형태에서 가족 간의 바람직한 예절을 알아보고 화목한 가정을 이루기 위해 할 수 있는 일을 실천한다.

① 현대 사회에서의 다양한 가족 모습

② 부모의 자애와 자녀의 효도, 형제자매 간의 우애

③ 가족 간에 지켜야 할 예절과 실천하는 자세

이 부분에서 교사는 학생들에게 무슨 내용 요소들을 어떤 형식으로 가르쳐야 할 것인지에 관해 다음 사항을 이해할 수 있어야 한다.

> ① '화목한 가정'의 제제에서 다루어야 할 내용 요소는 다양한 가족 모습, 부모의 자애, 자녀의 효도, 형제자매 간의 우애, 가족 간에 지켜야 할 예절과 실천하는 자세다.
> ② 이들 다섯 가지 내용 요소들 이외에도 교사는 2012 개정 도덕과 교육과정에서 '전체 지향적 가치'로 제시한 존중, 책임, 정의, 배려를 기본적인 내용 요소로 다루어 주어야 한다.

교육과정 재구성을 수행할 때 교사는 교과교육과정의 내용 및 목표 영역만 고려해서는 안 되며, 이들 두 영역을 성격, 방법, 평가 영역과 어떻게 유기적으로 구현할 수 있을 것인가에 대한 개념도를 체계적으로 잡고 있어야 한다. 예를 들어, 도덕과 교육과정의 성격을 살펴보면 "도덕과는 … 일상생활에서의 도덕적 실천을 지향하므로 도덕과 수업뿐만 아니라 다양한 학교 활동과 연계하여 인성교육을 시행해야 한다."(교육부 고시 제2012-14 [별책 6]: 5)고 진술되어 있다. 도덕 교과가 다른 교과와 가장 차별화되는 특징은 생활과의 통합이 중요하다는 점이다. 따라서 도덕과 교육과정 재구성을 계획할 때는 단원 구성과 같은 도덕 교과 내에서의 재구성뿐만 아니라 일상적 활동, 학급환경에 대한 구성을 기본적으로 수행해야 한다. 국가교육과정에 제시된 내용별 성취 기준 요소들로 인해 교사의 교과통합은 내용통합을 기본적으로 전제하게 되며, 생활과의 밀접한 관련성으로 인해 도덕 교과 재구성은 탈 학문적 통합이 적극적으로 요청된다.

또한, 도덕과 교육과정은 인지, 정의, 행동적 차원에서 통합적인 교수 · 학습과 평가가 일어나도록 교육할 것을 요구하고 있다(교육부 고시 제2012-14 [별책 6]: 28, 30). 따라서 교사는 학생들이 신체적 · 의미적 · 미적 · 예술적 · 감정적 · 이성적 · 실천적 차원에서 적극이고 통합적인 도덕성을 구성할 수 있도록 일상생활은 물론 다른 교과와의 통합적 교육과정을 수행할 수 있으며(교육부 고시 제

2012-14 [별책 6]: 28, 29), 창·체활동,[5] 예절실 운영, 현장체험학습 등 학교교육과정과 연계해서 학급 수준의 교육과정을 재구성하는 것 역시 바람직하다. 이 장에서는 도덕 교과와 타교과의 통합적 교육과정 재구성을 수행하는 방법을 주로 소개하고자 한다.

2) 교육과정 통합 재구성의 절차

교과교육과정 통합 재구성의 절차는 크게 4단계로 나누어지는데, 이를 도덕 교과를 중심으로 통합할 경우의 예를 소개하면 다음과 같다.

1단계는 교사가 자신이 가르치고 있는 학생들의 도덕적 성장에 가장 필요한 학습 주제를 선정하는 단계다. 이때 교사가 생성한 학습 주제는 학생들이 살아갈 미래 사회에서 가장 필요한 도덕성과 현재 학생들에게 가장 필요한 도덕성의 내용과 성격을 규명하고 이들을 일관된 하나의 플롯으로 꿰어 내는 일이라 하겠다. 전자는 미래 사회의 특성을 분석하는 것과 국가교육과정을 분석하는 것에서, 후자는 학생의 삶과 실태를 조사하는 작업을 통해서 주로 이루어진다. 또한, 교사는 이 과정에서 학부모의 전반적인 요구, 지역교육청이나 단위학교의 교육목표를 함께 포괄할 수 있는 학습 주제를 찾을 수 있도록 노력할 필요가 있다. 앞에서의 탐구활동을 마친 후, 교사는 도덕과 중심의 교과교육과정 통합을 위한 잠정적인 대주제를 생성하게 되는데, 이때 교사는 아동 성장철, 설문, 면접, 관찰 등의 방법을 활용하여 자신이 구상하는 학습 주제가 학생들에게 실제로 얼마나 필요한 것인지 진단해야 한다. 최종적으로 교사는 자신이 생성한 대주제를 근거로 최종목표, 하위목표를 상세화해야 한다.

2단계에서 교사는 해당 학년의 교과교육과정을 분석하면서 자신이 생성한 대주제의 최종목표와 하위목표가 각각의 교과교육과정의 목적, 성격, 내용, 영역,

---

5) 창·체활동은 '창의적 체험활동'의 줄임말

성취 수준에 잘 부합할 수 있는지, 상충하지는 않는지, 또 절충할 수 있는 것인지에 관해 비교 분석해야 한다. 우선 교사는 자신이 생성한 대주제에 포함시킬 수있는 도덕과 교육과정 내용 요소들을 찾아야 하며, 다음으로 그 대주제의 목적을 구현하는 데 도움이 될 수 있는 다른 교과의 내용 요소들을 찾아야 한다. 어떤교과와 어느 정도의 내용을 통합할 것인가의 문제는 통합의 목적, 성격, 시수에따라 달라진다. 하지만 대부분의 교사가 한 학기를 계획하는 경우가 일반적이라는 점을 고려한다면, 도덕과는 3~4학년(혹은 5~6학년) 내용별 성취 기준 요소 중적어도 1/4을 포함해야 할 것이며, 다른 교과의 경우, 목적에 부합하는 관련 내용 요소들을 추출하면 된다. 대주제와 관련 있는 교과 및 내용 요소가 결정되고나면, 통합에 필요한 교과별 수업 시수[6]를 확정해야 한다. 이때, 각 교과의 내용요소와 수업 시수가 해당 주제의 목표를 구현할 수 있을 만큼 충분한지 진단하고 조율해야 하는데, 이 조율의 정도가 교육과정 재구성의 범위를 사실상 결정한다. 도덕과 중심 교육과정 재구성의 경우, 도덕과 교육의 목표, 성격, 내용, 영역, 수준이 먼저 반영되는 경향이 강하고, 다른 교과들은 대체로 그것들을 보완하는 형태로 활용되는 경향이 강하다. 하지만 도덕과 중심의 교과 간 통합일지라도 공립학교 교사는 다른 교과교육과정의 목표를 구현하거나 적어도 충족할수 있는 수준에서 교과교육과정 통합 재구성에 임해야 한다.

  3단계에서 교사는 각 교과에서 추출한 내용별 성취 기준 요소들을 학생들의발달성에 알맞은 교육활동으로 구성해야 한다. 이 단계에서 교사는 학생 발달과교과교육과정 성취 기준이라는 두 가지 축을 중심으로 각각의 교육활동을 구상하고 점검해야 한다. 우선 교사는 해당 학년 및 학반의 전반적인 발달성에 기초해 각각의 교육활동을 계획해야 하는데, 이때 교사는 동시에 학습 동기가 부족

---

6) 교과 간 통합의 경우, 초등학교 중 · 고학년은 교과 간의 분절과 많은 내용 요소들로 인해 대체로 학
   기당 최대 50차시까지 통합 재구성이 시수를 확보할 수 있다. 하지만 초등학교 저학년은 교과 간의
   통합적 성격이 강하고 다소 적은 내용 요소들로 인해 대체로 학기당 최대 150차시까지 재구성이 가
   능하다.

한 학생, 학습력이 부족한 학생, 특수교육 대상 학생, 소외적 환경에서 자라는 학생, 특별한 재능이나 성격을 보이는 학생 등 개별 지도가 필요한 학생들을 위한 맞춤형 교육활동을 함께 구상해야 한다. 이를 위해, 교사는 각 학습 활동별로 무난하게 참여할 수 있는 학생들과 그렇지 못할 것 같은 학생들을 구분하여 전체 수준의 교육과정과 개별 수준의 교육과정을 따로 계획해야 한다. 다음으로 교사는 각 교과교육과정의 영역별·내용별 성취 기준을 추출하여 자신이 계획한 각각의 교육활동이 해당 기준에 부합할 수 있는지를 점검해야 한다. 이 과정에서 교사는 각 교과의 내용별 성취 기준을 체크리스트나 루브릭으로 다시 정리하여 점검하는 것이 바람직한데, 그 이유는 이것들을 통해 교사는 자신이 구상한 활동들이 각 교과교육과정에서 제시된 영역 및 내용·목표를 빠뜨리지 않았는지 혹은 어느 성취 수준까지 도달할 수 있을지를 체계적으로 예측하거나 점검할 수 있도록 해 주기 때문이다.[7] 아울러 교사가 교육활동을 구상할 때는 일상적 활동 (과제, 조사학습, 실천기록장 쓰기, 저널 쓰기, 식물 기르기 등)을 수업 활동과 유기적으로 구상해야 하는데, 그 이유는 도덕과 중심의 교과교육과정 통합 재구성의 경우 수업 이외의 일상적 활동을 폭넓게 활용하는 것이 대체로 바람직한 교육적 의미나 효과를 가져 오기 때문이다.

4단계는 교사가 자신이 구상한 교육활동들을 하나의 일관된 순서도로 조직화하는 단계다. 물론 3단계와 4단계는 함께 상호 보완적으로 일어나야 하지만, 학습 활동의 조직화가 각각의 학습활동 구성만큼이나 중요한 역할을 한다는 점, 그리고 각각의 학습활동들은 그것의 조직화로 귀결된다는 점을 감안하여 따로 단계를 설정해 제시한다. 4단계에서 교사는 수업 활동과 일상적 활동의 유기적인 배열뿐만 아니라 초기·중기·말기 활동의 체계적인 배열을 개별 학생들의 학습

---

[7] 체크리스트(checklist)와 루브릭(rubric)은 목표 영역이나 내용 요소의 학습이 완수되었는지를 확인하는 평가 도구이나, 루브릭은 성취 수준을 구체적으로 제시한 점이 체크리스트와 다르다. 우리나라 국가교육과정의 경우, 능력별 성취 수준이 아니라 내용별 성취 수준을 제시하고 있으므로 대개 체크리스트만으로도 교사의 교육과정 재구성 계획에 대한 자가 점검을 성공적으로 수행할 수 있다.

측면에서 면밀히 검토해야 한다. 교육활동을 조직화할 때, 교사는 교육의 목적과 중요성, 학습활동의 일관성, 학습활동의 누가성, 학생 발달성과 교수 방법 및 자료의 적절성, 안전 및 윤리성을 고려해야 한다.

4단계를 좀 더 상세화하자면 다음과 같다. 첫째, 교사는 교육의 목적과 성격을 명료하게 인지하고 있는지, 그리고 자신이 구상한 교육활동들이 학생들의 삶에 중요한 교육적 의미나 가치를 부여할 수 있는지를 충분히 검토해야 한다. 둘째, 교사는 각각의 교육활동들이 자신이 세운 목적성과 성격을 일관되게 구현할 수 있도록 구성되었는지 검토해야 한다. 예를 들어, 어떤 교사가 구성주의적 목적과 성격을 구현하고자 한다면, 자신이 계획한 각각의 학습활동들이 구성주의적인지를 검토해야 할 것이다. 셋째, 교사는 교육활동들이 선행 학습을 배경으로 다음 학습이 일어나는 누가적 속성을 가졌는지 검토해야 한다. Dewey(1938)는 학습이 단절되지 않고 아동의 흥미와 경험을 배경으로 연계되는 것을 경험의 연속성(experiential continuum)이라고 개념화하였다. 내러티브적 교육과정 만들기(narrative curriculum-making)를 주창한 Huber, Murphy & Clandinin(2012)은 Dewey의 시간성의 개념을 스토리라인(storyline)으로 재개념화하였는데, 그녀는 학생의 학습은 자기 삶의 의미와 목적을 이야기 하기와 이야기 살기를 순환하는 과정에서 내러티브적 의미로 구성될 수 있도록 도와야 한다고 주장하였다. 넷째, 교사는 해당 학년의 전반적인 발달성은 물론 학생의 개별 차에 기초해 소재, 활동, 자료, 질문, 피드백, 평가, 과제 등을 알맞게 계획할 수 있어야 한다. 다섯째, 도덕 교과는 인간 존재의 가치 영역을 집중적으로 다루기 때문에 교사는 도덕 교과를 교육하는 과정에서 소외당하거나 심리적인 해를 입지 않도록 배려해야 한다.

아울러 대규모의 교육과정 재구성 작업을 효과적으로 조직화하기 위해서 교사는 학생과 교사의 현실적 사정, 학교의 행사 및 업무, 국가 기념일 등을 고려해야 하며, 수업 활동과 일상적 활동이 한 시기에 지나치게 집중되지 않도록 조직화해야 한다.

교과교육과정 통합은 교사가 가르치고 싶은 학습 주제를 미리 정한 뒤 국가교육과정과 절충하는 경로도 있으며, 철저히 학생의 삶과 실태에 기초해 학습 주제를 그들의 선택에 의해 선정되도록 하는 경로도 있으며, 교육과정을 먼저 면밀히 분석한 뒤 내용 요소들을 종합하는 귀납적 과정에서 학습 주제를 생성하는 경로도 있으나, 그 무게 중심에 따라 통합의 성격과 범위는 많이 달라진다. 어떤 경로를 선택하든 공립학교 교사의 교육과정 재구성은 학생들에 대한 이해와 성장, 그리고 국가교육과정의 요구라는 두 축을 모두 만족하는 범위 내에서 이루어져야 한다. 교육과정 재구성은 초등학교는 물론 중학교, 고등학교에서도 국가교육과정의 내용을 크게 벗어나지 않는 범위 내에서 탐구력, 창의성, 자율성, 발표력, 표현력 등 학생들의 다양한 탐구 학습 능력을 향상시키는 데 있어서 유용한 재구성 방법이다.

3) 교육과정 재구성 방법론

교과교육과정 통합 재구성이 학생들의 삶에 의미 있게 구현되기 위해서 교사는 학생 발달에 기초한 방법론들을 숙지하고 적용할 수 있어야 한다. 교과교육과정을 통합 재구성하는 근거는 앞으로의 사회가 분절화된 지식, 개별 학문의 내용적 지식 습득 이상의 교육을 요구한다는 시대적 요청에도 기인하지만, 통합적 학습이 초등학생의 발달적 특성에 가장 적절하다는 인식론적 요청에 크게 기인한다. Merleau-Ponty(1945)는 몸은 의식의 외부 대상이 아니라 몸을 통해서 외부 대상은 의식으로 주어지며, 따라서 인간 주체는 이미 몸-주체(body subject)라고 지적하였다. 즉, 인간의 모든 의식은 몸에 의해 여과되는 것이기에 몸은 단지 이성에 의해 구속되고 통제되어야 하는 대상이 아니다. 따라서 인간의 이성적 · 감성적 · 심미적 · 예술적 · 도덕적 차원은 근원적으로 분리되어 의식으로 주어질 수 없으며, 몸은 인간의 의식을 통합적이면서도 체화적인 의미로 존재하게 하는 융합적 역할을 함을 그는 강조하였다. 분절되고 관념적인 지식

개념은 아이들에게는 더욱 이질적일 수밖에 없는데, Dewey는 분절된 지식을 교육하는 전통적 학교교육의 폐해를 다음과 같이 지적하였다.

> 그것은(전통적인 교육은) 성숙을 향하여 서서히 나아가고 있는 어린 세대들에게 성인의 기준과 성인의 교과, 그리고 성인의 방법을 부과하는 교육이다. 성인과 어린 세대의 간극은 너무나도 커서 어린 세대에게 요구되는 교과나 학습의 방법, 그리고 행위의 방식은 어린 세대의 현재의 역량을 기준으로 보면 지나치게 이질적인 것이다. 그러한 것들은 어린 학습자가 현재 지니고 있는 경험의 범위를 벗어나는 것이다(Dewey, 1938: 22).

구체적으로 Dewey(1938: 63)는 어린아이들에게도 조용하게 반성할 수 있는 시간이 주어져야 하는데, 이 시간은 아이들이 더욱 활동적인 학습 뒤에 이어져야 하는 진지한 성찰의 시간이어야 하며 두뇌 외에도 손과 몸의 다른 부분들이 활용된 후에 얻은 것들을 조직하는 데 사용되어야 한다고 말했다. 여기서 Dewey는 신체활동과 노작 활동이 반성적이고 추상적인 활동보다 선행해야 함을 강조하고 있는데, 그의 주장은 Piaget가 개념화한 전조작기와 구체적 조작기의 특성과도 그 맥을 같이한다. 그런데 Dewey는 여기서 더 나아가 어린 학생들의 학습 소재는 자신의 구체적 경험성과 흥미에 기반을 둬서 선택되어야 함을 강조하였는데, 그는 "빨강을 잡으려면, 빨강이 아니라 빨갛기도 한 '대상'을 잡아야 하듯이, 도덕을 잡으려면 도덕이 아니라 도덕적이기도 한 '삶'을 잡아야 한다."(Dewey, 1909: 78)고 말했다. 앞의 근거들을 종합하여 볼 때, 초등학교 교과학습의 경우에는 학생들의 구체적 흥미와 경험에 기반을 둔 융합적 · 연계적 학습이 그들의 발달성에 적절함을 알 수 있다. 초등학생의 발달적 특성에 알맞게 도덕과 중심의 교과교육과정 재구성 전략을 정리하면 다음과 같다.

첫째, 도덕적 가치들은 외부에서 주입되는 방식이 아니라 학생이 자신의 맥락에서 던지는 진지한 물음, 탐구, 자각, 실천을 통해, 즉 흥미로부터 발현하면서 도덕적 가치들을 구성할 수 있도록 도울 수 있어야 한다. 왜냐하면, 자기 삶의 문제 해결 과정에서 형성된 도덕의 개념이야말로 외부에서 강제되는 도덕이 아니라 내적 동기에 의해 형성되는 도덕이 될 수 있기 때문이다(길병휘, 2012). 자신의 삶에서 생성된 도덕적 물음은 뒤따르는 학습을 자기 문제화에 기반을 둬 지속할 수 있게 해 주며, 학습의 과정에서 구성하는 도덕적 가치들을 자기 삶의 의미, 가치, 목적으로 내재화하도록 돕는다(박세원, 한정희, 2011). 개별화 학습에 기초해 생성된 도덕적 가치들은 당연히 저마다 다른 결과 양태를 보일 것이다. 하지만 학생들은 더불어 배움의 공동체 속에서 자신이 구성한 도덕적 가치들을 서로 교류하는 과정에서 더욱 반성적이고, 대화적인 도덕적 가치들을 형성할 수 있다. 도덕교육이 학생의 개별적 탐구와 공동체적 소통을 담보할 수 있을 때 학생들은 미래 사회가 던져 줄 복잡하고, 중층적이고, 전면적이고, 강력한 윤리적 문제들을 바람직하게 진단하고 해결하는 능력을 갖출 수 있게 될 것이다.

둘째, 도덕적 가치들은 각기 독립적으로 교육되는 것보다 학생들의 흥미와 경험에 기초해 융합적으로 학습되도록 해야 한다. 예를 들어, '좋은 가정 만들기'를 소재로 학습이 이루어지는 상황을 가정해 보자. 어머니의 하루 생활을 탐구하는 과정에서 특정 학생은 자연스럽게 어머니를 존중하고, 이해하고, 배려하게 될 것이며, 어머니와의 관계에서 성실하고, 정직하고, 절제하고, 효도하는 가치들을 융합적으로 학습할 가능성이 그만큼 크다. 이때, 다른 학생들은 아버지, 조부모님, 형제자매의 하루 생활을 탐구하고 그 결과를 학급 전체와 공유함으로써 국가교육과정에서 요구하는 '학습 내용별 성취 기준' 요소들을 충족할 수 있다. 또한, 이러한 대화적 학습 과정에서 학생들은 다양한 도덕적 가치를 융합적으로 학습할 뿐만 아니라 자신의 삶과 연계하면서, 맥락적으로 해석하고 적용하면서, 그리고 공유적 의미로 내재시키면서 학습할 수 있게 된다. 따라서 통합적 인성교육을 위해서 교사는 하나의 덕목을 중심으로 단원을 구성할 것이 아니라 여러 가지 도덕적 가치가 학생들의 구체적 흥미와 경험을 중심으로 융합적이면서도 자연스럽게 발현되고 형성될 수 있는 프로젝트 학습 방식을 활용하는 것이 더욱 바람직하다.

셋째, 학생들이 도덕적 가치를 자기 삶의 의미, 가치, 목적으로 내재화할 수 있게 하려면 교사는 비교적 많은 양의 차시들을 확보해야 하며, 각 차시들은 단절 없이 누가적인 삶의 이야기로 발전해 갈 수 있도록 조직화해야 한다. 도덕적 가치의 내면화, 실천화는 4차시(혹은 4주)만에 형성되기 어렵다. 그것은 학생들이 적어도 한 학기 동안 지속적으로 학습하는 과정에서 체화될 수 있다. 따라서 도덕과 교육과정 재구성은 한 학기, 혹은 한 학년의 영역별 내용을 하나의 전체 프로젝트로 설계하는 것이 바람직하다. 프로젝트 학습 설계 능력이 부족한 교사의 경우, 도덕 교과서에 제시된 한 단원을 최소 단위로 설정하여 재구성함으로써 교과 재구성 능력을 점차 확보해 가는 노력이 필요하다. 차시 재구성은 반드시 전체 단원(혹은 프로젝트) 속에서 고려되어야 하는데, 그 이유는 부분은 전체적 전경과의 조화 속에서만 온전한 존재 의미와 가치를 띠기 때문이다.

차시 배열의 경우, 기초학습과 난이도가 낮은 활동은 프로젝트 전반부에, 프로젝트가 진행됨에 따라 심화학습과 난이도가 높은 활동을 순서에 따라 배치하고, 후반부에는 종합 및 정리 활동을 배치하여 학생들이 이제까지 배운 것들을 메타인지적으로 개념화하도록 도와주어야 한다. 차시의 시간적 배열에서 중요한 것은 교사가 차시별 흐름도를 사전에 치밀히 계획하지만, 학생의 흥미, 요구, 학업성취도에 따라 다음 차시의 학습 소재, 내용, 방법을 절충하고 수정해 가야 한다는 점이다(박세원, 한정희, 2011). 그 이유는 학생들의 자기 문제화와 흥미를 높은 수준으로 유지해서 학습의 전 과정을 자기 삶의 이야기로 의미화할 수 있도록 해 주기 위해서다. 이를 위해 교사는 차시별로 선택 가능한 다양한 학습 소재, 내용, 방법을 미리 준비해 학생들과 협의하면서 그들이 자신의 흥미와 관심에 따라 다음 활동 내용과 방법을 선택하도록 배려해야 한다.

넷째, 교사는 차시별 흐름도를 인지 → 정서 → 행동(혹은 이해 → 판단 → 실천)의 순서대로 배열할 것이 아니라 프로젝트 전반에서 융합적으로 구현되도록 구조화해야 한다. 도덕과 교육과정의 목표는 인지적·정의적·행동적 목표로 나뉘어 진술되어 있지만, 구체적 조작기에 해당하는 초등학교 학생들의 경우 이들

목표의 구현은 구체적 체험, 노작 활동을 통해 융합적으로 접근하는 것이 가장 바람직하다. 차시별 조직화는 교사의 자율적 권한에 달려 있는데도 많은 현장교사는 아직도 학생들이 도덕적 개념을 먼저 이해하고, 다음으로 도덕적 태도나 판단을 형성하고, 마지막으로 도덕적 실천으로 옮겨 가야 한다는 오개념을 많이 가지고 있는 것이 사실이다. 이것은 교과서와 교사용 지도서가 그러한 형식을 인위적으로 유도하기 때문인데, 교과서 및 교사용 지도서의 집필자는 될 수 있는 한 교사가 이들 목표를 융합적으로 활용할 수 있도록 도와주어야 할 것이다.

여기서 자기 문제화(혹은 목적성)를 가지고 이루어지는 인간의 모든 활동은 실천적 성격을 가진다는 점을 교사는 폭넓고 완전하게 이해해야 한다(박세원, 2010). 예를 들어, '화목한 가정 만들기'를 주제로 이루어진 프로젝트 학습에서 학생들은 화목한 가정 만들기에 대한 저마다의 흥미와 목적을 분명히 가지고 개별 탐구 학습을 수행한다고 가정해 보자. 이 과정에서 학생들은 어머니, 가정, 아버지, 자녀의 역할 개념에 대한 이해, 좋은 가정을 만들고 싶은 정서, 판단, 의지의 형성, 그리고 공경과 효도뿐만 아니라 존중, 이해, 보살핌, 배려, 사랑, 성실, 정직, 책임, 자주, 용기, 예절, 협동, 민주적 대화, 정의, 사랑의 실천은 따로 분리되어 학습되는 것이 아니다. 자기 목적성(혹은 자기 문제의식)을 배경으로 전개해 가는 학습에서 학생은 어머니의 생활을 이해하고자 면접하는 활동도, 자신의 삶에서 어머니의 의미와 가치를 새롭게 느끼는 활동도 모두 실천의 의미를 가지는 것이다. 꼭 설거지나 심부름을 하는 것만이 실천은 아니다. 따라서 교사는 지식 → 태도(혹은 판단) → 실천이라는 기계적인 도식으로 도덕과 목표를 구현하려는 태도를 지양하고, 이들 영역이 학생들의 개별적 자기 목적성을 배경으로 프로젝트 전반에서 통합적으로 발현될 수 있도록 계획하는 데 초점을 맞추어야 한다.

다섯째, 교사는 초등학생들의 전반적인 발달성에 관한 폭넓은 이해에 기초해 교육과정 재구성에 임해야 한다. 왜냐하면, 학생의 발달성에 알맞은 수업의 전개는 학생의 자기 문제화, 인지화, 내면화, 실천화 등 학생의 학습력 전반을 높이거나 강화하는 데 결정적인 역할을 하기 때문이다. 필자가 현장연구를 수행한 결과를 바탕으로 초등학생의 학년별 학습 발달 특성을 정리해 보면 다음과 같다.

[저학년]

1~2학년 학생들은 자신이 처한 생활 장면과 거리가 먼 추상적 소재나 문자적 매체만을 통해서 비교화·논리화·의미화 활동을 전개하는 것은 매우 어렵다. 따라서 교사는 학생의 직접적 관심사에 바탕을 둔 생활 소재나 그들의 생활, 흥미, 능력에 알맞은 신체활동, 노작 활동, 오감을 활용한 관찰활동, 이미지텔링 등의 구체적 학습활동을 시행한 다음 그 학습 결과를 귀납적 방식으로 체계화, 상징화, 개념화, 의미화하는 방식으로 교육활동을 전개해야 한다. 이때 교사는 중요한 재구성 활동을 질문이나 토론보다는 흥미로운 활동으로 구성하는 능력이 필요하다. 교사는 학생들에게 역할놀이, 관찰학습, 체험학습, 그리기 등의 노작 활동으로 재구성 활동을 수행하게 한 다음 그 재구성 활동에서 얻은 이해를 '어떻게 생각해요?' '왜 그렇게 생각해요?' '이유가 뭘까요?' '만약 내가 ~라면 어떻게 했을까요?'와 같이 해석을 유발하는 질문을 이어 가는 것이 바람직하다.

[중학년]

3~4학년 학생들은 의미적·추상적 세계에 대한 호기심과 학습 의욕이 왕성하며, 이에 따라 사실에 대한 귀납적 분석과 개념화를 적극적으로 전개하는 시기다. 하지만 면접, 관찰, 인공물과 같은 자료를 독자적으로 수집하고 그 자료들을 체계적으로 해석하는 형식적 조작 능력에서 전반적으로 미흡한 점이 많다. 따라서 교사는 전체적으로 1~2학년과 비슷한 방식으로 학습활동을 전개하되, 체계적인 질문, 평가, 피드백, 재구성 활동을 도입하여 그들의 체계적인 추상적·형식적 조작 활동을 도울 수 있는 능력이 있어야 한다. 이들에게는 자율적 학습 동기와 발달성에 알맞은 재구성 활동이 적절히 유지된다면, 지구촌, 통일, 국가, 민족, 종교와 같은 추상적 의미도 대부분 체계적으로 개념화할 수 있다. 아울러 이 시기의 학생에게는 더욱 적극적이고 자유로운 학생 간 상호 활동과 평가를 통해 도덕적 사고, 정서, 실천의 지평을 확대해 줄 경우 학업성취도의 효과성을 극대화할 수 있다.

[고학년]

5~6학년 학생들은 체계적인 논리적·상징적·자율적 사고 활동을 전개하는 시기로,

교사나 교재의 일방적·권위적 주입이 더는 적용되지 않는 시기다. 교사는 학생의 말, 행동, 작품 등의 분석 과정에서 그들이 대부분 자율적인 생각과 관점을 뚜렷하게 가지고 있음을 확인할 수 있다. 따라서 교사는 학생의 흥미가 전제될 경우 구체적 학습이 아닌 추상적 학습만으로도 활발한 수업 전개가 가능하다. 또한, 이 시기의 학생들은 더욱 도전적이고, 탐구적이고, 비판적이고, 자율적인 학습 활동을 선호하는 경향을 강하게 보인다. 이에 따라 교사는 답이 이미 정해진 도덕적 개념을 내재화, 습관화시키는 수렴적 활동을 지양하고 보다 확산적이고 창의적인 수업을 구상하는 데 노력을 기울여야 한다. 다만 아직 구체적 조작기의 전형적인 특성을 가진 학생도 일부 있기 때문에(특히 5학년의 경우) 개인차를 고려한 수업의 전개가 필요하다.

여섯째, 초등학생들은 적극적인 체험 활동을 중심으로 이성적·감성적·미적·의지적·실천적 차원이 융합적으로 학습될 수 있도록 학습활동을 조직해야 하는데, 이러한 경향성은 추상적(혹은 개념적) 조작이 어려운 저학년에게 더욱 뚜렷하게 적용된다. Connelly와 Clandinin(1988: 26)은 "무언가를 안다는 것은 무언가를 느끼는 것이고, 무언가에 가치를 부여하는 것이고, 미적으로 반응하는 것이다."라고 말했다. 이는 앎에 있어서 감정적·미적·예술적·가치적 차원의 중요성을 여실히 드러내는 말이다. 초등학생들은 추상적이거나 문자적인 표상보다는 신체나 오감에 기초한 직접적 매체를 활용하여 도덕적 개념을 가장 성공적으로 생성한다. 여기서 직접적 매체란 신체활동, 미술 활동, 음악 활동, 실습활동 등을 말하는데, 교사는 직접적 매체를 활용한 표상 활동 이후에 구어적·문자적 표상 활동으로 이어 가면서 학생들의 추상적 개념화를 효과적으로 끌어 내는 것이 바람직하다.

따라서 초등학생들의 도덕적 의미, 가치, 목적의 구성은 신체, 관찰, 노작, 예술, 공예, 역할극과 같이 본능적이고, 예술적이고, 직관적인 차원의 매체가 도덕적 표상의 도구로 적극적으로 활용되어야 한다. 하지만 지금까지 이루어진 대부분의 도덕과 교육방법은 훈화적 이야기나 가설적 상황 제시 등 문자적 표상에 그쳐온 것이 현실이었다. 초등학생들은 세계를 몸(혹은 오감)으로 느끼면서 문제 의식을 생성하고, 미적으로 반응하고, 가치를 부여하면서 더욱 높은 수준의 이성적 사유를 하게 된다. 예술성, 심미성, 가치성, 감성, 이성이 학생의 체험(혹은 몸)을 통해 융합될 수 있을 때 도덕적 삶의 구성은 더욱 본능적이고, 강력하고, 전면적이고, 고차원적이고, 자기실현적인 방향으로 이루어질 수 있다. 미술교육자 Eisner(2002: 9)는 "예술 활동은 사고와 감정의 양식을 계발하며" "감정과 사고를 분리할 수 없는 방식으로 통합한다."고 지적하였다. 신체성, 예술성, 심미성, 감성이 빠진 도덕적 실체(혹은 이성적 실체)는 학생들에게 어른들의 도덕 언어를 의무론적 억압으로 강제할 가능성이 크다.

따라서 도덕 교과는 예체능 교과를 비롯한 다른 여타 교과와 연계하여 재구성될 때 학생의 발달성에 적합한 교육을 수행할 수 있으며, 학생들의 바람직한 도덕성 형성에 적절하게 이바지할 수 있다. 특히, 미술은 도덕 교과에서 다루는 모든 도덕적 가치를 무의식적 · 예술적 · 미적 · 감성적 · 가치적 · 이성적 차원에서 표상하고, 구성하고, 소통하도록 돕는 훌륭한 매체다. 미술 활동을 통한 도덕적 가치 형성의 예들은 다음과 같다.

① 미래의 우리 마을 표현하기(애향심, 환경보호, 인간의 존엄성, 공동체 의식, 인간애, 정의, 책임, 배려, 자연애)
② 재활용품을 활용한 실용물 만들기(절약, 효도, 우정, 자주, 성실, 절제, 책임, 협동, 배려, 환경보호, 생명 존중, 자연애)
③ 내가 기르는 애완동물 표현하기(동물 사랑하기, 생명 존중, 사랑)
④ 시사 포스터나 광고 만들기(평화통일, 질서, 국가애, 환경보호 등 모든 도덕적 가치)
⑤ 나의 장래 희망 표현하기(자주, 성실, 타인 배려, 수월성, 인격의 온전함, 책임, 생명 존중, 용기, 정의, 애국)
⑥ 내가 한 착한 일 표현하기(자아존중감, 자주 등 모든 도덕적 가치)
⑦ 우리 반 아이들 얼굴 그리기(다원성, 존중, 이해, 인간의 존엄성, 소속감, 공동체 의식)
⑧ 우리 반에서 일어난 좋은 일을 만화로 표현하기(모든 도덕적 가치)

음악 활동의 경우에도 다음과 같은 도덕적 가치를 길러 줄 수 있다.

① 클래식, 동요, 발라드 등의 음악을 학습활동 중에 들려주기(배려, 즐거움, 소속감)
② 학생들이 좋아하는 곡에 효도, 우정 등의 가사를 개사하여 노래 부르기(모든 도덕적 가치)
③ 동요나 발라드 음악에 도덕적 표상이 들어간 율동을 넣어 노래 부르기(사랑, 즐거움, 우정, 협동, 공동체 의식 등)
④ 생일축하 노래 부르기(인간의 존엄성, 존중, 보살핌, 예절, 공동체 의식)
⑤ 합창 및 기악 합주(공동체 의식, 조화, 배려, 즐거움, 소속감)

체육 교과의 경우, 선의의 경쟁, 자주, 책임, 협동, 정의, 공동체 의식, 배려, 예절, 성실, 용기, 절제, 준법, 정의 등의 도덕적 가치를 신체적 활동을 통해 학습하기에 알맞다. 특히 무용, 드라마 등의 신체적 표현예술은 도덕적 가치를 몸의 언어로 표상하고, 내재화하고, 체화할 수 있는 중요한 매체들이다.

실과 교과의 경우, 학생들은 인공물이나 자연물(동식물 기르기 등)을 생산하고 타자와 공유하는 과정에서 다양한 도덕적 의미, 가치, 목적을 구성하고 실현하는 데 기여할 수 있다. 실과 교과와 연계할 수 있는 구체적인 교육활동은 다음과 같다.

요리하기, 실뜨기, 청소와 쓰레기 처리하기, 책장과 옷장 정리하기, 손바느질 하기, 스킬 자수와 뜨개질, 간단한 생활용품 만들기, 재활용품 만들기, 가족신문 만들기, 용돈 기입장 쓰기, 동식물 기르기, 환경보호

국어 교과의 경우, 생활문, 독후감, 소설, 견학 기록문, 동시, 편지, 역할극 대본, 주장하는 글 등의 쓰기 영역뿐만 아니라 말하기 · 듣기, 읽기 영역을 포함한

모든 영역에서 도덕 교과와 연계할 수 있다. 하지만 도덕적 가치를 단지 문자적 매체만을 활용하여 표상하는 것은 전체적인 초등학생들의 발달성에 기초해 볼 때 바람직하지 않다. 따라서 문자적 매체를 활용할 경우 체험적 소재와 연계하여 학습하거나 구체적 노작, 직접적 매체를 통한 표상 활동 이후에 적극적으로 활용하는 것이 바람직하다.

사회 교과의 경우, 지리, 역사, 사회, 정치, 문화, 경제 등 모든 사회 현상에 관한 탐구는 윤리적 탐구를 내포하고 있다. 예를 들어, 지리 영역에서 학생들은 우리 마을에서 문제점을 가진 '공간'을 탐구하는 활동을 수행할 수 있다. 이때 학생들은 그곳에서 살아가는 주민(어린이, 청소년, 장애인, 여성, 노인, 환경미화원, 소외계층 등) 관점에서 대상 공간을 비판적으로 탐구할 수 있다. 이 과정에서 학생들은 쓰레기장, 녹지 공간, 공원, 인도, 주차 공간, 공사구간, 횡단보도, 특정 건물의 위치나 구조 등 각종 공간과 시설물의 윤리적 개념을 형성할 수 있다. 즉, 학생들은 특정 공간이 그곳에 사는 주민을 위해 어떻게 존재해야 하는지, 또 나는 시민으로서 그 공간과의 관계에서 무엇을 믿고 어떻게 행동해야 하는지에 관한 윤리적 탐구를 수행할 수 있다. 이와 비슷한 맥락에서 학생들은 사회 교과와 연계한 탐구를 통해 윤리적인 역사, 사회, 정치, 문화, 경제 개념을 적극적으로 구성할 수 있다.

과학 교과의 경우, 과학·기술사회의 윤리적·존재론적 문제를 탐구하는 활동을 통해 과학이 인간과 자연과의 관계에서 어떻게 존재했고, 어떻게 존재하고, 어떻게 존재해야 하는지, 또한, 과학자, 기술자, 기업인, 정치인, 시민은 과학(혹은 기술)과의 관계에서 무엇을 믿고 어떻게 살아야 하는지에 관한 존재론적 탐구를 전개할 수 있다. 과학·기술에 관한 존재론적 탐구의 예는 과학다큐멘터리 감상하기, 기술의 문제점 탐구하기, 생명과학자 인터뷰, 과학자의 전기 읽고 비평하기, 과학 상상화 그리기, 과학소설 쓰기, 미래 과학·기술사회의 윤리적 문제를 예측하고 묘사하기, 과학·기술문명의 윤리적 이슈 탐구하기, 과학·기술 바르게 사용하기 실천기록장 쓰기 등이 있다. 또한, 학생들은 동식물의 생육을 관찰하고 기르는 과정에서 생명 존중, 환경보호, 자연애 등의 도덕적 가치들을 보다 명료하게 내재화할 수 있다.

이처럼 도덕과 교육과정 재구성에서 교사는 다른 교과들을 적극적으로 연계하여 도덕과 중심의 통합 프로젝트를 설계할 수 있다. 초등학생이 자라서 언젠가는 과학자, 정치인, 문학가, 예술가, 교사, 건축가, 상인 등의 직업인으로서, 그리고 주민, 부모, 국민, 지구촌 시민으로서 복잡하고 다양한 윤리적 문제를 접하게 될 것이다. 타교과와의 연계 교육은 학생들이 복잡하고 다층적인 인간 현상, 특히 윤리적 현상을 분절적으로 보지 않고 통섭적이고 전체적인 관점에서 탐구하고, 이해하고, 해결하는 능력을 기르도록 하는 데 크게 도움을 줄 것이다.

일곱째, 도덕 교과는 사실의 문제보다는 가치의 문제를 다루는 교과이기 때문에 학생들이 학습의 과정에서 상처나 심리적 불안을 겪지 않도록 세심한 주의를 기울여야 한다. 예를 들어, '좋은 가정 만들기' 프로젝트를 할 때, 가족 달력 만들기, 부모님과 함께 요리하기, 부모님께 감사 편지 쓰기 등 부모님과의 적극적인 공유가 필요한 학습활동을 조직화한다고 가정해 보자. 이때 부모가 없거나, 결손가정의 학생들은 학습이 이루어지는 내내 마음의 상처를 경험할 수 있다. 따라서 교사는 학생의 삶과 환경에 대한 이해, 학생의 상황에 알맞은 맞춤형 수업 전략, 신뢰와 보살핌의 관계 형성, 학생의 학습과 생활지도에 대한 지속적인 평가와 피드백, 자신의 교수 행위가 학생에게 미치는 영향에 대한 민감성을 발휘하면서 교육과정을 계획하고 수행할 수 있어야 한다.

4) 교육과정 재구성의 평가

교과교육과정 통합 재구성을 계획하고 실행할 때 평가는 가장 핵심적인 역할을 하는데, 그 이유는 교사의 평가 활동이 곧 학생을 이해하는 활동이기 때문이다. 이때 평가는 진단평가, 형성평가, 최종평가의 세 단계로 나누어 수행되어야 한다. 진단평가는 학생들의 개별 발달과 학습 실태에 대한 진단 자료로 활용하기 위한 것인데, 교사는 체계적인 진단평가 결과를 기초로 교육과정 재구성을 계획해야 한다. 어떤 교과에서든 평가는 평가를 위한 평가가 되어서는 안 되며, 평가와 교수의 계속된 순환을 반복하면서 학생의 성장에 이바지할 수 있어야 한다. 그래서 평가는 교수활동이 이루어지고 난 후에 수행하는 것이 아니라 평가가 이루어지고 난 후에 교육활동이 수행되어야 한다는 관점으로, 즉 교수 → 평가의 순서도가 아니라 평가 → 교수의 순서도로 이해되어야 한다.

　진단평가는 다시 학생의 개별 발달에 대한 평가와 학습 실태[가르칠 개념들에 대해 학생들이 가지고 있는 지식, 태도, 기능(혹은 실천)의 양상]에 대한 평가로 나누어진다. 먼저 교사는 학생의 기질, 성격, 능력, 관심, 선행지식, 환경에 대해 평소에 종합적으로 이해하고 있어야 한다. 특히, 교사는 학생의 학교생활뿐만 아니라 교우관계, 방과 후 생활, 가정환경, 과거의 삶에 대한 이해를 충분히 하고 있어야 한다. 이러한 이해는 교사와 아동 간의 신뢰성, 효과적인 교육활동, 자기 주도적 학습, 개별화 및 맞춤화 전략, 수업에서의 윤리적 고려를 가능하게 해 주는 토대가 된다. 진단평가를 위해서 가장 많이 활용되는 자료수집 방법은 아동 성장철, 면접 및 상담, 관찰 및 기록, 작품을 포함한 인공물 해석이다. 학생의 신체적·지적·사회적·심리적·도덕적 발달 상태에 대한 온전한 이해야말로 교사가 무엇을 어떻게 가르칠 것인가에 대한 방법을 체계적으로 계획할 수 있는 토대가 된다.

　학생 발달에 대한 평가 활동은 대체로 수시적이고 지속적으로 이루어지지만, 국가교육과정이 요구하는 내용 요소에 관한 학생 실태 평가는 체계적이면서도 일시적인 성격을 주로 띤다. 이때 가장 많이 활용되는 자료 수집 방법은 설문이다. 예를 들어, '좋은 가정 만들기' 프로젝트에서 학생들이 가정, 부모, 형제에 대해 가지고 있는 개념, 태도, 기능적 요소들을 알아보기 위해 교사는 다음과 같은 내용에 대해 질적 설문(혹은 개방형 설문)을 시행하고 그 실태를 분석할 수 있다.

① 가정 하면 떠오르는 생각(개념, 태도)

② 부모 · 자녀 · 형제자매의 역할 및 기대(개념, 태도, 기능)

③ 좋은 가정 만들기에 대한 나의 기대(개념, 태도, 기능)

④ 좋은 가정이 무엇이고, 그렇게 생각하는 이유(개념, 태도)

⑤ 좋은 가정 만들기를 위해 실천하고 있는 것(기능)

설문지를 제작할 때 교사는 두 가지 축을 중심으로 질문을 작성해야 하는데, 첫째 축은 교육과정에 제시된 제재별 내용 성취 기준 요소이며, 둘째 축은 학생들의 실태에 대한 지식, 태도, 기능 요소다. 즉, 제재별로 제시된 각각의 내용 요소에 대한 학생의 지식, 태도, 기능의 실태를 전반적으로 담아 낼 수 있는 질문들을 구성해야 한다. 면접과 관찰은 개별적인 자료 수집이 있어야 하므로 많은 시간과 노력이 필요하지만, 설문은 단시간에 많은 학생 실태에 대한 자료 수집이 가능하다는 장점이 있다. 설문지를 실행한 후 교사는 학생들의 개별적 실태와 전반적인 실태를 각 축을 중심으로 분석하고, 범주화하고, 종합해야 한다. 그런데 설문은 학습 실태의 전체적인 경향성을 파악하는 데는 효과적이지만, 한 번밖에 묻지 못하기 때문에 개별 실태를 심층적으로 파악하기는 어렵다. 따라서 설문 분석 후 불명료하거나 추가적인 의문점이 발견되면, 교사는 개별 면접을 시행해야 한다. 교사는 체계적인 진단을 바탕으로 교육과정 재구성을 학급 수준과 개별 수준 모두에서 계획할 수 있어야 한다.

형성평가는 학생의 학습 수행 과정을 알기 위해서 프로젝트(혹은 단원)가 진행되는 과정에서 지속적으로 이루어지는 평가를 뜻한다. 형성평가는 크게 수업 중 평가와 수업 후 평가로 나누어진다. 주로 도입, 목표 제시, 단계별 활동, 정리 형태로 진행되는 단위 차시의 수업 흐름도는 누가성을 바탕으로 이루어져야 한다. 교사는 학생들이 현재 단계(혹은 활동)의 목표를 제대로 수행하고 있는지, 또 다음 단계로 진행될 준비가 되었는지를 판단하기 위해 순회, 행동관찰, 질의 · 응답, 대화, 인공물 관찰 및 해석 등의 평가 활동을 수업의 과정에서 성공적으로 완수할 수 있어야 한다. 또한, 교사는 이 과정에서 각 학생의 발달성에 기초해 개별적 지원을 할 수 있어야 한다.

교사는 단위 차시 수업을 마친 후에 학생들이 제작한 모든 인공물을 수거하여 개별적 · 전체적 수준에서 학생들의 학습 정도를 평가해야 한다. 그리고 인공물 분석 후에 발견된 불명료성이나 의문점에 대해서 교사는 개별적으로 추가 면접을 시행해야 한다. 역할극, 체험학습, 실습 등의 노작 활동이 수업의 주된 활동일 경우, 교사는 수업을 마칠 즈음에 '수업을 하고 난 후 새롭게 알게 된 점을 적어 보시오.'와 같은 간단한 설문을 시행하고 그 설문지를 수거하여 학습 실태를 해석할 필요가 있다. 또한, 수업 녹취(혹은 녹화)를 병행하면서 수업의 흐름, 질문과 반응의 실태, 학생-학생 간 상호작용, 학생-교사 간 상호작용, 학생 참여도 등을 파악하는 것도 중요하다. 교사는 이렇게 단위 수업이나 교육활동을 마친 후 학생의 학습 실태를 지적 · 태도적 · 기능적 목표 영역에 기초해 전체적 · 개별적 수준에서 평가한 후 이미 계획된 다음 수업이나 교육활동을 보완 · 수정해 나가야 한다. 이러한 일련의 형성평가 과정은 교사로 하여금 학생들의 학습 실태를 온전하게 이해하면서 그들이 후속 학습을 의미 있는 삶의 이야기로 형성하도록 돕는다.

최종평가는 통합 프로젝트(혹은 통합 단원)의 모든 수업과 교육활동을 마친 이후에 이루어지는데, 최종평가의 목적은 학생들의 학습이 프로젝트 사전과 사후에 어떻게 변화되었는지,[8] 그리고 교사의 교수활동이 학생의 학습에 미친 영향을 종합적으로 평가하는 데 있다. 전자를 위해 교사는 본 학습을 마친 뒤 자기 생각과 생활에 일어난 가장 큰 변화가 무엇인지를 적게 할 수 있으며, 후자를 위해 교사는 주요 활동 중에서 가장 도움이 된 활동을 적고 그 이유를 적어 보게

---

8) 프로젝트 학습에서의 사전 · 사후 설문지 문항 작성 및 분석 방법은 저자의 저서 『존재의 성장과 교육』(2009, 교육과학사, 178-187)을 참조 바람.

할 수 있다.[9] 최종평가에서 교사는 양적 설문을 병행할 수 있는데, 교사는 '좋은 가정 만들기' 프로젝트의 경우 지식, 태도, 기능 영역에서 학업성취도를 객관적 관점에서 파악하기 위해 다음과 같은 양적 설문 문항을 활용할 수 있다.

지식: 이 학습으로 나는 어떻게 좋은 가정을 만드는지 알게 되었다.
태도: 이 학습으로 나는 좋은 가정을 만드는 데 관심을 두게 되었다.
기능: 이 학습으로 나는 좋은 가정 만들기를 실천하게 되었다.
종합: 이 학습은 내가 좋은 가정을 만드는 데 도움이 되었다.

그런데 평가는 학생에 대한 교사의 평가에 머물러서는 안 된다. 학생들이 자신의 전체 탐구 과정(탐구 문제 생성, 탐구 소재 선정, 탐구 방법 선정, 학습 결과물 생성, 대화적 공유, 도덕적 가치 형성 등)을 스스로 의미화하는 자기평가는 필수적이다. 이를 위해 교사는 학생들이 체크리스트, 루브릭, 포트폴리오, 저널 쓰기, 자기 보고법, 실천기록장, 자기평가 기록지, 정리 메모장, 자기평가 질문지 등을 적절히 활용하여 앞에서 수행한 학습활동을 반성하면서 다음 학습활동을 계획하는 자기평가 → 자기학습의 순환을 지속하도록 도와주어야 한다.

또한, 학생들이 자신의 학습 결과를 친구, 교사, 부모(혹은 보호자) 등과 함께 상호 평가하는 과정도 필수적이다. 이를 위해 교사는 발표, 소개, 토론, 협의, 게시, 대화, 피드백을 짝 활동, 모둠 활동, 전체활동 차원 모두에서 적극적으로 이루어지도록 도와야 한다. 이때 친구들의 작품에 자기 생각을 적어 주는 포스트 잇을 활용하면 도움이 많이 된다. 친구들이 가진 생각과 정서, 그리고 삶의 의미, 가치, 목적을 서로 이해하는 과정에서 학생들은 많은 도덕적 가치를 삶의 맥락에서 자연스럽고, 주체적이고, 대화적으로, 또 폭넓게 습득할 수 있게 된다.

---

9) 진단평가와 최종평가를 수행할 때, 다인수 학급은 최종 설문과 추가적인 면접 형태로, 소인수 학급의 경우에는 면접 형태로 이루어지는 것이 일반적이다.

학생들의 자기평가와 상호평가가 활발하게 유지되기 위해서 교사는 학생들이 개별화된 학습의 전개와 대화적인 방식으로 서로의 학습 결과를 공유하고 형성할 수 있는 학습문화를 만들어 내는 것이 중요하다. 학생의 주도적인 자기평가와 상호평가는 그들로 하여금 반성적 사고, 대화적 삶의 구성, 이야기적 삶의 구성, 도덕적 학습공동체 형성에 중요한 역할을 할 것이며, 평가는 평가를 위한 평가가 아니라 학생이 대화적이고 소통적인 삶을 형성하는 데 있어서 강력한 힘을 부여할 것이다.

4. 교육과정 재구성에 관한 논의 및 제언

국가교육과정 재구성은 공립학교에서 이루어지는 모든 교육 행위가 학습자의 학습을 위해 존재한다는 대전제에 기초해 있다. 교사, 학교, 교사교육자, 교실, 교육제도는 물론 국가교육과정 자체도 학생 각자의 삶과 성장을 위해서 존재하는 것이지 그 역은 될 수 없다. 이러한 대전제에 기초해 교사의 교육과정 재구성에 대한 전문성과 자율성, 그리고 더 나아가 교사의 교권이 공적으로 부여되는 것이다. 하지만 현재의 공교육 사정을 살펴보면 교사의 교육과정 재구성에 대한 전문성과 자율성이 충분히 발휘되기 어려운 구조에 처해 있다.

교육과정 재구성에 관한 교사의 전문성은 온전한 학생의 삶에 대한 이해를 기초로 국가교육과정을 재구성할 수 있는 능력을 의미한다. 그러나 지금의 교육과정 통합 재구성은 교과서에 제시된 내용을 통합 재구성하는 정도에 그치고 있다. 그런 재구성은 재구성의 본래적 의미를 빗나가는 것인데, 그 이유는 그것이 본질적으로 저마다 다른 학생의 삶과 발달성에 근거하고 있다고 보기 어렵기 때문이다. 교육과정 재구성이라는 말 자체가 학생의 독특한 삶에 기초해 교수활동을 수행하기 위한 것이라는 점을 고려할 때, 이러한 주장은 당연하다. 따라서 교육과정 재구성에 관한 연구와 교사교육은 교사가 초등학생들의 삶과 발달성을 온전하게 이해할 수 있도록 하는 질적 탐구 능력을 함양하는 것에 기초해 재설정되어야 한다. 구체적으로 그것은 학생의 삶에 대한 질적 탐구, 학생의 학업 실태에 대한 탐구, 초등학생의 신체적 · 지적 · 사회적 · 심리적 · 도덕적 발달에 대한 체계적인 탐구에서의 전문적 능력이다. 교사는 교육과정 재구성이 학생의 삶과 발달성에 대한 온전한 이해에 기초해 그들의 발현적 학습을 이끌어 내는 행위라는 점을 폭넓고 완전하게 인식해야 한다.

교육과정 재구성에 대한 교사의 자율성을 확대하기 위해서는 교육부가 교과서와 교사용 지도서를 단위 차시 내용까지 상세화하기보다는 현장의 교사들이 학생의 삶에 대한 맥락에 기초해 다양하게 교육과정을 재구성할 방법, 사례, 학습 자료를 체계적으로 소개하는 가이드로 그 성격을 재설정할 필요가 있다. 그 이유는 아무리 교과서와 교사용 지도서가 효과적으로 개발된다고 하더라도 그것들이 교사가 지금 이 순간 가르치는 학생들의 삶 하나하나를 모두 담아낼 수는 없기 때문이다.

물론 현재의 교과서 개발은 예전보다 학습자의 경험과 초등학생의 발달성이 잘 반영되도록 이루어지고 있는 것은 사실이지만, 이 부분에 대한 체계적인 개선 노력은 여전히 필요해 보인다. 도덕 교과서는 추상적 사고 조작 능력이 아직 체계적으로 발달하지 못한 초등학생들이 자신의 흥미와 경험적 소재에 기반을 두고 구체적 · 개별적 학습의 전개를 할 수 있도록 구조화되어야 한다. 또한, 도덕 교과서는 먼저 신체적 노작과 표상, 다음은 오감을 활용한 노작과 표상, 그다음에는 문자를 활용한 표상으로 이어지는 구체적 조작기 아동의 학습 전개를 잘 반영할 수 있도록 설계되어야 할 필요가 있다. 비경험적 텍스트를 학생들에게 제시하고, 그들이 정답이 내재한 가치를 찾고, 내면화하고, 실천하도록 유도하는 지금의 교과서 형식은 권위를 존중하는 저학년 학생들에게는 효과적으로 적용될 수 있어도, 형식적(혹은 자율적) 조작 능력이 발휘되는 5~6학년 학생들에게는 도덕 내지 도덕 교과에 대한 부정적 개념을 형성하게 만드는 요인이 되기도 한다(이연수, 박세원, 2012). 따라서 고학년의 경우보다 개방적이고(혹은 확산적이고), 탐구적이고, 자율적이고, 도전적인 학습을 촉진할 수 있는 도덕 교과서의 개발이 필요하다.

다음으로 지역 교육청과 단위학교에서도 교사의 교육과정 재구성에 대한 실질적 자율권을 제공할 수 있도록 최선의 노력을 기울여야 한다. 현재 단위학교의 경우 교과서의 내용에 근거해 학업성취도 평가를 시행하는 학교가 많은데, 이 경우 교사는 교과서의 내용을 모두 다루어 주어야 한다는 부담감을 가질 수밖에 없다. 따라서 지역 교육청과 단위학교에서는 학년(혹은 학기)이 시작되기 전에 교사가 학급단위 교육과정 재구성 계획을 제각기 완수할 수 있도록 제도를 보완해야 한다. 또한, 교육청과 단위학교는 교과서 위주의 암기식 수업보다 학생의 삶에 바탕을 둔 교육과정 재구성이 대학입시, 취업, 직장활동 등 학생의 장기적 성장과 우리 사회의 전반적인 발전에 어떻게 이바지할 수 있는지를 학부모에게 지속적으로 홍보하고 설득하는 작업도 함께 펼쳐 나가야 한다.

아울러 교사에게 국가교육과정 수행과 관련 없는 업무 분장을 부과하는 것은 교권침해의 소지가 있다는 점도 숙지해야 한다. 초등교사는 다수의 교과를 다룬다는 점에서 중등교사보다 교과 재구성 부담이 이미 가중되어 있다. 또한, 학생들의 삶 하나하나를 온전히 이해하면서 교과교육과정을 재구성하기 위해서는 교사가 학생 탐구와 교재 준비에 많은 시간을 투자할 수 있도록 여건을 마련해 주어야 한다. 그런데 현장의 초등교사들은 국가교육과정 수행과 관련이 적은 각종 업무와 행사들로 인해 교육과정 재구성에 시간을 투자할 수 없는 환경에서 사는 것이 작금의 현실이다. 따라서 국가는 국가교육과정 문서에 제시된 직접적 요구 이외의 업무들의 경우, 따로 그 업무들을 수행할 수 있는 인력을 확보해 별개로 운영함으로써 교사가 실제적인 자율성을 발휘할 수 있는 조건을 만들어 주도록 노력을 기울여야 한다.

마지막으로 초등교사들도 교권의 의미와 가치를 스스로 자각하고, 지켜 내고, 회복하도록 노력해야 할 것이다. 교육과정 재구성 권한은 교사의 전문성을 대변하는 핵심 언어다. 현실적 여건이 교육과정 재구성을 수행하기에 어려운 점이 많을지라도 교사들은 교육과정 구성과 실현의 주체로 당당히 서야 한다. 왜냐하면, 교사라는 이름은 학생을 위해 존재하는 이름이며, 저마다 독특한 학생 하나하나의 삶이 교사의 전문적 보살핌을 기다리고 있기 때문이다. 그 중심에 교육과정 주체로서 교사의 삶의 행로가 놓여 있다.

참고문헌

길병휘(2012). 도덕과교육의 정체성에 대한 비판적 검토. 초등도덕교육, 제40호, 1-40.

교육부(2012). 도덕과 교육과정. 교육부 고시 제 2012-14 [별책 6].

박세원(2009). 존재의 성장과 교육: 과학 · 기술사회를 살아갈 아동을 위한 실존주의 도덕교육. 경기: 교육과학사.

박세원(2010). 도덕교과에서의 실천성의 재개념화: 철학적 접근을 중심으로. 대구교육대학교초등교육논총, 26(2), 37-56.

박세원, 한정희(2011). 자기문제화에 기초한 바른생활과 단원 재구성. 초등도덕교육, 37, 한국초등도덕교육학회, 155-185.

이연수, 박세원(2012). 초등학생의 도덕 개념에 대한 은유 분석. 인격교육, 제6권, 제1호, 한국인격교육학회, 1-35.

조용기(2005). 교육의 쓸모. 경기: 교육과학사.

최석민(2005). Dewey와 교육: 초등교육을 중심으로. 경기: 교육과학사.

Connelly, F. M., & Clandinin, J. D. (1988). *Teachers as curriculum planner: Narratives of experience*. New York: Teachers College Press.

Dewey, J. (1909). *Moral principles in education*. Boston: Houghton Mifflin, 조용기 역 (2011). 교육의 도덕적 원리. 대구: 교우사.

Dewey. J. (1938). *Experience and education*. New York: Macmillan Publishing Company.

Eisner, E. W. (2002). *The arts and the creation of mind*. Harrisonburg, VA. Yale University Press.

Huber, J., Murphy, M. S., & Clandinin, D. J. (2012). *Places of curriculum making: Narrative inquiries into children's lives in motion*, UK: Emerald Group Publishing Limited.

Merleau-Ponty, M. (1945). *Phénoménologie de la perception*, Paris, France: Gallimard, (2002). 'Phenomenology of perception'. New York: Routledge.

Pinar, W. F. (1975). *Curriculum theorizing: The reconceptualists*. Berkely, CA: McCutchan Pub, Corp.

제9장

교육과정 주체로서 중등교사의 삶과 연구자 내러티브[1)]

김대군[2)]

1. 서 론

현재 중등학교 교사는 사범대학, 일반대학 교직과정, 교육대학원을 통하여 교사자격증을 가진 사람이 임용고사나 공채를 통해서 임용된다. 흔히 임용고사에 합격하거나 발령을 받게 되면 교사가 되었다고 한다. 교사가 되었다고는 하지만, 이는 됨됨이를 두고 한 말이 아니라 교사라는 직업을 가진 존재임을 일컫는 말이다. 따라서 교사가 되었다기보다는 교사자격증을 가진 사람이 학교에서 교사라는 직업생활을 하게 되었다는 의미다.

교사가 된다는 것에 대해서 생각해 보자. 당위로서 교사됨은 교과의 전문지식을 습득해서 학생들에게 각과 교수법을 구사해서 가르치는 일을 지속함으로써 얻게 되는 교사다움에 대한 지칭이다. 교사다움에 대해서는 관념적으로 어느 정도 인식하고 있지만, 현실에서 교사다움에 걸맞은 됨됨이를 갖추는 것은 쉬운

---

1) 이 글은 저자가 『현상 · 해석학적 교육연구』(2011, 한국교육 현상 · 해석학회, 제8권 2호, 53-72)에 게재했던 '교육연구에서 내러티브 탐구'를 바탕으로 해서 주제에 맞게 수정 · 보완한 글이다.
2) 현 경상대학교 교수

일이 아니다. 교사에 대한 사회적 요구대로라면 성직자 못지않은 도덕성도 갖추어야 하고, 학부모가 지도할 수 없는 전문지식을 가지고 모범을 보이는 생활지도를 해서 학생들로부터 존경받는 각별함이 있어야 한다. 그런데 현실의 중고등학교 교사도 생로병사에 시달리는 보통 사람으로서 교직의 문제점들에 부딪히면서 일상적인 날들을 보내고 있다.

과연 중등교사들이 예비교사로서 생각했던 교사됨의 꿈을 이루고 있는지를 묻는다면 부정적인 대답을 유도하는 것밖에 안 될 것이다. 교사의 삶에 대한 평가는 이상과 현실 사이의 어떤 잣대를 갖다 대는가에 따라 긍정적일 수도 있고 부정적일 수 있다. 학교를 문제투성이로 보고 그 중심에 교사를 두는 시각도 있고, 문제투성이이지만 문제를 해결하고 바르게 이끌려고 분투하고 있는 삶이 교사의 삶이라고 보는 시각도 있다. 교사의 삶과 경험을 접하지 않고 외적 기준으로 추상적인 교사의 됨됨이를 가정하고 보는 교사에 대한 평가는 그릇될 수밖에 없다. 적어도 문제점의 옳고 그름을 논하기 위해서는 교사의 이야기에 귀를 기울인 이후가 되어야 할 것이다.

중등교사의 삶을 가장 이상적으로 보는 대상은 사범대학에 진학하고자 하는 입시생들이라 생각된다. 해마다 치러지는 대입전형 때 면접에서 지원동기를 물어볼 때마다 학생들은 중등교사를 추상화시켜 이해하고 있다는 것을 느끼게 된다. 점수를 잘 받기 위해 의식적으로 조작된 답변을 하는 경우도 있겠지만, 진정성이 있어야 좋은 점수를 받을 수 있으므로 한편으로 보면 어느 정도 진실한 답변으로 볼 수 있다. 상당수 학생은 과거의 선생님을 보고 가르치는 일이 좋다고 생각되었다고 한다. 여러 과목 중에서 특정 전공과목을 선정한 이유도 그 과목을 가르치던 선생님의 영향을 받았다고 한다. 다행히 그 학생이 훌륭한 선생님을 만났다고 볼 수도 있겠고, 선생님에 대한 환상이 엎어져서 훌륭한 직업으로 인식되었을 수도 있다.

Lortie(1975)는 교사가 되려는 사람들에게 교사가 훌륭한 직업으로 인식되는 다섯 가지 이유가 있다고 하였다(김영천, 2005: 127. 재인용). ① 학생들과 지내고 어울리기 때문에 사람을 좋아하는 사람에게 만족감을 준다. ② 도덕적 가치를 전달하는 숭고한 직업이다. ③ 자신이 이루지 못한 인생에의 꿈을 학생들에게 대신하여 실현하게 할 수 있다. 대리만족을 느낀다. ④ 직업적으로 안정적이다. ⑤ 다른 직업에 비해 시간적 여유가 많다. 근무시간이 정확하고 방학이 있다는 것이다. 예비교사들이 속속들이 알 수는 없겠지만 틀린 이야기는 아니다.

교사가 된 이후에도 시종일관 훌륭한 직업 생활을 하는 중등학교 선생님들이 대다수일 수도 있다. 다만 만족도 조사를 통하여 교사들이 현실에서 얼마나 시달리고 있는지를 알 수 있다. 전국교직원노동조합에서 리서치회사와 공동으로 조사한 교직 만족도를 보면 교직 생활 전반에 대해 만족하는 교사는 26%에 불과했다(김용택, 2013). 양적인 조사이기 때문에 그대로 믿을 수는 없지만, 어느 정도 현실을 반영한 것으로 해석해 볼 수 있다. 교직에 대한 매력에 끌려 교사가 된 후에는 과중한 수업 부담, 수업 외의 과다한 잡무, 승진의 기회가 낮고 경제적 보상이 기대치를 밑돌고, 교직의 권위는 갈수록 낮아지고 있으므로 만족도가 낮은 것이다.

교사가 된 이후에는 돈, 명예, 권력을 추구하기가 쉽지 않기 때문에 가르치는 일에서 보람을 찾지 못하게 되면 허탈감을 느끼고 좌절할 수밖에 없다. 이러한 현실에서 가르치는 일에서 보람을 찾기 위해서는 무엇보다도 교사로서 전문성을 갖추고 있어야 한다. 전문성을 어떻게 보는가에 따라 다양한 시각이 있을 수 있다. 크게 보면 전달자로서 효능을 갖춘 전문가와 해석자로서 탐구 능력을 갖춘 전문가로 나누어 볼 수 있겠다. 효능적인 측면에서 교사는 인재를 교육해서 국가의 성장에 기여할 수 있도록 미래 세대를 준비시키는 역할을 담당하게 된다. 이러한 관점에서 보면 교사는 이미 주어진 교육과정을 통해 효과적인 결과를 내는 직무 수행자가 된다. 탐구적 측면에서 교사는 연구자로서 반성하고, 창의적인 교육과정의 해석자로서 역할을 하고, 새로운 학교문화를 만들어 가는 역할을 하게 된다. 이 장에서는 교사가 전문가로서 자리매김하기 위해서는 연구자로서 자기반성을 할 수 있어야 한다는 측면에서 교사됨에 있어서 교육연구의 위상과 교사의 내러티브 탐구의 의의를 찾아보고자 한다.

2. 중등교사의 직업과 삶의 특징

1) 역할수행에서 느끼는 갈등과 보람

교사는 인간을 가르치는 일을 하고 있고, 중등교사는 중학생, 고등학생을 가르치는 일을 한다. 교사가 아니라도 가르치는 직업이 있지만, 학교에서 가르치는 일은 주어진 교육과정을 기반으로 해서 역할인수와 역할이행을 담당하고 있다는 특징이 있다. 국가의 교육정책을 인수해서 역할이행은 크게 교과지도와 생활지도로 행해진다. 역할인수로 인해서 교사는 서로 다른 학생들에게 같은 지식을 가르쳐야 하는 역할을 담당하고 있다. 인수받은 역할을 이행하는 데 있어서 자율성이 있지만, 개별 학생에게 개별적 교육을 할 수는 없다. 지적 수용도가 다른 다양한 학생에게 같은 것을 가르치는 데에서 어려움을 겪게 된다. 대학에서 배운 지식은 교직 현실에 맞지 않는 이론으로써 그치는 경우가 많다. 직중연수가 온라인과 오프라인에서 많이 개설되어 있지만, 승진이나 인사이동의 점수를 채우기 위한 도구로써 연수는 도움이 되기보다는 심신을 지치게 하는 경우도 많다. 교과 내용이 크게 변하지 않더라도 새로운 세대들로 뒤바뀌는 중·고등 학생들의 세대에 맞추어서 교과지도를 한다는 것이 벅찰 수 있다. 게다가 다양한 학생에게 다양한 생활지도를 해야 하는 임무도 주어지는데, 이러한 교과 외 개별성을 고려하는 지도는 획일적인 교과지도 이상으로 교사에게 가르치는 어려움을 겪게 한다. 학생마다 지적·정서적 특성이 다르므로 무엇을 계발해야 하는지도 모호할 수밖에 없다. 지식을 강조해야 할지, 재능을 계발해야 한다고 할지 아직 선명하게 드러나지 않은 능력 일부만 보고 삶의 방향을 제시하기도 쉽지 않다.

중등교사는 엄마가 성모 마리아라도 대든다고 하는 사춘기의 청소년들과 생활해야 한다. 그런 학생들의 수가 많고 학생들의 학력차가 심해서 시점을 맞추기가 쉽지 않다. 중학생들은 초등학생들의 학력 차에 비해서 더 크고, 고등학생들은 중학생들보다 학력 차가 더 크다. 고등학교는 비슷한 학력을 가진 학생들을 모아놓았다고 해도 난이도의 차이를 극복하지 못하는 학생들이 있으므로 수업 수준을 맞추기가 쉽지 않다. 그런데도 학생들은 중등교사를 전문 지식인으로 대하지 않고, 학부모들도 중등교사를 전문 지식인으로 대우하는 경우가 많지 않다. 대학을 나온 학부모들은 중등교사의 수준을 중고등학교 학생의 지식수준과 같게 생각하는 경향이 있다. 이런 시각은 교사로서 자부심을 갖기보다는 스스로 전문 지식인으로서 자신을 비하하게 하는 요인이 된다. 전문 지식인으로서 교과지식 전달을 하고자 해도 회의감이 들게 하고, 지식전달보다 생활지도가 중요하다고 생활지도에 열중하면 학생들은 선생님으로 존중하지 않고 피해야 하는 대상으로 거리감을 두게 된다. 이렇다 보니 교장과 교감이 되지 않고 평교사로 정년으로 가는 교사들은 교직 외에 다른 일에 관심을 두는 경우가 생긴다. 교직에 대한 몰입도가 떨어짐으로써 학생들과도 거리가 생기고, 동료교사들 사이에서도 인상적이지 못한 존재로 있고, 자신도 충실하지 못한 것이 스트레스로 오기 때문에 명예퇴직을 생각하는 일이 많아지고, 그야말로 세월을 죽이는 것이 일이 되기도 한다.

그런데도 교사의 역할이행에서 느끼는 갈등 못지않게 보람도 크다는 것이 교직의 매력이라 하겠다. 교사가 보람을 느끼는 것은 개인에 따라 다를 것이다. 교육과정을 실천하는 중에 느끼는 보람을 크게 보면 학생의 변화와 자신의 변화에서 성취감을 느낀다는 것을 알 수 있다(김영천, 2005: 137).

또한 학생이 교사 자신으로 인해 변화할 때 성취감을 느끼게 된다. 그래서 다수의 교사는 변화 가능성이 있는 학생에게 정성을 쏟기 쉽다. 성적이 오를 가능성이 보인다든지 지금은 태도가 나쁘지만 변할 가능성이 있으면 교사에게 더 큰 관심을 받을 가능성이 크다. 이러한 학생의 변화가 성공으로 이어질 때 성취감은 더 커진다. 제자의 성공 소식을 직간접적으로 접하는 것도 즐거운 일이지만 특히 직접 찾아와서 성공적인 진학이나 취업을 교사의 덕분으로 밝힐 때 성취감은 배가 된다. 이런 경우가 있다면 평생의 자랑거리로 삼고, 삶의 정체성을 확인하는 계기가 되기도 한다.

교사 자신이 교직에서 스스로 노력하여 자신이 돋보이는 것도 보람으로 연결된다. 성공적인 공개수업이나 특별과제수행으로 인한 수상, 그리고 교직의 수행에서 이루게 되는 여러 가지 칭찬, 예를 들어 학부모 간의 분쟁조정, 상담의 성공, 신문이나 뉴스에서의 기사화, 위원 임명, 강사 초대, 승진 등에서 성취감을 얻게 된다. 학생들에게서 성취감을 느끼지 못하는 경우 자신에게 더 몰입해서 자랑거리를 만들고자 노력하기도 한다.

그런데 학생에게 들이는 교사의 노력 중 상당 부분은 불명확한 결과로 나타나거나 먼 미래에 나타나기 때문에 성취감을 느끼기가 쉽지 않다. 교사의 수행능력으로 인한 결과는 간접적으로 나타나거나 추상적인 성과로써 나타나기 때문에 좋은 평가를 받을 수 있는 근거가 되는 경우는 드물다. 지도 학생이 성공했다 하더라도 학생의 일생을 두고 볼 때 특정 교사의 기여도는 불분명하고, 분명한 경우조차 학생이 인정하지 않으면 밝힐 도리도 없다.

2) 중등교사의 삶의 특징

발령받은 것으로 교사이지만 됨됨이 면에서는 교사가 되어 가는 과정을 밟고 있는 것이 교사의 삶이다. Lieberman(1956)은 교사의 삶의 특징을 반복적인 활동의 연속, 비공식적인 규칙의 지배, 학교 내 사람들과의 상호작용 등 세 가지로 요약하고 있다(김영천, 2005: 151-154 재인용). 첫째, 중등교사들의 일생을 두고 봐도 반복적인 활동의 연속이라 할 수 있다. 국공립 교사들은 전근을 가지만, 특별하게 달라지는 않는다. 담당 교과가 정해져 있으므로 예외적인 상황은 드물고 해마다 같은 일이 반복된다. 리듬으로 크게 보면 학기 초, 시험 기간, 학기 말, 방학이 포인트가 될 것이다. 둘째, 비공식적인 규칙이란 교사들이 역할이행에 있어서 자율성을 갖고 있다는 것으로 봐도 될 것이다. 다른 직업에 비해 조직 내에서 규칙을 실행하는 데 있어서 교사 각자가 자율적으로 행동하기 때문에 공유된 규칙이 적다. 전적으로 교사 각자의 주관에 따라 가르치고 생활지도를 하므로 교사 상호 간의 규칙에 대한 해석의 공유 기회가 많지 않다. 따라서 교사가 어떻게 학교생활을 하는지는 동료교사들 사이에서도 불투명하고, 학교장도 감독할 수 있는 사안이 아니므로 잘 알 수 없다. 큰 틀에서 교육과정과 교수에 있어서 규칙, 생활지도에서 규칙은 공식화되어 있지만, 더 많은 부분은 역할인수와 이행을 하는 교사의 재량에 맡겨져 있다. 셋째, 학교 내 사람들과의 상호작용에서 교사는 시간 대부분을 학생들과 보내게 된다는 특징이 있다. 교장 및 교감과의 관계, 동료교사와의 관계, 학부모와의 관계가 있지만, 상호작용의 폭이 매우 제한되어 있다. 다양한 인생을 폭넓게 접하는 것이 아니라 학교 내의 상호작용에 따른 의식이 굳어져 반복되기 때문에 사고의 폭이 제한되고 경험이 제한되어 다양한 삶에 대한 간접체험도 학교 내의 인간관계 속으로 매몰될 수 있다.

교사의 인간관계에 주목해 보면 학교는 미완성적인 인간들 간의 갈등의 장이라 볼 수도 있다. 교사는 교장, 교감, 동료교사, 교직원, 학생, 학부모와의 관계를 교실, 교무실, 행정실을 통해 유지하고 있다. 교장, 교감은 과거에 교사이긴 했지만 현재는 가르치는 일을 하지 않고 있으므로 행정실 직원과 크게 다르지 않고 교사와는 공유하고 있는 일이 많지 않다. 그런데도 교장, 교감이 의사결정에서 주도권을 가지고 있으므로 결정에 종속되는 교사로서는 교장, 교감과 갈등을 빚기 쉽다. 교사의 눈으로 보면 교장, 교감은 가르치는 일에는 관심이 없고, 학부모들의 간섭이나 학생들의 문제로부터 교사를 보호하는 데에는 인색하면서 교사에게 책임만 물으려는 비위에 거슬리는 관리자로 학교 가기가 싫게 만드는 존재로 여겨지기 쉽다.

그렇더라도 동료교사 간의 관계의 원만함은 교사들을 학교로 이끄는 요인이 될 수 있다. 학생들이 교사를 학교로 이끄는 긍정적인 힘이 될 수 있겠지만, 동료

교사들도 그 역할을 할 수 있다. 같이 일하는 이웃이 마음에 들면 하루하루를 보내기가 힘들더라도 활력적일 수 있다. 그런데도 교직의 특성상 담당 과목의 독립성과 행정업무의 불공정한 분담이 씨앗이 되어 동료 간 갈등이 심화될 수 있다. 서로 최소한의 의무만 하고 감정 교류를 최소화시키는 것이 무난한 학교생활을 하는 지름길로 여기는 경우들이 생기게 된다. 이렇게 되면 동료교사들도 학교로 유인하는 요인이 되지 못한다.

한편, 교사와 학부모의 인간관계도 자유화 정도가 커지면서 갈등도 비례해서 커지고 있다. 소수 우등생의 부모가 아니라면 자신의 학생을 열등하게 서열 지우는 교사를 긍정적으로 존경하기는 쉽지 않다. 권위주의 시대의 학부모는 교사에게 감사하다는 표현만 가능했다면, 자유사회에서는 자신의 자식만 특별나게 돌봐 주는 것도 아니면서 낮은 서열을 매긴다면 교사에게 감사하기보다는 불만을 갖기 쉽다. 학부모 회의나 의사소통을 할 수 있는 채널이 있다면 교사에게 쉽게 불만을 토로하기 때문에 교사로서는 학부모는 학생의 성장에 있어서 동반자라기보다는 비위에 거슬리는 적대자가 될 수도 있다.

학교에서 교사의 삶과 인간관계로 미루어 봐도 알 수 있듯이 교직이 갖는 이상은 높지만, 현실의 교사들은 미완성적인 상태에서 되어 가는 존재라는 것이 실존적인 진실이다. 사회에서 교사에게 주어지는 기대는 일반 회사의 회사원에게 거는 기대와는 달리 완벽한 교사를 원하기 때문에 충족하기 쉽지 않다는 것을 교사들이 알고 있다. 따라서 충족할 수 없는 업무능력과 헌신에 대처하기 위해서 교수·학습 외에 주변적인 것의 경중을 가려서 불필요한 문제는 피하고 간과하는 자세를 갖게 된다. 학생들이 가진 문제, 학부모들이 방치한 문제, 학교가 해결하지 않고 있는 문제를 스스로 해결해 보려는 의지도 교직 경력이 높아지면서 오히려 약화한다. 교장, 교감, 동료교사로부터 지지를 받고 학생들로부터 최고의 선생님이란 찬사를 듣고 싶어 하는 욕망도 줄어들게 된다. 이러한 실존적 문제는 교사됨에 다가가기보다는 직무 연한이 높아지면서 더 멀어지게 한다. 이런 측면에서 보면 교직 생활에서 교사됨의 완성에 장애가 되는 것을 극복하기 위해서는 자신의 삶의 이야기에 민감하고, 교사로서 내러티브 정체성을 확고히 하는 것이 필요하다. 교사로서 내러티브 정체성의 핵심에는 연구하는 교사가 자리 잡고 있다. 새로움을 느낄 수 있는 새로운 지식을 업데이트하고, 학생들의 호기심을 충족시켜 주는 데에서 쾌감을 느끼고, 자신의 이야기를 완성해 가는 교사라면 교육 연구의 끈을 놓지 않을 것이다.

3. 교사의 전문성과 교육 연구

교직은 전문직으로 간주하고 있다. 왜냐하면 교직을 연구를 통하여 유지되는 전문적 지식과 전문화된 기술을 필요로 하는 공동의 업무로 보기 때문이다. 교직이 전문성을 가져야 한다는 뜻은 여러 가지로 풀이할 수 있으나 그 핵심은 두 가지로 요약할 수 있다. 그 하나는 교직이 지성을 필요로 하는 정신적 활동이며, 일정 기간에 걸친 교육과 훈련을 받지 않고서는 그 직업에 종사할 수 없다는 점이다. 다른 하나는 교직이 다른 전문직과 마찬가지로 자율성과 사회적 책임성을 아울러 부여받고 있다는 점이다.

교직을 전문직으로 볼 수 있는 일반적인 특징은 다음과 같다(Liberaman, 1956: 13-15). ① 전문직은 일생의 생업으로 인정된다. ② 개인보다 공중의 복지, 공중의 봉사를 요구하고 법에 요구된 이상의 의무를 지고 있다. ③ 인격과 능력의 최고도를 지향한다. ④ 직업의 평가를 업무 자체에 두고 근무연한과 같은 외형적인 것에 두지 않는다. ⑤ 조직체와 대변기관을 가진다. ⑥ 업무와 행동을 지배하는 윤리강령을 가진다. ⑦ 고도로 발전된 철학적·과학적 지식에 의존한다. ⑧ 장기간의 전문적 교육과 실습 기간을 요구한다. ⑨ 사회에 대하여 진정한 지도성을 발휘한다. ⑩ 성문화된 법률적 지위를 가진다.

교직을 전문직으로 볼 때 교사의 전문성에서 핵심은 가르치는 내용과 방법에 대한 능동적인 구상과 실행 과정에서의 창의적인 운영이다. 교사자격증은 전문가라는 것을 객관적으로 증명하는 것이겠지만, 학생들에게는 교사자격증을 보여주는 것이 아니라 가르치는 것으로 전문가임이 받아들여지게 된다. 교사의 전문성은 독자성으로 증명될 수 있다. 다른 교사로 대체할 수 없는 존재로서 전문가임을 밝힐 수 있다. 교육과정을 복사해서 전달하는 교사는 다른 교사로 얼마든지 대체가능하고, 학생들이 다른 교사로 대체되더라도 어떤 차이를 느끼지 않게 된다. 이런 경우라면 전문가로서 자질이 부족하다고 볼 수 있다.

교사에게 요구되는 전문성은 교과목에 대한 지식, 교수(teaching) 지식과 기술, 학생에 대한 이해와 공감 등 복합적인 것으로, 교육자이면서 연구하는 교육학자로서 자각이 필요하다. 교사가 연구자가 되었을 때 스스로 돌이켜 보고, 자신에게서 놀랄 일이 생김으로써 가르칠 새로운 것을 얻게 되고, 가르치는 일도 새로워짐으로써 교사로서 일상생활이 나날이 다르고 새로움이 있게 된다. 교사는 일상생활이 가르치는 일인데, 가르치는 일에서 즐기지 못하면 행복할 수 없다. 즐기기 위해서는 제대로 알아야 하고, 제대로 알기 위해서는 몰입해야 한다. 가르치는 일에 몰입하고 전문성을 갖춤으로써 교사는 행복해질 수 있다(오욱환, 2006: 109-110).

교사가 느끼는 행복을 학생들이 훌륭하게 자라나는 것에 두는 경우도 있으나, Dewey가 말했듯이 교육은 삶의 과정 그 자체이지 나중의 삶을 위한 준비가 아니라는 말에 주목해 볼 필요가 있다(Dewey, 1899). 교사는 삶의 과정으로써 교육에 발을 담그고 학생의 성장과 더불어 자신의 성장을 맛볼 수 있어야 행복감을 느낄 수 있다. 가르치는 일이 학생들을 위한 것이 아니라 바로 자신을 위한 일이 되도록 자존감을 가질 수 있는 전문가로서 내러티브 탐구자가 되어야 한다. 교육연구는 삶의 과정으로서 교육, 자신을 위한 공부라는 것을 일깨울 수 있다. 연구하지 않는 교사에게 남아 있는 낙후된 지식은 학생들과 교사의 열정을 모두 앗아가게 된다. 교육연구는 학문에 대한 흥미와 열정, 인생에 대한 진지함, 전문가 정신, 진솔한 인간관계를 유지할 수 있게 하는 끈이 된다.

교직에 몸담으면 전직이나 이직이 쉽지 않고 평생을 교단에서 보내게 된다.

교직이 갖는 전문성은 다른 곳에서는 공유되는 바가 크지 않다. 교직 생활이 어떠하든 한 번 교직에 들어서면 교직에서 승부를 내야 한다. 그 승부처는 연구하는 교사로서 자리매김해야 한다는 점을 강조하는 이유가 있다. 학기마다 같은 과정이 순환되는데, 학생들이 교사를 선택하는 것이 아니라 교사가 돌리는 바퀴 속으로 새로운 학생들이 바뀌면서 들어오는 것이다. 학생들이 교사를 선택할 수 있다면 전문가답지 않은 교사는 도태될 것이다. 그러나 학생들이 교사를 선택할 수 없으므로 오히려 교사는 반드시 전문가여야 한다. 전문성이 부족한 교사를 학생에게 내세운다는 것은 국가, 학교, 학부모, 학생 모두가 그 교사로부터 사기를 당하는 꼴이 된다. 큰 비용을 들여서 학생들이 불량한 가르침을 받는다면 과연 교사가 행복할 수 있겠는가?

교사는 자신이 돌리는 바퀴에 안주하게 되면 새롭게 재충전하기가 쉽지 않다. 교사의 외부 조건들은 해가 바뀌어도 별로 달라지지 않는다. 다른 조건들은 바뀌더라도 교사의 삶에 큰 차이를 만들 정도로 변혁적인 경우는 드물다. 올해의 교직 생활이 맘에 들지 않으면 다음 해도 크게 달라질 것이 없다. 이것을 전직이나 이직으로 해결할 수 있는 것도 아니므로 교사들이 자족하는 길은 스스로 연구하는 교사로서 자기 성장의 과정으로 교직을 만드는 길밖에 없다.

교직에서 자기 성장은 가르치는 일이 아닌 다른 것들, 예를 들어 취미생활, 부업, 또는 사적 모임에서 만족하고 평생을 살 수는 없다. 일시적으로는 취미생활이 생업보다 더 큰 만족을 줄 수는 있어도 생업이 즐거움을 주지 못하면 취미생활도 오래갈 수가 없다. 현재 힘든 경우 정년퇴임 후를 내다보고 참는 경우가 있겠지만, 미래의 유토피아를 위해서 현재를 희생하는 것도 즐거울 수 없다. 단 하나의 길은 교직이 전문직이라는 점을 자각하여 전문성을 높이는 데 진정성 있는 노력을 해야 한다는 것이다. 그 노력이 교육연구라면 연구하는 교사로서 즐거움이 있고, 연구 과정에서 얻게 되는 것들을 가르칠 때 드러냄으로써 만족감이 커지고 일상이 즐거워질 수 있다.

요컨대, 교사는 연구하는 교사로서 자기 성장을 추구함으로 교직에서 만족할

수 있고, 연구의 혜택이 학생들에게 돌아감으로써 학생들의 삶도 알차게 된다고
볼 수 있다. 연구하지 않는 교사는 가르칠 것이 줄어들게 되고, 가르칠 것이 없어
지면 교사의 생애도 텅 빈 삶이 될 것이다. 교사들이 교직 생활에서 최악의 상황
을 맞는 경우가 생긴다 하더라도 전문성을 갖추고 있으면 자존심을 지킬 수 있
다. 교육연구의 지속으로 자기 완성과 전문성을 유지해 나간다면 교직 생애를
의미 있고 즐길 수 있게 되고, 학생들이 교사를 선택한 것은 아니지만 스승과 제
자로 만나게 된 것을 기쁘게 생각할 것이다. 학생들도 연구하는 교사로부터 새
로운 에너지를 습득할 수 있을 것이기 때문이다. 전문성이 부족한 교사는 학생
들에게 기운을 불어넣기보다는 이미 가지고 있는 에너지도 빼앗게 되고, 학생들
은 학창시절에 지키고 누려야 할 자존심, 시간, 추억, 즐거움 등을 잘못 만난 교
사로 인해 잃게 된다. 자기 탐구에 무심하고 연구를 무시하는 교사들은 자신의
직업을 스스로 꾸려 가지 못하고 다른 요소들의 지배를 받을 가능성이 크다. 자
신의 직업에서 요구되는 전문지식이 없다면 장학사, 교장, 교감, 학부모, 출판업
자, 학생 등이 그 자리를 메꿀 것이므로 자신의 자리를 잃게 된다.

4. 교육 연구에서 기술, 분석, 해석

교육 연구를 하는 길은 양적 연구, 질적 연구의 여러 방안이 있다. 여기서는 질
적 연구를 중심으로 해서 교사의 내러티브 탐구에 대해 의미 부여를 하고자 한다.
질적 연구에서 기본적이고 공통적인 핵심 용어로는 '기술(description)' '분석
(analysis)' '해석(interpretation)'이라는 말을 들 수 있다. 연구자들은 연구한다는
말을 분석한다는 말로 즐겨 쓴다. 이때 분석한다는 것은 '기술' '분석' '해석'이
다 포함된 용어다. 먼저 연구에서 '기술' '분석' '해석'을 보는 관점들을 살펴보
고, 세 용어를 구분하는 입장에 따라 용어의 차이를 살펴보자.
질적 연구와 양적 연구로 구분해서 보자면 '분석'이라는 말은 양적 연구에서

주로 사용되고, 질적 연구에서는 주로 '해석'이라는 용어를 사용하고 있다. 물론 질적 연구에서도 자료 수집 이후의 전 과정을 '분석'으로 보고, 연구하는 것을 분석한다는 말로 쓰기도 한다. Huberman과 Miles(1994: 428)는 이런 시각에서 질적 연구에서의 분석을 자료를 요약하고, 코딩하고, 주제를 찾고, 덩어리로 묶는 작업이라는 관점에서 넓게 보았다. 이에 비하여 Wolcott(1994)는 분석을 기술 또는 해석과 구분되는 좁은 개념으로 다루고 있다. 어떤 연구자들은 '분석'을 '해석'에 포함하거나 '해석'을 '분석'에 포함해서 '기술'과 구분하기도 한다(조용환, 1999: 30). 이 경우에 '분석'과 '해석'은 서로 혼용되지만 '기술'과는 명백히 구분된다. 여기서 '분석'을 자료를 분류하고, 종합하고, 그 속에 숨은 패턴을 찾고, 설명을 시도하고, 가설을 수립하고, 이론을 개발하는 작업이라고 본다(Glesne & Peshikin, 1992). 또 다른 경우로 '기술'과 '해석'을 하나의 작업으로 보고 '분석'과 구분하는 방식이 있다. 이 경우에는 표면적 기술과 차별화하여 '심층적 기술(thick description)'을 '해석'으로 보는 것이다.

　기술, 분석, 해석을 구분하고 있는 Wolcott는 기술은 "연구자가 본 것을 독자가 보게(see) 하는 일"이라고 한다면, 분석은 "연구자가 안 것을 독자가 알게(know) 하는 일"이며, 해석은 "연구자가 이해한 방식으로 독자가 이해하게(understand) 하는 일"이라고 구분하고 있다(Wolcott, 1994: 412). 그는 기술, 분석, 해석을 일련의 과정에서 이루어지는 상호 보완적인 작업이라고 보았다. 분석은 기술을 구조화하고 객관화하는 작업인 동시에 해석에 타당성을 부여하는 작업이라고 할 수 있다.

　기술, 분석, 해석이 일련의 과정으로 이루어지기도 하지만, 연구자의 관점에 따라 개별 연구가 기술, 분석, 또는 해석 어느 하나에 중심을 두고 이루어질 수도 있다. 그렇지만 자료를 정리하지 않고, 해석하지도 않은 채 연구에서 제시하는 것은 연구자로서 책임회피나 마찬가지다. 그래서 Wolcott는 연구자는 자료의 '구조화(structuring)' '계열화(sequencing)' '편집(editing)', 세 가지는 기본적으로 해야 한다고 보았다. 특히 편집의 기준으로는 '연구 목적에 부합되도록' '읽기

좋도록'이라는 두 가지를 들고 있다(Wolcott, 1994: 55). 예를 들어, 내러티브 탐구일 경우 '이야기가 되도록 틀을 짜 맞추는 일'은 기본적인 것이다. 질적 연구의 일반 관점에서 보면 이야기 하기(story-telling)는 기술의 한 방식이다. 이야기는 '무슨 일이 있었고, 무슨 일이 있었고, 또 무슨 일이 있었다'는 식의 사건에 의한 서술적 구성을 취한다. 이야기 하기는 사건들을 발생한 시간적 순서에 따라 늘어놓는 것이 아니라, 사건들을 의미 있는 방식으로 서술하는 데에서 의미가 생기게 된다.

질적 연구에서 기술, 분석, 해석의 의미 활용을 볼 때, 용어 간의 의미 중첩과 모호성으로 인해서 무엇이 더 중요한지를 분리해 말하기는 쉽지 않지만, 질적 연구에서는 해석이 더욱 강조되고 있다. 질적 연구의 목적은 주로 절대적 진리의 입증에 있다기보다는 자기 자신이 표현한 의미의 구성을 중시하기 때문에 타당한 분석을 했는가보다는 이해를 통한 새로운 발견과 공감이 있었는지를 중시하게 된다.

5. 해석학적 접근

1) 해석학적 이해

해석학은 어떻게 해석을 해야 하는가에 일차적 관심이 있다. 이해하려고 해석을 할 때, 가능한 한 임의로 이루어지지 않도록 방법적인 지침을 제공하고자 한 것이다. 그렇지만 구체적인 기법(technique)이라기보다는 바른 이해를 위한 방법론(methodology)의 이념적 배경 이론으로서 역할을 해 왔다고 볼 수 있다. 고대 신화를 해석하든, 오늘날 드라마를 해석하든 해석 지침을 찾고자 하는 곳에서는 항상 해석학이 철학적 배경을 이루고 있다고 볼 수 있다.

다른 추상적 용어들처럼 '해석학'이란 말도 모호성으로 인해 다의적이다. 해석학, 의미 해석, 주해, 주석, 해석 등이 때로는 동의어로 사용되는데, 대표어로 '해석학'이란 말을 택하게 되면 '해석과 관련되는 이론'으로 이해할 수 있다. 해석학은 의미 면에서 진술하다(표현하다), 해석하다(설명하다), 번역하다(통역하다)라고 하는 세 방향을 포괄하고 있다. 어원으로 보면 그리스 신화에 나오는 신들의 사자인 헤르메스(Hermes)와 관련이 있다(Alwin Diemer, 백승균 역, 1982: 9). 신화에서 헤르메스는 인간의 이해를 초월해 있는 그 무엇을 인간 지성이 포착할수 있는 형태로 변환시키는 역할을 하는 존재로 알려졌다. 여기서 해석학이란 용어가 말로써 표현하는 것, 상황을 설명하는 것, 소통을 위해 번역하는 것과 관련된다는 것을 알 수 있다. 이러한 표현, 설명, 번역된다는 것은 알기 어려웠던 무엇이 이해되는 방향으로 되어 간다는 것으로 말을 바꾸면 '해석'된다는 것이다. 해석학의 어원에서 해석학이 바로 이해의 학문이라는 것을 알 수 있다. 해석학의 발전 과정을 간략하게 보면 다음과 같다.

처음에는 성서 주석의 이론이 해석학이었다. 성서를 올바르게 해석할 수 있는 기준이 있는지, 주석에 규칙이 있는지를 해명하는 것이 과제였다. 이러한 단편적인 해석 규칙에 대한 관심은 Schleiermacher에 의해 처음으로 이해에 관한 보편적 이론이 되었다. 그다음 Dilthey가 해석학을 정신과학의 보편적 방법으로 확장했으며, Heidegger는 인간의 현사실성이라는 더 근원적인 토대 위에 해석학의 질문을 정착시켰다. 그리고 Gadamer는 현사실성의 보편적 해석학을 우리 경험의 철저한 역사성과 언어성에 대한 이론의 형태로 재구성했다. 이러한 보편적 해석학은 마침내 이데올로기, 신학, 문학이론, 과학이론, 그리고 실천철학에서의 비판적인 속행으로 이어진다(Jean Grondin, 최성환 역, 2009: 22). 해체주의 해석학, 무의식의 해석학에 이어서 이제는 매체와 정보해석학으로써 인터넷 시대에 걸맞은 역할을 찾아가고 있다.

요컨대, 해석학은 처음에는 상징에 대한 해석에 관심을 두게 된 데에서부터 시작하여 텍스트 해석의 과정을 지나 자기 자신에 대한 이해(이기언, 2009: 430)를 위한 해석의 단계로 이어왔다. 기호 세계를 이해하여 상징적 의미를 해독해 내

는 것에서 타자를 이해하여 자기 이해에 도달하고자 한 것이다. 이해의 학으로
써 성서 해석과 문헌연구에서 시작되었던 해석학이 정신과학 일반의 원리까지
논하게 되었고, 실증주의를 비판하는 현대철학의 한 주류를 형성하게 되었다.
이제 존재 문제, 가치 문제, 실천의 문제까지 해석의 측면에서 접근하고 있다.

2) 설명, 이해, 해석

해석학의 기본 용어는 설명, 이해, 해석이다. Dilthey는 학문 유형의 방법론적
구별을 시도하였는데, 자연과학과 정신과학의 방법론적 차이를 설명과 이해라
는 단어를 통해 구별하였다. 즉, 자연과학이 '설명한다'로 언명이 되지만 정신과
학은 '이해한다'로 언명이 된다. 설명한다는 것은 개별현상을 보편적 법칙을 향
하여 인과적으로 역행시킨다. 즉, 원인과 결과의 연관성이 인식되면 그것은 '설
명'된다고 할 수 있다. 이와 달리, 이해는 인과적 설명을 넘어서는 더욱더 고차적
인 의미 파악을 지칭한다. Dilthey에 의하면, 감정이입의 공동체험이라든가 예술
작품은 설명될 수 있기보다는 이해될 수 있는 것이라고 한다.

한편, 해석학에서는 또 다른 측면에서 제한적으로 '설명'이란 용어를 사용한
다. 여기서 설명은 맥락적이고 지평적인데, 이는 이미 주어져 있는 의미와 의도
의 지평 내에서 이루어지는 서술의 방식을 지칭한다(Hans Ineichen, 문성화 역,
1998: 29). 예를 들어, 영화를 보는 과정은 '이해'하는 행위가 되지만, 그것을 다른
사람에게 전달하고자 하면 '설명'을 하는 것이 된다. 여기서 이해는 그 의미를
지향하고 이 의미를 탐구하는 것이다.

해석학에서 이해와 해석은 분리할 수 없을 정도로 서로 결부되어 있다. 대개
해석은 이해의 전제이고, 그러한 이해는 이루어진 해석의 결과다(Alwin Diemer,
백승균 역, 1982: 17). 우리는 이해한 것만 해석할 수 있다는 말과 어떤 것으로 해
석된 것만 이해할 수 있다는 말을 동시에 활용하고 있다. 그런데 모두가 이해하
고 있는 것이라 하더라도 각자 여러 가지로 해석하는 일들도 가능하다. 이해와

해석의 관계는 미묘한 맥락적 의미의 차이가 있을 뿐임으로 구획을 나누기가 쉽지 않다.

이성과 오성의 개념으로 보면, 해석은 주로 오성의 작용으로 이루어진다. 오성은 합리적, 논리적, 개념적으로 판단하고 추리하는 능력이다. 해석은 오성인식을 통해서 매개되는 것이다. 이 매개는 선행하는 이해의 직접성을 전제로 하지만, 이 이해를 분해, 구성, 설명을 통하여 합리적으로 매개하는 작용을 한다. 이에 비해서 이해는 의미를 파악하는 이성통찰을 매개로 한다고 볼 수 있다. 이해가 이성에 의존한다고 할 때 이성은 비상대적이며 초개념적으로 통일성을 파악하는 보다 높은 정신 능력을 지칭하게 된다. 이성은 개념을 초월하여 직접적인 정신적 지각의 능력이자 내적 통찰을 수행하게 된다(염창권, 2002: 4). 의미 찾기는 오성과 이성을 상호 연관적으로 사용하면서 해석과 이해를 종합하여 이루어지는 것이다.

해석학의 기본 용어로 쓰이고 있는 이해, 해석, 설명의 의미를 살펴보았다. 교육 연구에서도 진실 찾기에서 설명, 이해와 해석의 정확성은 기본 규범으로서 자리 잡고 있다. 해석학에서 이해와 해석의 문제는 참된 이해나 참된 해석, 정확한 이해나 정확한 해석과 관련해서 다양하게 발전되고 있다.

6. 내러티브의 이해와 해석

1) 해석학적 이해의 가정

해석학의 과거를 보면 성서의 내러티브를 비롯해서 인간 정신의 산물을 맥락에 따라 정확하게 해석하고자 하는 노력을 해 왔다. 처음에는 창작자의 뜻을 수신자에게 전달하는 기능적 역할을 했지만, 시대와 장소에 따라 다르게 축적되어 온 정신적 산물을 이해하고 해석하는 과정에서 이제는 수신자 자신의 정체성 찾기로 더 큰 의미를 지니게 되었다.

해석학의 기본 가정은 인간의 삶에 있어서 절대적 진리를 추구하는 일원론이 아니라 삶의 진실을 찾아가는 해석적 다원론의 입장에 있다. 관점의 다양성을 중시하는 이유는 독단론적 진리 추구는 새로운 해석들을 생산할 수 있는 불확실성과 풍부한 다의성을 소거하기 때문이다. 모든 정신적 산물은 텍스트임으로 맥락에 따라 해석될 수 있는 것이라고 본다. 텍스트의 다의성과 다차원성을 인정하여 창의적 해석을 이끌어 올릴수록 삶의 풍요로움을 이루어 낼 수 있다. 따라서 일원론적 관점에서 하나의 옳은 해석 찾기는 당연히 거부하게 된다.

해석의 과제는 인간의 행위와 텍스트(text)에 대한 이해와 해석을 포괄한다. 말과 글, 행위, 텍스트에 대한 이해는 그 의미를 지향하고 이 의미를 탐구하는 것이다. 이러한 언어, 행위, 텍스트의 의미는 파악되고 인식될 수 있다고 본 것이다. 의미의 인식, 언어적 또는 비언어적 의미의 이해가 적어도 원칙적으로 가능하다는 것이다. Gadamer는 해석학을 언어의 놀이에 비교하여 놀이 속에서 저자의 고유한 지평은 해석자의 지평과 함께 만나게 되는 지평의 융합이 일어나는 것으로 이해와 해석을 말했다(한스 게오르크 가다머, 이길우 외 역, 2003: 189).

Gadamer는 절대주의적·객관주의적·과학주의적 요소들을 거부했다. 절대주의뿐만 아니라 근대적 주관주의에 대해서도 비판적이었다. Descartes의 코키토(Cogito)적 자아 찾기는 주체에 함몰되는 존재에 대한 잘못된 이해에 근거하고 있다고 보았다. 주체 자체에 함몰되기보다는 주체가 속한 역사적 맥락에 주체를 둠으로써 주관주의에 빠지지 않으면서도 타자와의 관계에서 주체의 영향을 유지할 수 있다고 본 것이다. 그의 상호 주관성에 대한 지지는 의미 찾기의 가능성에 대한 지지로써 인식에서 주관을 뛰어넘을 가능성을 열어 두는 것이다. 언어나 행위, 텍스트에 대한 인식의 문제만 보더라도 어렵기는 하지만 원칙적으로 가능하다 할 수 있는 것은 상호 주관성에 의한 전형을 포착할 수 있기 때문이다. 감정이입적인 해석학(einfuehlende Hermeneutik)이나 동료 인간성(Mitmen-schlichkeit)의 관점에서 인간 현 존재를 이해하는 것이 가능하다고 본다(정기철,

1999: 21).

　그런데 현실적으로 여러 방식으로 이해될 수 있어서 다양하게 해석되기 때문에 해석의 정확성과 참됨에 대한 문제가 생기게 된다. 이해와 해석에서 참과 거짓에 대한 의문이 제기될 때 그 기준을 찾을 수 있을지가 관건이 된다. 예를 들어, 텍스트를 해석할 때 그 기준을 생각하게 된다. 텍스트 저자에 의해서 생각된 의미를 해석의 규준으로 삼아야 할지, 저자의 의도된 의미는 간과되더라도 해석자의 자유로운 해석이 허용될 수 있는지 질문해 볼 수 있다. 이에 대해 해석학자마다 다른 견해를 제시해 왔다. Schleiermacher는 이해의 범주와 동일시했기 때문에 이해를 저자의 의도를 파악하는 것으로 정의하는 경향이 있었다(양황승, 2003: 279-280). 단순히 텍스트 내용이 아니라 저자에 의해 생각되고 서술된 텍스트 내에서 포착되어야 한다. 그러나 Ricoeur는 독자의 주체와 저자 주체의 만남이 원천적으로 불가능할 뿐만 아니라 설령 만남이 이루어진다고 해도 상호 이입이 불가능하다는 근본 원칙에서부터 출발하고 있다(Paul Ricoeur, 김윤성·조현범 옮김, 1994: 55). 어떤 것이 가장 납득할 만한 해석 방식인지 결정할 수 없을 때도 있으며, 해석 자체의 다양성은 텍스트가 언제나 새로운 관점에서 읽힐 수 있다는 가능성도 열어 두고 있다는 것이다. 텍스트의 이해와 해석은 가설을 형성하는 것으로 보고 있다. 가설을 그 개연성에 따라서 평가하고 측정하는 일을 해석학이 하는 것이다.

　Nietzsche(1878)는 이 세상에서 누구도 자신의 도덕적 판단근거를 제공하는 객관적·초월적 권위를 발견할 수 없게 되었다고 보았다. 그는 절대적 진리가 없듯이 영원한 사실도 없으며 오직 해석만이 있을 뿐이라고 보고 절대적 진리에 대한 광신을 거부하였다(최명선, 2006: 30-31 재인용). 세계를 객관적으로 파악하기 위한 유일한 길은 존재하지 않으며, 하나의 대상을 보기 위해 더욱 많은 다양한 눈을 사용해야 한다는 것이다. 이러한 Nietzsche의 입장에 대해서 반박의 여지는 있겠지만, 해석학의 관점에서 진리를 보는 것은 '진실 찾기'의 측면에서 더 큰 의의를 지닌다고 여겨진다.

요컨대, 해석학적 세계관으로 보면 절대적 진리를 추구하는 사고방식은 독단론이라 간주된다. 불변의 진리와 보편적 가치를 찾으려는 노력이 의미 없는 것은 아니지만, 독단론에 빠지게 되면 진실을 찾는 여러 노력을 배제하는 문제점이 생기게 된다. 이에 비해서 해석하려는 것과 해석의 기준에 대한 견해는 학자마다 다르다 하더라도 해석학에서 올바르게 해석하려는 것은 인식론적·존재론적 관심으로 우위를 지니게 된다고 생각된다. Gadamer가 지적하였듯이 이해는 언제나 특정 관점에서 시작되지만, 타자의 지평에 대해서 뿐만 아니라 나 자신의 지평과 그것의 적용에 대해서도 자기성찰적 검토를 요청한다는 점에서 세계와 타자에 대한 개방성으로 이끈다는 장점이 있다. 나 자신 밖의 진리 추구에서 자신만의 신념이 옳다는 독단론에 빠지기보다는 세상의 상호 의존성에 대한 가정에서 자아정체성을 찾아가는 진실 추구에서 해석학의 정당성이 확보된다고 하겠다.

2) 해석학과 내러티브의 만남

해석학의 이해 주체는 정체성을 찾고자 하는 그 사람이다. 그는 대상과 자신을 해석하는 존재로서 매개체를 활용한다. 일차적인 매개체는 텍스트다. 텍스트를 통해서 이해와 해석을 하게 되는데, 텍스트는 의미를 재현할 수 있는 모든 것이 대상이 될 수 있다. 텍스트를 문자의 기록에 국한시키면 단순화되고 구조화된 전통에 머물 수 있다. 열린 텍스트로 나아가는 것이 해석과 이해를 방해하는 걸림돌을 제거하는 지름길이다. 텍스트에는 사건과 경험이 기록되어 있기 때문이다.

특히 생활 가운데 일어난 사건이나 경험들이 시간 속에서 구성된 내러티브는 삶의 의미를 구성하게 된다. 내러티브를 통해 현재의 행동과 정서가 영향을 받아오고, 나만의 이야기를 이룸으로써 나의 정체성이 형성되어 간다. 따라서 사람을 이해하는 최선의 방법 중의 하나는 바로 그들의 내러티브를 통해서 이해하는 것이다. 내러티브는 그 자체가 해석의 산물이면서 동시에 해석의 지평이 된다.

내러티브가 지닌 해석학적 의미는 단순히 내러티브가 텍스트로써 해석될 대상인 것에만 있지 않다. 오히려 하나의 내러티브는 곧 해석자의 지평을 구성하고 있다는 데 더욱 큰 의미가 있다. 다른 사람들의 내러티브가 의미 있는 것은 우리 자신에 대한 이해는 바로 다른 사람을 이해하는 것에서 시작된다는 것이다. 사람들이 자신을 이해한다는 것은 무언가 다른 것을 통한 이해라고 볼 수 있다.

Schleiermacher(1987)는 인간을 이해하는 것은 오직 내러티브로부터 출발할 때 가능하다고 보았다. 해석학이 언어를 이해하고 말하는 사람을 이해하고자 한다는 점에서 해석을 하나의 기술이라고 본 것이다(Schleiermacher, 1987: 28). 내러티브의 언어를 이해하고, 내러티브에 담겨 있는 사고를 이해하는 것이 해석학의 사명이라고 보면서 문법적 해석과 심리적 해석으로 나누고 있다(Schleiermacher, 2000). 문법적 해석은 언어로부터 출발해서 언어의 도움으로 표명된 내러티브가 담고 있는 의미를 찾아내는 기술이고, 심리적 해석은 내러티브가 단순한 언어의 나열이 아니라 사고의 표현임으로 사고의 주체인 인간의 통일성을 찾아내는 작업을 말한다. 이해의 목적은 주어진 텍스트와의 일치에만 있는 것이 아니라 이해 대상의 감추어진 의미를 드러냄으로써 저자보다 더 잘 이해함에 있다고 본다. 이는 해석자의 자기 이해보다는 타자 이해(작가 이해)에 초점이 주어지고 있다는 점에서 Ricoeur의 자기 이해의 해석학과는 다르다고 볼 수 있다.

Ricoeur(1988)는 텍스트 해석학에서 출발하여 기호학과 의미론의 텍스트 분석을 받아들여 텍스트를 행위, 역사, 내러티브 이론에까지 확대하였다. 내러티브는 우리의 일상적인 행위와 독자들이 작품을 수용하는 것 사이에 수단을 정립한다. 그러므로 해석학은 일상적인 경험으로부터 텍스트를 넘어서 독자들에게 다다른다. 자기를 이해한다는 것은 곧 텍스트 앞에서 자기를 이해한다는 것이고, 그 텍스트로부터 독서 시 내게 찾아오는 나와 다른 자기가 되는 조건들을 받는 것이라고 본다. Ricoeur의 기호와 텍스트, 그리고 내러티브에 관한 연구는 그 자체가 목적이 아니라 현실에 대한 더 나은 이해, 특히 자기 이해를 목표로 하고 있다. 그는 사람의 행위를 열린 텍스트로 보고 텍스트는 바로 역사이고 실천이라고 보았다. "자기 인식은 하나의 해석이다. 자기 해석은 다른 많은 기호와 상징들 가운데서도 내러티브에서 특권적인 매개를 얻는다. … 내러티브에 의한 매개는 자기 인식이라는 곧 자기 해석이라는 현저한 특성을 부각한다. 독자가 허구 인물의 정체성을 자기 것으로 만드는 것은 그러한 자기 해석 형식 중의 하나다 (Ricoeur, 1988: 304).

여기서 자기 해석의 특권적 매개는 내러티브다. 내가 나를 이야기한다는 것 자체가 나에 대한 해석이고, 이 해석을 통해서 나는 나를 이해한 것이라고 한다면 나는 곧 나의 내러티브를 통해서 나를 이해하는 것이나 다름없다. Ricoeur는 해석학의 고유한 특질을 기호와 상징, 그리고 텍스트의 매개를 통한 자기 이해에 있다고 했다. "직접적인 자기 인식이란 없다. 우리는 기호, 작품, 텍스트를 통해서 우리 자신을 알게 된다. 바로 이것이 나의 해석학의 기본 지침이다."(이기언, 2009: 402 재인용)라고 했다. 모든 이해는 자기 이해와 연관되어 있으며, 자기 이해는 해석을 통한 간접적인 이해라고 할 수 있다.

요컨대, 해석학에서 내러티브는 해석의 본래 목적을 실현하기 위한 주요 매체다. 이해 대상인 인간은 이야기하는 존재이기 때문에 다른 존재를 설명하는 것과는 다른 차원에서 이야기를 통해 그 자신들을 해석해 낼 수 있다. 텍스트의 이해와 해석, 또는 의미 형성체의 이해와 해석에서 내러티브에 대한 관심은 인간 존재에 대한 이해, 진실을 찾는 바탕이 되고 있다.

7. 내러티브 탐구 텍스트 구성하기

1) 내러티브와 내러티브 탐구

내러티브(narrative)는 사건의 서술을 가리키는 말로, 주로 '이야기'로 번역되고 있다. 인물의 행동들이 연결되어 사건을 이루고, 사건이 인과성 있게 연쇄되어

스토리(story, 줄거리)를 형성한다. 내러티브는 논리적 질서를 가진 삶의 사건들로 채워지고, 과거, 현재와 아직 일어나지 않은 미래 간의 연속성을 형성하고, 인간의 경험을 의미로 바꾸는 것이다. 내러티브는 시간적 선후의 것들을 플롯에 따른 목적 행위로 바꾼 것으로, 시간성이 보존되고 있는 개념으로 쓰인다.

내러티브와 스토리에 관한 여러 관점이 있으나 Clandinin과 Connelly는 내러티브를 탐구의 방법(method)으로, 스토리를 탐구하는 현상으로써 특징 지었다. 단일한 현상을 언급하기 위해서는 '스토리'를 사용하고, 탐구 방법을 언급하기 위해서는 '내러티브'를 사용한다는 것이다. 내러티브는 연구 대상일 수도 있고, 연구 방법일 수도 있다.

교육 연구에서 내러티브가 주목을 받는 이유 중의 하나는 삶의 경험은 그것을 말하는 사람의 내러티브를 통하여 이해할 수 있다는 점에 있다. "이해를 바라는 사람들은 누구든지 항상 그들의 내러티브를 가지고 온다. 그들은 그들의 삶의 진실을 이해시킬 수 있기를 희망하면서 그들의 삶에서 목적과 의미를 찾고자 한다."(Coles, 1989: 7) 다른 사람의 이야기를 접하거나 우리 자신의 이야기를 함으로써 우리는 자신의 정체성을 찾게 된다. 우리가 기억하고 있는 것을 말할 때 우리는 과거를 재생하고, 다시 상상하고, 우리 자신에게로 반성적으로 되돌아간다.

사람들은 개인적·사회적·문화적 측면에서 자신의 과거 경험과 기억을 선별하고 재구성하여 이야기함으로써 자신의 과거를 의미 있는 무엇으로 만들고, 이러한 방식으로 타인과 의사소통하게 된다. 사람들은 이야기되는 삶을 이끌어 가고, 그런 삶의 이야기를 하고 있다고 본 것이다. 인간은 모두 개인적으로, 사회적으로 이야기되는 삶을 살아가는 이야기하는 유기체인 것이다(Berger & Quinney, 2005).

내러티브 탐구는 삶을 묘사하고, 이야기를 모으고 말하며 해석하는 것이다. 내러티브가 생활에서 힘을 발휘하는 것은 해석의 힘을 받았을 때다. 우리는 수많은 내러티브를 접하지만, 그것을 이해하지 못할 경우에는 어떠한 덕목이 담겨 있다 하더라도 스쳐 지나가는 이야기일 뿐이다. 중요한 것은 그 내러티브를 해석해서 자기화(appropriation)하는 데 있다. 이때 남의 내러티브는 나의 내러티브로 접합되고, 지평이 융합되어 나의 내러티브의 일부를 이루게 된다. 이것은 해석하는 능력과 관련된다. 가능태로서의 내러티브가 해석하는 자신에 의해 나의 지식, 감정, 가치로써 현실태로 자리매김하게 될 때 의미가 실현된다.

내러티브 탐구자는 한 장소 또는 일련의 장소에서 환경과의 상호작용 하에 계속하여 일어나는 사람들의 개인적이고 사회적인 삶을 구성하는 경험의 이야기를 살아내고(living), 이야기하고(telling), 다시 살아내고(reliving), 다시 이야기하는(retelling) 과정을 거쳐 탐구하게 된다(Clandinin & Connelly, 1998). 연구자는 참여자와의 관계망으로 들어가서 탐구를 마무리할 때까지 이러한 관계 속에서 살아가게 된다.

Clandinin과 Connelly는 이러한 탐구 공간을 3차원적 내러티브 탐구 공간(three dimensional narrative inquiry spaces)이라고 명명했다(Clandinin & Connelly, 소경희 외 역, 2007: 111). 세 가지 차원은 개인적 · 사회적(상호작용), 과거 · 현재 · 미래(계속성), 그리고 장소(상황)의 개념과 결부된다. 첫 번째 차원은 시간성(temporality)이고, 두 번째 차원은 사회성(sociality)이고, 세 번째 차원은 장소(place)다. 3차원적 공간이라는 비유는 내러티브 탐구자들이 자신들을 앞(forward), 뒤(backward), 안(inward), 밖(outward), 즉 자신을 과거와 미래, 자아와 사회로 연관 지어 위치 지우는 용어로써 자신을 발견하게 되는 곳이다. 내적 지향과 외적 지향, 과거와 미래의 상호작용 방향을 설명한다.

> 내적 지향이란 느낌, 희망, 미적 반응, 도덕적 성향과 같은 내면의 상태를 말한다. 외적 지향이란 환경과 같은 현존하는 조건을 말한다. 과거와 미래 지향은 시간성을 말한다. 경험을 경험하는 것은, 경험에 대해 연구하는 것은, 이 네 방향에서 동시에 그것을 경험하는 것이며 각 방식을 지적하면서 질문하는 것이다(Clandinin & Connelly, 소경희 외 역, 2007: 112).

내러티브 탐구자로서의 연구자는 이 공간에서 혼자가 아니다. 내러티브 탐구는 관계적 탐구(relational inquiry)이며, 여기서 연구자는 현장에서 연구하고, 현장으로부터 현장 텍스트로, 그리고 현장 텍스트로부터 연구 텍스트로 움직이게 된다. 내러티브 탐구는 일상의 경험에 관심을 두고, 개인의 경험을 존중하는 것에 초점을 둔다. 개인의 경험에서 시작해서 그런 경험이 구성되고, 표현되고, 실행되는 사회적 · 문화적 · 제도적 내러티브를 탐색하게 된다. 내러티브 탐구는 이야기로 살아가는 삶의 진실을 추구하는 것이다. 교육 연구가 보편적 진리를 추구하는 데 있다기보다는 구체적 삶의 '진실을 발견하는 과정'이라고 본다면 내러티브 탐구는 질적 연구의 하나로써 교사들의 성장에도 도움이 될 수 있다.

교육 연구에서 내러티브 탐구의 차별성은 무엇보다도 형식주의를 탈피하고 있다는 점을 들 수 있다. 양적 · 질적 연구를 떠나서 기본적 틀을 중시하는 연구들은 기존의 틀에 맞춘 글쓰기를 주로 하게 된다. 내러티브 탐구자들은 이러한 '준거 틀(framework)'을 형식주의적 관점이라고 본다. 형식주의는 사물을 있는 그대로 보지 않고, 사물을 우리의 틀이나 관점, 시각, 혹은 전망이 그것에 대해 만드는 어떤 것으로 보는 관점을 말한다.

연구자들의 연구 관점에서 보면 틀에 맞추어 연구하는 입장에 있는 형식주의자들과 내러티브 탐구자들 간에는 차이가 있다. 형식주의자들은 이론으로부터 탐구를 시작하지만, 내러티브 탐구자들은 체험되어 말해진 이야기에 표현된 경험을 가지고 탐구를 시작한다. 내러티브 탐구는 연구 퍼즐과 관련된 연구자의 자서전적인 내러티브로 시작하는 것이 특징이다.

내러티브 탐구에서 중요한 것은 형식적 범주라기보다는 사람이다. 문화에 덧붙여, 흔히 사용되는 다른 형식주의적 탐구 용어는 인종, 계급, 성, 권력 등이다. 그런데도 내러티브 탐구자들은 다른 연구자들에게 그들의 연구를 보여 주거나 설명할 때, 거의 불가피하게 형식주의적 탐구의 경계에 있는 자신들을 발견하게 된다. 따라서 내러티브 탐구라고 하더라도 형식주의를 배척하기보다는 이론의 균형을 이루고, 내러티브적으로 탐구하는 기본을 유지하는 것이 더 중요하다.

Clandinin과 Connelly는 교육 연구를 경험 탐구의 한 형식으로 보고, 내러티브는 경험을 표현하고 이해하는 데 있어서 최선의 방법이라고 본다. 지금은 국내에도 내러티브 탐구로 이루어진 연구들이 많이 있으나 기존 연구의 형식적인 틀과 긴장을 일으키는 경우가 여전히 많다. 형식주의에서는 이론과 정합되는 논증 중심으로 연구를 해 나가기 때문에 내러티브 탐구가 진리가 아니라 관계적이고 맥락적인 진실을 추구하는 것을 이질적으로 받아들이게 된다.

2) 현장텍스트와 연구텍스트 구성하기

(1) 현장텍스트 구성하기

3차원적 내러티브 탐구 공간에서 연구자는 시간, 장소, 개인적 · 사회적 차원의 어딘가에 있게 된다. 연구자는 참여자(연구 객체)들과 함께 이야기 가운데에서 탐구 현장으로 들어간다. 연구 현장 한가운데에 존재하는 것은 사람마다 다르다. 연구자 자신의 경험, 즉, 연구자 자신의 삶을 살아가기, 말하기, 다시 말하기, 그리고 다시 살아가기의 중심적 역할을 인정하는 것이 중요하다. 이것이 내러티브 시작 단계를 구성하는 것이며, 이 단계에서 연구자는 자신의 탐구를 시작한다.

> 나는 현재 남자 친구와 1년 가까이 연애 중이다. 이 사람과 결혼을 전제로 만나 오고 있다. 직업은 교사인데, 작년에 합격하여 이제는 자리를 잡고 곧 결혼할 생각으로 나를 만나고 있다. 그러나 남자 친구의 부모님은 아들이 같은 교사와 결혼하기를 원한다. 남자 친구가 처음 집에 인사시키러 데려 갔을 때, 남자 친구의 부모님은 교사가 아니면 결혼을 못 시킬 것이라고 내 앞에서 단호하게 말씀하셨다(임용고사 준비 시절을 '다시 말하기' 한 사례).

내러티브는 이야기와 동일시되고, 이야기들은 각기 특별하고 독특한 의미가 있으므로 내러티브 탐구는 이야기를 기록하고 말하는 것과 관련되어 있다. 이야기들은 선정되고 경청되며, 다시 이야기된다. 이야기가 목표이기 때문에 이야기를 제대로 확보해야 할 필요가 있으며, 현장에서의 내러티브 탐구는 삶의 형식, 즉 삶의 방식이다. 내러티브 탐구는 삶을 살아 있는 것으로 이해하려는 노력 중의 하나다. 내러티브 탐구자들은 또한 당연시 여겨지는 것이 결코 고갈되지 않으며, 가장 최근에 당연시 여겨졌던 것 바로 이면에는 언제나 의심쩍은 것이 있음을 안다. 의미 구성에 중요한 내러티브 줄거리가 현재의 연구 이면에 항상 놓여 있다.

내러티브 탐구는 관계적 속성을 갖기 때문에 내러티브 탐구자들은 연구 참여자와 친밀감을 가져야 한다. 하지만 또한 한 걸음 물러나 연구 속에 있는 본인의 이야기 및 연구 참여자들의 이야기뿐만 아니라 탐구자와 연구 참여자가 함께 사는 더 커다란 전경을 바라보아야 한다. 완전히 개입하기와 거리 두기를 반복하는 긴장은 탐구자만의 책임도, 연구 참여자만의 책임도 아니다. 시간의 흐름에 따라 어떤 종류의 거리 두기가 만들어지는가는 탐구자와 연구 참여자에 의해 구성된다. 현장노트, 사진, 학생의 기록, 교사들의 계획 노트는 애정과 신뢰 속에서 기억된 사건들로부터 한 걸음 물러나서 냉정하게 그것들을 관찰할 수 있도록 해 주는 현장텍스트들이다.

초등학교에서 근무하면서 만났던 지원이, 지훈이 남매는 어려운 가정환경 속에서 학습부진 학생으로 선정된 학생들이었다. 활발하기는 했지만 늘 관심을 바랐고, 어떤 행동을 하나 할 때도 "선생님, 저 이거 할 테니깐 한 번 보세요."라면서 늘 관심을 보여 주기를 바랐다. 부모님께서 집에 늦게 들어오시는 편이라 학교에서 교사가 관심을 보여 주면 거기에 크게 의미를 부여하고, 계속해서 자기를 바라만 봐 주기를 바랐다. 때로는 거짓말을 하면서 나의 관심을 바라는 지원이의 모습을 알게 된 뒤 나는 점점 더 지원이에게 소홀하게 되었다(중등임용이 되기 전 초등학교 임직 교사 시절의 교사 일기).

내러티브 탐구에서 현장텍스트는 언제나 해석적이며, 언제나 한 개인에 의해서 특정 시점에 구성된 것이다. 현장텍스트 구성의 또 다른 긴장은 실존적 세계 속에서 우리가 경험한 것을 해석적으로 현장텍스트를 구성하는 과정에서 구체화한다.

> 소설을 같이 해석하다가 중간에 아, 이게 아닌데, 이거 아니다 하면서 수업을 중지했다. 평소 아이들이 졸고 하면 깨우고 그랬는데 나 스스로 자신이 없어서 깨우지도 못했다. 한 번도 느껴 보지 못한 그 적막함을 절대 잊을 수 없을 것이다. 마지막에 나랑 안면이 있던 아이가 수고했다는 표정으로 눈인사를 하고 지나갔다. 평소 밝게 인사하던 친구인데 하, 나를 불쌍하게 보는 것 같았다(수업한 후 영어 교생의 일지).

요컨대, 내러티브 탐구에서 현장텍스트를 구성하는 것은 연구자가 연구 동기를 생각해서 연구 목적에 맞는 현장으로 들어가는 것에서 시작된다. 이렇게 이야기 속으로 들어가서 현장에서 자료 수집을 하여 현장텍스트를 쓰는 일을 생각한다. 이야기 공간에 존재하는 것이다. 여기서 현장텍스트는 참여자에게 자기 삶의 사건을 말하여 다시 말하게 함으로써 의미를 다시 평가하고 재구성하는 것을 목적으로, 연구자와 참여자가 공동으로 협력한 자료로써 존재하게 된다. 현장 텍스트의 기록은 연구자와 연구 참여자의 관계를 표현한 것이라 하겠다.

(2) 연구텍스트 구성하기

현장텍스트를 바탕으로 해서 연구텍스트(research texts)를 만드는 것이다. 보고서나 논문을 쓰는 작업은 연구텍스트를 쓴다는 것을 일상적으로 말하는 것이다. 연구텍스트를 구성하게 되면서 왜 내러티브 탐구를 하게 되었는지 이유 제시를 하게 되고, 현장텍스트를 준비할 때와 연구텍스트를 작성할 때 관심의 변화에 대해서도 체크해 보게 된다. 연구텍스트는 현장텍스트가 다시 이야기되는 과정이라 볼 수 있다.

　이 과정에서 내러티브 탐구자는 내러티브 패턴, 내러티브 줄거리, 긴장감 등을 개인의 경험과 사회적 상황과 연결해 찾아낸다. 기존의 논문 쓰기와는 역으로 내러티브 탐구를 통해서 다른 연구나 이론과 비교하면서 연구텍스트를 구성하게 된다. 일례로 교육실습생들의 삶을 통해 교사의 전문성의 역할을 탐구하기 위한 내러티브 탐구에서 연구자는 교육실습생들의 실습일지와 면접일지를 현장텍스트로 활용하고, 이것을 토대로 연구텍스트를 구성한다. 교사의 전문성을 당위로서 강조하는 것이 아니라 현장텍스트를 통해서 교사의 전문성은 학생과의 관계에서 당당함을 갖게 된다는 점을 연구텍스트의 주제, 절, 장으로 작성하게 된다.

> 평소 밝게 인사하던 친구인데 나를 불쌍하게 보는 것 같았다. 어디 가서 숨고 싶었다. 눈물이 왈칵 났다. 그냥 서러웠다. 수업을 더 열심히 준비 못 한 것에 대한 나의 원망도 있었고, 동료 교생 선생님들이 보고 계신 것이 부끄럽기도 했다. 그 착한 아이들의 시간을 날려 버린 것 같아 너무 미안했다(수업한 후 영어 교생의 일지).

　이것은 참여자의 내러티브 기록의 일부로 현장텍스트에 해당하지만, 이것이 의미 해석을 통해서 주제화될 수 있으면 연구텍스트로 활용될 수 있다. 경험에 대한 의미 만들기를 하는 것이기 때문에 연구자는 자신의 목소리와 참여자의 목소리가 균형을 이룰 수 있도록 하면 된다. 현장텍스트의 양이 방대하므로 어떤 관점에서 해석해 나갈 것인가가 중요하다. 자신의 관점이 강조되면 주관적이게 되고, 참여자의 관점이 강조되면 나의 연구로서 의미가 퇴색될 수 있다. 따라서 연구텍스트는 연구자, 참여자, 독자들을 고려하여 가치 있는 연구텍스트가 될 수 있도록 해야 한다.

　연구텍스트에는 왜(why) 내러티브 방법을 선택했는지 이유 찾기, 연구자가 현장텍스트를 읽는 과정에서 탐구하는 현상(what)을 찾기, 현장텍스트를 읽고 또 읽으며 연구텍스트 작성하기의 순서를 갖게 된다. 현장텍스트에서 연구텍스트로 이행하는 과정에서의 분석과 해석의 모든 과정을 일련의 단계로 볼 수 있다.

연구자가 이론적으로 맥락화하기 위해서 여러 사상의 조류, 연구 프로그램, 이데올로기 등과 관련해서 연구자의 위치 설정을 하게 된다. 그리고 쓰기를 원하는 텍스트의 종류를 선택하여 다양한 잠정적 연구텍스트를 기술할 수 있다. 내러티브 형식은 다른 탐구자들의 내러티브 연구텍스트를 읽고 자신의 탐구에 적절한 형식을 찾아서 쓰면 된다.

내러티브 탐구자로서 연구텍스트를 작성할 때 형식주의와 경계에 서 있게 된다. 보고서나 논문을 서론, 연구 방법, 이론 탐색 등 장 별로 완성하는 것이 아니라 다른 장 혹은 절을 쓰고, 그리고 나서 이를 다른 장과 대조하고, 마지막까지 조각들이 하나하나 의미를, 순간들이 모두 의미를 가지고 전체적인 통일성에 이르기까지 왕복운동 과정을 지속하게 된다. 이러한 점은 질적 연구 중에서도 내러티브 탐구가 갖는 연구자의 자율성을 알 수 있게 한다.

현장텍스트 분석과 해석을 위하여 워드 클라우드를 활용하였다. 주별로 작성한 현장텍스트 55부를 워드 클라우드에서 다시 버블다이어그램으로 전환하면 교육실습생들의 목소리가 빈도를 중심으로 버블이 형성된다. 물론 나는 그 자료를 반복해서 읽고 또 읽었다. 분석은 단어나 주제어에 초점을 두어 분절적으로 이루어지기보다는 맥락과 상황, 일어난 일, 인물 등을 삶이라는 하나의 큰 틀 안에서 내러티브적으로 보아야 한다는 점을 유념하고자 했다(연구자인 실습지도 교사의 관점).

앞과 같이 내러티브 탐구의 현장텍스트를 분석, 해석, 설명하는 데 있어서 때에 따라서는 양적 연구 방법을 활용하기도 한다. 내러티브 탐구에서 글쓰기는 기존의 논문 쓰기와 다르므로 방법론적인 혼란이 오기도 하고, 연구 방법에 대한 의심을 받기도 하지만, 양적 연구보다 진실 찾기에서 충실한 연구자로서 임무를 수행하는 점은 더 진정성 있는 탐구라는 인식을 할 필요가 있다.

(3) 내러티브 탐구의 사례[3]

[He가 쓴 논문의 내러티브 형식]

He는 다른 두 명의 연구 참여자인 Shiao, Wei와 함께 현장연구를 하면서 내러티브 학위논문을 작성하였다. He의 현장텍스트는 세 여자의 기록된 대화를 토대로 중국과 캐나다에서의 삶에 대한 이야기와 해석으로 구성되었다.

프롤로그-3차원적 내러티브 탐구 공간 내에서 이야기로 시작: 이야기는 세 명의 연구 참여자의 과거로 갔다가 그들이 누구인가, 새로운 땅에서 어떻게 되었는가에 대하여 질문하는 것으로 시작함.

1장-프롤로그에서 말한 틀을 채우기 위해 대화를 통해 얻은 이야기 활용: 저녁 식사 이야기로부터 시작해서 세 여성의 대화 형식으로 중국에서의 삶에 대한 회고가 나타남. 문화 변용과 문화 순응에 대한 문헌들에서 이 연구가 어떤 위치를 갖게 될지 기술함.

2장-모습을 내러티브화하는 경로를 탐색하기: 연구와 관련된 문헌을 이해하고 연관시키려고 했던 개인적 여정에 대해 기술. 세 명의 대화에 관한 이야기를 소개하고, 이야기 속에 담겨 있는 이슈들을 이야기함.

3장-연구 참여자들이 성장한 모습을 내러티브화하기: 세 명의 중국에서의 학교 이야기를 기술함.

4장-양쪽 문화 사이에서 가르치기에 대한 갈등 이야기: 문화적 맥락에서 이야기가 정체성 문제와 연관됨을 설명함.

5장-망명생활 모습에서 이방인들의 이야기: 캐나다에서 삶에 대해 기술. 이야기를 끌어내어 기술. 이를 해석해서 전개함.

6장-외국인의 모습으로 교육연구수행을 배우는 이야기: 교육연구수행을 아동기의 이야기와 연결하고 이전 장들의 내러티브와 일관성을 보여 줌.

---

3) Clandinin & Connelly(2000: 156–159)

> **7장**-외국인의 모습으로 융통성 있는 내러티브 탐구자 및 학자가 되는 법을 배우는 이
> 야기: 논문 전체에 걸쳐 여러 장에서 이야기된 세 여성의 이야기와 연결함.
> **8장**-문화적·교육적·언어적 변화를 통해 정체성 만들기: 논문을 통한 발견을 요약함.
> **에필로그**-세 여성의 이야기가 어떻게 미래를 지향하고 있는지, 캐나다와 중국 안에서의
> 변화하는 모습에 대해 기술함.

앞의 He의 사례는 내러티브 탐구 하나의 사례로 전형이 되는 것은 아니다. 내러티브 탐구가 개인의 경험을 탐구하는 것에 초점을 두고 있지만 다른 사람의 경험, 사회적 맥락과 연관 지어 해석해 나갈 수 있다. 내러티브 탐구는 특정 영역의 연구텍스트로 기여하는 것이 아니라 연구자 자신을 탐구하는 여러 영역에서 시행될 수 있다.

8. 전문가로서 중등교사의 비전

교사가 된다는 것은 발령을 받는 것이나 '교직의 사회화'와는 또 다른 것이다. 발령을 받고, 적응을 했다고 교사가 되는 것은 아니다. 교사다워야 교사가 되었다고 할 수 있다. 교사답다는 것이 형이상학적 의미로 주어지는 것이지만, 여기서는 경험 세계에서 무엇보다 전문성을 갖는 것을 교사 됨됨이를 알 수 있는 하나의 기준으로 보았다.

교직은 단순한 노동직이 아니고 지성적·정신적 활동을 한다는 점에서 교사들에게 연구자의 지위를 요청하게 된다. 교육 연구는 그동안 교사들이 하는 일이라기보다는 교수들이나 전문 연구원들이 하는 것이고, 중등교사들은 수업이나 생활지도, 입시지도를 하는 것으로 인식됐다. 그래서 연구자로서 교사의 지위는 어색할 수도 있지만, 됨됨이 면에서 교사로 자리를 잡으려면 연구를 하는

교사가 되어야 한다는 것을 알 수 있다.

　이 장에서는 중등교사가 전문가로서 자리매김하기 위해서는 연구자로서 자기반성을 할 수 있어야 한다는 측면에서 교사됨에 있어서 교육 연구의 위상과 교사의 내러티브 탐구의 의의를 찾아보고자 했다. 내러티브 탐구는 자신을 돌아보게 한다는 점에서 같은 일이 반복되는 교사들이 자기 변혁을 하게 하는 힘을 준다. 내러티브 탐구는 내러티브를 통해 삶의 퍼즐을 해결하는 과정인데, 사색적이기도 하고 경험적이기도 한 통합적 과정이다. 여기서 해석의 주체는 데카르트식 자아 찾기를 하는 주체가 아니라 타자를 통한 자아 찾기라는 특성이 있다. 교사들은 학생, 동료교사, 교감, 교장, 학부모, 장학사 등과의 관계 속에서 자신을 위치 지울 수 있다. 세계 내 존재로서 나는 텍스트 혹은 타자 이해를 거쳐야만 자기 이해에 도달할 수 있는데, 타자 이해와 자기 이해를 동시에 발생하게 하는 것이 해석학의 기능이다.

　이 장에서는 논증하기보다는 교육 연구에서와 해석학에서 주요 개념, 내러티브에 대한 해석학적 접근의 근거, 내러티브 탐구에서 텍스트를 구성하는 방법 등을 소개하였다. 교육 연구가 새로운 진리를 창출하거나 기존의 진리에 새로운 진리를 더 할 수 있다면 더할 나위 없겠지만, 그보다는 이해의 폭을 넓히는 데 초점을 둔다. 중등교사의 역할이 진리를 창출하는 데 있기보다는 자신의 삶에서 진실을 찾는 것이 전문가로서 자신을 잃지 않게 하는 길이라 하겠다.

　내러티브 탐구나 해석을 하는 데 있어서 지름길은 없다. 다만 연구가 연구자의 삶을 성찰하는 계기를 마련하고 탐구된 경험을 넓혀 자신의 정체성 인식에 기여할 수 있다는 점에서 내러티브 탐구는 해석 능력을 바탕으로 할 때 더 의미 있게 될 것이다. 해석학적 이해나 내러티브 탐구가 새로운 대안은 아니지만, 내러티브 정체성은 갈수록 교사들이 권위를 잃어가고 있고 입시 교육에서 전문직에 대한 열정이 식어 가는 와중에 그나마 자신을 지켜 가는 연구 방법이 될 수 있다고 본다.

　이 장에서는 교사가 교사답기 위해서는 전문성을 갖는 것이 그 됨됨이의 기본

요건이라고 보았다. 중등교사가 처한 삶의 특징들을 보면서 현실의 경험 세계에서 교사됨을 완성해 가기 위해서는 자기 이해가 핵심임을 부각했다. 교사들도 자기 이해를 하게 되면 연구자로서 자리매김할 것으로 본다. 내러티브 탐구자로서 자기 해석을 하게 되면 당연히 교과지식을 갖추고 생활지도 능력을 갖춘 교사로서 내러티브 정체성을 확보하기 위한 자기 노력이 있게 될 것이다. 이는 전문가로서 교사의 자리를 더 확고하게 할 것은 말할 것도 없다.

요컨대, 중등교사의 삶의 이해와 해석의 관점에서 교육 연구에서 내러티브 탐구가 무엇을 지향하고 있는지, 어떤 모습으로 연구되고 있는지에 대해서도 살펴보았다. 교육 연구에서 내러티브 탐구가 늘어가고 있지만, 아직까진 내러티브 해석에 대한 관심과 내러티브 탐구 고유의 연구텍스트 작성에 대한 연구는 많지 않다. 중등학교 교사들도 연구자로서 자리매김하게 되면 내러티브 탐구는 됨됨이를 재는 하나의 자연스러운 일상이 될 수도 있을 것이다. 훌륭한 교사는 텍스트 해석, 자기 해석이 능함으로 국가교육과정에서도 해석자로서 고도의 전문성을 유지함으로써 교사다움의 정체성을 확보할 수 있을 것이다.

참고문헌

김영천(2005). 별이 빛나는밤. 서울: 문음사.

김용택(2013). 참교육 이야기. 서울: 생각비행.

양황승(2003). 칸트철학과 현대 해석학의 문제들: 텍스트 해석에서 주관주의와 객관주의에 대한 비판적 고찰-폴 리쾨르의 해석 이론을 중심으로. 칸트연구, 12, 278-313.

염창권(2002). 문학텍스트의 이해와 해석의 국면. 초등교육연구, 16(3), 1-21.

오욱환(2006). 교사 전문성. 경기: 교육과학사.

이규호(2005). 해석학. 서울: 연세대학교 출판부.

이기언(2009). 폴 리쾨르: 해석학과 자기 이해. 불어불문학연구, 79, 401-439.

정기철(1999). 리쾨르 시간과 이야기 그리고 윤리. 해석학연구, 5, 55-86.

조용환(1999). 질적 기술, 분석, 해석. 교육인류학연구, 2-2, 27-63.

최명선(2006). 지식과 교육: Gadamer와 Nietzsche 해석학의 교육적 시사. 교육과정연구, 24-2, 27-50.

Diemer, A. (1977). Hermeneutik: Elementarkurs Philosophie, Düsseldorf: Econ Verlag, 백승균 역(1982). 철학적 해석학. 서울: 경문사.

Berger, Ronald J., & Richard Quinney. (2005). "The Narrative Turn in Social Inquiry." *Storytelling Sociology: Narrative as Social Inquiry.* Ronald J. Berger and Richard Quinney(Eds.), Lynne Rienner Publishers: Boulder, Colorado, 1-11.

Clandinin, D. Jean & F. Michael Connelly. (2000). *Narrative Inquiry: Experience and Story in Qualitative Research,* San Francisco, CA: Jossey-Bass, 소경희, 강현석, 조덕주, 박민정 공역(2007). 내러티브 탐구. 서울: 교육과학사.

Clandinin, J., & Connelly, M. (1998). Stories to live by: Narrative understandings of schoolreform. *Curriculum Inquiry, 28*(2).

Coles, R. (1989). *The Call of Stories: Teaching and the Moral Imagination.* Boston: Houghton Miffin Company.

Dewey, J. (1899). The School and Society. In Boydston, A. (Ed.), (1976). John Dewey: The Middle Works, (1899-1924). Volume 1: 1899-1901. Carbondale and Edwardsville: Southern Illinois University Press.

Glesne, C., & Peshikin, A. (1992). Becoming Qualitative Researchers: An Introduction. New York: Longman.

Grondin, J. (1991). *Einführung in die Philosophische Hermeneutik* Wissenschaftliche Buchgesellschaft, Darmstadt, 최성환 역(2009). 철학적 해석학 입문. 서울: 한울 아카데미.

Hans Georg Gadamer. (1986). *Wahrheit und Methode: Grundzüge einer Philosophischen Hermeneutik.* 5 Auflage (durchgeschen und erweitert) J. C. B. Mohr(paul siebeck) Tübingen, 이길우, 이선관, 임호일 공역(2003). 진리와 방법 I. 경기: 문학동네.

Huberman, A., & Miles, M. (1994). Data Management and Analysis Methods. In N. Denzin., & Y. Lincoln (Eds.), *Handbook of Qualitative Research.* London: Sage.

Ineichen, H. (1991). *Philosophische hermeneutik*. Freiburg/München: Alber, 문성화 역 (1998). 철학적 해석학. 서울: 문예출판사.

Liberaman, M. (1956). Education As a Profession. New Jersy: Prentice-Hall.

Lortie, Dan C. (1975). *School teacher: A Sociological Study*, Chicago: University of Chicago Press.

Nietzsche, F. (1878). R. J. Hollingdale. (trans.), *Human, All Too Human : a Book for Free Sprits*, Cambridge : Cambridge University Press, 김미기 역(2002). 인간적인 너무나 인간적인 I, II. 서울: 책세상.

Ricoeur, P. (1988). *Time and narrative* (Vol. 3). Chicago: University of Chicago Press.

Ricoeur, P. (1976). *Interpretation Theory : Discourse and the Surplus of Meaning*, Fort Worth : Texas Christian University Press, 김윤성, 조현범 역(1994). 해석이론. 서울: 서광사.

Schleiermacher, F. (1987). *Servant of the Word: Selected Sermons of Friedrich Schleiermacher*. (Translated and edited by Dawn DeVries). Philadelphia: Fortress Press.

Schleiermacher., & Friedrich Ernst Daniel. (1838), Luecke, F. (trans.), *Hermeneutik und kritik mit besonderer beziehung auf das neue testament*, 최신한 역(2000). 해석학과 비평. 서울: 철학과 현실사.

Wolcott, H. (1994). *Transforming Qualitative Data: Description, Analysis, and Interpretation*. London: Sage.

제10장
대학에서의 (인)문학 교육에 대한 한 교사의 성찰[1]

김영훈[2]

1. 서 론

 연합뉴스의 이승우, 홍정규 기자에 따르면, 황우여 사회부총리 겸 교육부 장관은 (2015년 8월 16일) 교육 개혁의 핵심인 대학구조 개혁과 관련해 "(대학입학) 수요와 공급의 미스매치(불일치)를 어떻게 줄이느냐가 중요한 현안으로 떠오른 만큼 이 부분을 심도 있게 논의하면서 사회가 전반적으로 잘 발전할 수 있도록 대학과 사회 구성원이 힘을 모아야 한다."고 말했다. 주지하다시피 교육 분야는 박근혜 정부의 2015년 핵심 국정개혁 과제 중 하나다. 오늘날 세계 여러 국가는 세계시장에서의 경쟁에서 필수적인 인적자원의 개발과 확보에 열을 올리고 있다. 노동·공공·금융·교육이라는 핵심 국정개혁 과제를 통해서도 알 수 있듯이, 교육은 국가의 성장과 존속을 위해 인재와 노동력을 창출하는 주요한 한 축

1) 이 글은 저자가 2014년 학술지 『영미문학교육』을 통해 발표한 「한국 대학에서 영문학교육의 해체와 그 해체의 (불)가능성」의 수정본이다. 이 글을 본서에 수록할 수 있었던 것은 항공대학교 이승렬 교수의 도움 덕분이다. 그의 격려와 건설적인 제안에 깊이 감사드린다.
2) 현 서강대학교 대우교수

이다. 박근혜 정부 그리고 황우여 교육부 장관의 교육개혁에서 대학구조조정은 핵심적 위치를 차지한다. 정부의 대학구조조정에서 가장 초점이 맞추어지고 있는 것은 학령인구감소에 따른 대학 정원의 감축과 사회수요와 연동해서 인문계와 이공계의 비율을 재조정하는 일이다.

21세기 들어 선진국을 중심으로 이루어진 전 세계적인 고등교육의 확대를 생각할 때 최근의 급격한 대학 정원 감축 추진정책은 상대적으로 예외적인, 혹은 고유한 한국적 상황이라 할 수 있다. 그러나 대학이 사회수요를 적극적으로 반영해야 한다는 주장은 전혀 새롭지 않다. 대학이 사회수요를 적극적으로 반영한다는 것은 좁은 의미로서는 기존의 학문의 전당, 전인교육의 장으로서 대학의 전통적 기능을 포기하고, 더욱 협소한 직업교육소로 자신의 역할을 재조정하는 것을 의미한다. 그러나 오늘날의 대학은 직업교육소라는 말로는 담을 수 없을 만큼 더욱 거대 자본화된 양태를 가지고 있는데, Kirp(2007)와 같은 이들은 이러한 대학을 '혁신적 대학(entrepreneurial university)', 혹은 '기업형 대학(enterprise university)'이라 불렀다. 오늘날의 대학은 경영을 말하고, 어떻게 대학을 브랜드화하고, 학생들을 마케팅할지 고민한다. Kirp가 주장한 것처럼, 대학교육은 이제 시장의 힘과 윤리에 의해서 재편되고 있다. 학생들은 소비자이고, 교육은 서비스다. 대학에서의 연구는 이윤을 창출할 수 있는 하나의 생산물 혹은 성과물이다. 용인 송담대학의 김동익 전 총장은 2009년에 발간된 『대학교수 그 허상과 실상』에서 "대학은 사업 활동의 분야가 다를 뿐이지 기업조직과 다를 바가 없다."고 말했다. 아마도 우리에게 김동익의 주장을 가장 잘 보여 준 대표적 예는 삼성이 인수한 성균관대학교와 지금은 퇴진한 박용성 이사장 이후의 중앙대학교일 것이다. 이들 대학에서 잘 나타나듯이 대학의 기업화는 총장 직선제의 폐지, CEO 총장의 등장, 성과급 연봉제의 도입, 그리고 학문 단위의 재편성으로 종종 요약된다.

대학의 기업화는 무엇 때문에 이루어졌는가? 오늘날 대학이 겪고 있는 변화의 근원은 무엇인가? 이에 대한 일반적인 해답 혹은 해석은 신자유주의 가치와 문화의 범람에 따른 공적 영역의 급속한 사유화일 것이다. 신자유주의 패러다임 안의 교육정책은 대학의 교육과정과 교실 안 교수·학습 활동을 변화시켰다. 대학에서의 교육은 효율성의 측면에서 측정되고, 구조화되고, 이에 따라 재단된다. 수치화된 교육은 대학에 대한 각종 평가와 지원사업의 선정에서 주요한 판단 근거가 된다. 이 때문에 모든 대학이 더욱더 수치화된 평가에 몰두할 수밖에 없게 되며, 대학교육 전체가 결과 및 능력 위주의 경쟁 중심 체제로 변화하게 되는 것이다. 실상 이러한 변화는 단순히 대학에만 해당하는 것은 아니다. 세계화 시대에 사회의 모든 영역이 정량적 평가에 노출되어 있고, 끊임없는 혁신을 요구받는다. Sennett과 같은 사회학자는 이러한 사회현상을 새로운 문화의 등장으로 파악한다. 아마도 그가 보기에 정치·경제의 영역에 국한되는 신자유주의라는 용어로 이 거대한 변화를 지칭하기는 불충분했던 듯하다. 그렇기에 그는 오늘날의 사회 변화를 포괄적으로 새로운 자본주의 문화의 등장이라고 명명했다.[3]

그렇다면 이처럼 새로운 자본주의 문화가 등장한 세계화 시대 대학에서 인문학 교육은 어떻게 변화했는가? 인문학은 전통적인 대학의 정신을 상징했고, 대학이 근대적 시민성을 양성하는 데 중추적인 역할을 했다. 그러나 세계화 시대 대학은 더는 인문학이 필요하지 않은 것처럼 보인다. 진리에 대한 탐구보다는 사회의 수요, 즉 직업훈련과 실용적 교육이 더 중요시되는 현실에서 인문학의 쇠퇴는 자명한 현실일지 모른다. 세계화 시대에 한 학과의 존속문제는 종종 학생 수를 채울 수 있는 능력과 졸업생들의 취업률로 결정된다. 많은 대학의 인문학 전공학과는 학교의 지원을 지속적으로 받고, 새로운 세대의 학생들과 사회적 수요에 맞추기 위해 적극적으로 교과과정을 개편하고 있다. 그러나 그마저도 미력하다고 판단될 때는 대학본부에 의해 강제로 새로운 학부로 통합되거나 폐쇄되고 있다.[4] 물론 인문학에 대한 절대적 관심이 사그라진 것은 아니다. 대학에

---

3) 보다 자세한 것은 Sennett의 『뉴캐피털리즘』과 『신자유주의와 인간성의 파괴』를 참조.

서 강의를 하다 보면 인문학 공부에 흥미와 관심을 보이는 적지 않은 수의 학생들을 만날 수 있다. 하지만 그들은 취업이라는 현실 앞에서 어쩔 수 없이 더욱 실용적인 교과목이나 전공을 선택한다. 취업을 앞둔 학생들에게 현실은 엄격하다.

필자는 이 장에서 대학의 기능 변화라는 사회적·역사적 맥락에서 필자가 수행하고 있는 영문학교육을 중심으로 인문학의 현실, 위기, 그리고 가능성에 대한 생각을 적어 보고자 한다. 인문학교육이라는 넓은 분야를 모두 포괄하는 것은 당연히 필자의 역량을 넘어선다. 영문학교육에 초점을 맞추면서도 인문학교육이라고 선언한 것은 이 글에서 다루고 있는 세계화 시대의 교실환경변화의 문제, 그리고 그에 따른 영문학교육의 변화와 현실인식이 다른 인문학 영역에서도 공감대를 형성할 수 있다고 믿기 때문이다. 더불어 필자 개인도 영문학자이기 이전에 무엇보다 인문학을 공부하고 가르치는 사람이라고 생각하기 때문이다.

한국 대학의 영어영문학과에서 문학교육이 차지하고 있던 전통적인 위상은 세계화 시대에 해체되어 버린 듯하다. 오늘날 정도의 차이는 있을지라도 많은 영어관련학과에서 글쓰기와 회화 중심의 실용 영어교육이 주요한 교과목으로 자리 잡았다. 일견 한국 대학의 영어관련학과에서 문학교육의 쇠퇴는 이견의 여지가 없어 보인다. 지금-여기, 문학교육에는 어떤 가능성이 남아 있을까? 세계화 시대 대학에서 인문학교육, 혹은 문학교육은 과연 우리가 상상할 수 있는 모든 의의를 고갈했는가? 이 글은 기본적으로 한 개인이 세계화 시대 대학에서의 교사이자 연구자로서 경험한 인문학교육, 좁게는 영문학교육의 경험에 대한 성찰에서 촉발되었다. 개인적인 삶에 기초한 이야기이기 때문에 논의가 편협하거나 제한적일 수 있겠다. 비록 필자가 체험하고 서술하는 교육경험은 고유하나, 그 서술이 1970년대 이후의 큰 틀에서의 영문학 연구 그리고 세계화 시대 교육

---

4) 글로벌어문학부로 개편되었다가 2016년부터 신입생 모집이 중단된 가톨릭관동대학교의 영어영문학과가 가까운 예다.

의 변화라는 역사적 맥락 안에 위치한다는 점에서 일종의 예가 될 수 있다고 생각한다. 예라는 것은 개별적인 무엇인가를 타인과 소통할 수 있는 기회로 만들어 준다. 본 서술이 타인과의 소통의 기회가 된다면, 그리고 누군가에게 세계화 시대를 이해하고 준비하는 통찰의 기회가 된다면, 이 개별적인 이야기에도 나름의 의미가 있지 않을까 한다.

2. 세계화 시대 영문학, 문화연구로의 전회

먼저 세계화 시대 영문학교육과 연구가 어떻게 변화해 왔는지를 북미 대학을 중심으로 간략하게 살펴보고자 한다. 문학교육과 연구 중심의 영문학이라는 분과학문은 미국의 경우 19세기 말에 태동하여 20세기 초반에는 글쓰기와 수사학 중심의 고전 교육을 대체하며 성장하였다.[5] 그 이후 영문학 내부에 발생한 가장 큰 변화로는 이론의 등장 그리고 이에 뒤따르는 문화연구로 영문학의 경계 확산 혹은 재편성을 들 수 있는데, 이 시기는 공교롭게도 우리가 신자유주의 시대의 등장이라고 말하는 레이건–대처 시대와 대체로 일치한다. 변화의 주된 원인은 널리 알려졌다시피 1960~1970년대의 프랑스 구조주의 그리고 후기 구조주의의 영향이다. 북미의 많은 영문학과와 비교문학과가 Derrida, Foucault, Lacan 그리고 Althusser 등의 이론을 적극적으로 받아들이면서 신역사주의, 여성주의, 젠더, 인종, 문화연구와 같은 새로운 연구 흐름을 형성했다. 이 때문에 영문학과 내에는 '포스트모더니즘: 이론과 소설' '페미니스트 이론에서의 최근 질문들' '동시대 여성주의' 그리고 '젠더 이론'과 같은 기존에는 찾아볼 수 없었던 새로운 교과과정이 등장하였다. 오늘날 우리가 일반적으로 문화연구라고 부르는 교과목

---

5) 영문학이라는 분과학문의 태동과 성장에 대해서는 Robert Scholes의 『영문학의 흥망성쇠』를 참조할 수 있다.

들이 탄생하기 시작한 것도 이 시대 이후부터다. 그 결과 자연스럽게 기존의 영
문학과에서 중요하게 여겼던 정전 중심의 문학교육은 격변을 맞이하게 되었다.
새로운 교과목을 신설하고 수용하기 위해 기존의 정전 교육은 상대적으로 축소
되었을 뿐만 아니라, Shakespeare나 Chaucer의 작품들과 같은 정전을 가르치는
방법 또한 변하게 되었다. 결과적으로 영문학과 내의 많은 수업이 이론이라 불
리는 것을 강조하게 되었고, 이는 나아가 기존에 영문학이 가지고 있는 분과학
문으로써의 영역을 변화시켰다.[6)]

물론 영문학과 내부에서 정전의 해체가 단순히 이론의 등장에 의해서만 일어
난 것은 아니다. 사태를 바라보는 시각에 따라 원인은 항상 다양하다. 『노튼 앤
솔로지』의 편집자로 유명한 Abrams(1997)는 '영문학의 변천(1930~1995)'에서
1970년대 이후에 일어난 영문학 내 변화의 원인을 크게 네 가지로 진단하였다.
먼저 1990년대 교수진 중 상당수인 중년에 이른 사람들은 베트남 전쟁 시대를
관통한 급진적인 세대로서, 이들은 반-기성주의 그리고 반-전통적인 교수법을
취한다는 것, 둘째 학생 구성원이 백인 남성 중심에서 그동안 인종적으로나 문
화적으로나 다양해졌다는 점, 셋째 대학이라는 시스템 내부에서 취직과 승진을
위한 가장 중요한 척도가 논문 게재이기 때문에 젊은 학자들은 항상 새로운 시
각과 영역을 찾을 수밖에 없다는 점, 마지막으로 사람들이 신비평 중심의 기존
문학 연구와 교육을 지겨워하고 있었다는 점을 지적하였다. 여기에 하나 더 추
가할 만한 논의는 Brantlinger(1999)의 것이다. 그는 오늘날 정보화 시대에 이르러
대중문화와 매체에 대한 전반적인 관심의 증가가 영문학이라는 학문의 정체성
변화에 영향을 준 또 다른 주요한 요인이라고 지적했다. 문자텍스트보다 영상
텍스트에 더욱 익숙한 새로운 세대의 학생들이 등장했고, 이들의 수요를 반영하
기 위해서 문학연구가 점차 문화연구로 이행했다는 주장이다.

---

6) 이론에 의한 학문의 변화는 영문학과에만 국한된 것이 미국 대학에서 발생한 보다 보편적인 현상이
    다. 프랑스 이론과 미국학계의 관계에 대해선 Francois Cusset의 『루이비통이 된 푸코』를 참조할 수
    있다.

　　이론이 영문학과에 들어온 후 영문학과가 종종 직면하는 비판은 맑스주의 혹은 좌파 성향의 학과라는 비판과 영문학과에서 더는 문학을 가르치고 연구하지 않을 뿐만 아니라, 오히려 문학을 해체한다는 비판이다. 저자 Barthes와 Foucault의 죽음, 마르크스주의와 Derrida의 해체가 비판의 주요 대상과 원인인데, 사실 이런 비판의 근원은 이론이 가지고 있는 복잡한 정체성 문제, 그리고 이에 따른 이론에 대한 왜곡된 이해와 결부되어 있다. 이론을 중심으로 하는 새로운 영문학연구와 교육은 기존의 영문학연구와 교육이 당연시했던 전제들을 전복시켰다. 이는 문학을 바라보는 생각의 변화이기도 하다. 문학이란 무엇인가? 전통적으로 문학은 인간과 세계에 대한 뚜렷한 의지와 목적을 가진 저자에 의해서 생산된 텍스트로 이해되었다. 그러나 오늘날의 문학은 더는 저자라는 한 개인의 창작물, 소유물로 여겨지지 않는다. 이론가들은 종종 문학이 비인간적인 영역, 언어와 담론처럼 이미 구조화된 영역에서 생산된다고 주장한다.

　　또 다른 비판은 쉽게 예상할 수 있듯이, 너무 많은 연구자가 정전을 경시하고 현대 작가들만 연구한다는 비판이다. 이러한 비판은 세계화 시대 영문학의 자연스러운 변화의 산물이다. 역사적으로 영문학이라는 분과학문은 스스로가 연구와 교육의 대상으로 삼는 경계를 끊임없이 재편성해 왔다. 영문학과의 교과과정은 1970년대 이론에 의한 급격한 변화 이전에 이미 영국 문학에서 미국 문학으로, 지금은 정전되었으나 당시만 해도 현대 작가인 Virginia Wolf, James Joyce, Lawrence와 같은 모더니즘 작가들로 그 외연을 확장했다. 나아가 오늘날의 세계화 시대에 영문학은 점차 영미문학뿐만 아니라 인도, 자메이카, 나이지리아, 호주 등 모든 영어권의 문학을 포함하는 방향으로 나아가고 있다. 이런 현실 속에서 기존의 백인 남성 작가 위주로 구성된 정전의 권위가 감소하는 것은 자연스러운 현상으로 보인다.

　　문학연구에서 문화연구로의 전회는 급격하게 일어났다. 그러나 그렇다고 대학에서 영문학을 가르치는 방식이 하루아침에 완전히 바뀐 것은 아니다. 북미의 경우도 각각의 대학마다 상이한 경험들이 있을 것이고, 한국의 경우는 말할 것도 없다. 가령 필자의 개인적인 경험에 비추어 볼 때, 1990년대 후반만 해도 한국에서 문화연구와 관련된 수업은 그리 많지 않았다. David Henry Hwang의 『M. 나비』와 같은 새로운 텍스트를, 영화와 함께 수업시간에 다루는 교과목들도 일부 있었지만, 여전히 한편에서는 한 학기 내내 영문학사나 Geoffrey Chaucer의 『켄터베리 이야기』를 매우 고전적인 방법으로 공부했다. 비록 누가 헤게모니를 가졌는지는 변했겠지만, 한국 대학의 영어영문학과에서 다양한 텍스트와 교수법이 공존하는 풍경은 기본적으로 그때나 지금이나 크게 달라지지 않은 듯하다.

3. 세계화 시대 영문학 교육의 또 다른 모습, 리터러시 교육

지금까지 기술한 영문학의 변화 모습과는 다른 변화, 혹은 이를 바라보는 다른 시각도 존재한다. 전통적인 문학연구와 교육방법, 그리고 새롭게 등장한 이론 사이의 갈등 이외에 또 다른 중요한 변화가 있다. 바로 오늘날 많은 대학의 글쓰기 센터와 작문 교육으로 대표되는 리터러시 연구다. 북미에서 영문학과 중심의 작문 교육은 점차 중요해지고 있다. 한국 대학의 경우도 유사하다. 대학의 입장에서 국문과와 영문과의 존속 이유는 문학교육이 아니라 전체 학부생들을 대상으로 이들 학과가 제공할 수 있는 글쓰기와 영어 리터러시 교육 때문이다. 대학에서 작문 교육이 가지고 있는 경제적 중요성은 인정되나, 작문 연구가 가지고 있는 지적·학문적 가치와 중요성은 상대적으로 경시되어 왔다.[7] 북미대학

---

7) 작문 혹은 작문수업은 초창기 영문학과 혹은 영문학의 핵심이었다. 대학이 모든 이에게 글쓰기를 가르칠 역사적 사명이 있다는 믿음은 보편적이었고, 19세기 이래 20세기 초반까지만 해도 미국 대학의 영문학과에서 작문 교육은 핵심적 위치를 점해 왔다. Bartholomae(2004)는 『작문, 1900~2000』에서 미국 대학에서 영문학과가 오늘날의 규모와 위상을 가지게 된 것은 대학 교육에서 작문 교육이 가지고 있는 전통적인 위상 때문이라 주장하였다. 그의 논문은 우리에게 익숙한 문학연구에 치중한 영문학과와는 다른 모습의 영문학과를 보여 준다. 20세기 이전 대학에서는 문학보다는 작문 혹은 수사학

영문학과가 제공하는 학부 수업의 상당수는 작문 교육에 초점을 맞춘 ENG 100 레벨의 수업이다. 이러한 작문 중심의 수업은 대부분 시간제 강사나 대학원생들의 몫이다. 즉, 영문학 내에서 지적으로 더욱 유의미하다 간주하는 문학, 문화 혹은 이론 수업은 전임 교원들이 담당하고, 작문 수업은 비전임 교원들이 담당하는 학문적·계급적 노동 분할이 이루어지고 있는 것이 현실이다. 이러한 현실은 한국 대학에서도 크게 다르지 않다. 여러 가지 이유가 있겠지만 두 가지만 뽑는다면, 첫째는 대학의 전임 교원들이 가지는 연구, 교육, 행정 업무와 같은 다양한 책임들이 연구를 중심으로 일방적으로 서열화되어 있기 때문이고, 둘째는 도덕적·형이상학적·종교적 질문을 탐구하는 문학연구에 비추어 작문 교육을 단순한 기술적인 교육으로 보는 보수적 견해가 지배적이기 때문이다.

필자는 2005년부터 2011년까지 캐나다 앨버타대학교 영문학과에서 수학하였다. 그 기간에 영문학 내부의 몇 가지 큰 변화를 목격할 기회가 있었다. 첫째는 필자가 직접 근무했던 학교 글쓰기 센터(The Center for Writers)의 설립이고, 둘째는 모든 교수진을 위한 범교과적 글쓰기(Writing Across the Curriculum) 프로그램의 확대, 마지막으로 기존에 있던 글쓰기 프로그램(Writing Studies Program)의 강화다. 앨버타대학교의 영문학과는 필자가 입학한 2005년이나 지금이나 학부나 대학원 모두 문화연구 중심의 교과과정을 가지고 있다. 그러나 동시에(적어도 형식적으로는) 다른 학과의 교수진을 위한 범교과적 글쓰기 컨설팅과 모든 대학 구성원을 위한 (대학원생, 연구원, 교수를 포함하는) 글쓰기 센터의 운영을 담당하고 있다. 또한, 영문학과 내 재학생들은 영문학 학위뿐만 아니라, 글쓰기 전공으로도 학위를 받을 수 있다.

앨버타대학교 영문학과의 전반적인 글쓰기 프로그램 강화는 대학 본부의

을 널리 가르쳤다. 그러나 20세기에 들어와서 영미 문학의 정전이 대두하고, 동시에 대학의 학생 수가 늘어남에 따라 영문학과(English department)는 점차 문학과(Literature department)로 변모했다는 것이다. Bartholomae(2004)는 이 변화의 과정에서 작문수업은 점차 기계적이고 하찮은 일로 경시되기 시작했다고 주장했다.

전폭적인 재정지원 하에서 가능했다. 앨버타대학교의 글쓰기 프로그램은 대학 본부와 학부 학생들로부터 대단히 긍정적인 지지를 받고 있다. 흥미로운 것은 영문학과 내부에서는 이러한 제도적 변화와 새로운 글쓰기 프로그램의 시작에 대해 미온적인 입장이 지배적이라는 점이다. 60여 명의 영문학과 교수 중 작문 이론이나 글쓰기를 전공한 5~6명의 소수의 교수만 글쓰기 프로그램 개발과 실행에 적극적으로 앞서고 있다. 많은 교수진이 상대적으로 영문학과 내의 글쓰기 프로그램에 대해서 냉담한 편이다. 이에 대한 주된 이유는 많은 교수가 글쓰기 프로그램의 강화를 무한 경쟁의 세계화 시대 대학 내에서 영문학과를 가치화·도구화하는 방법으로 비판적으로 해석하기 때문이다. 소수의 글쓰기 전공자를 제외하고는 대부분 문화연구 전공인 대학원생들 또한 교수진과 글쓰기 프로그램에 대한 비판적 시각을 공유할 뿐만 아니라, 전반적으로 글쓰기 프로그램 자체에 관해 관심이 낮다.

물론 오늘날 많은 대학에서 일어나고 있는 영문학과 중심의 글쓰기 프로그램의 강화가 전적으로 세계화 시대의 시장논리를 반영한 교과목의 변화라고 주장하는 것은 논란의 여지가 있다. 많은 글쓰기 연구가 지적하듯이, 글쓰기는 학습자의 비판적 사고, 표현력, 학습 성취도에 모두 긍정적으로 작용한다. Miller와 Jackson(2007)은 영문학을 리터러시 연구로 볼 때 영문학이라는 학문의 보다 폭넓은 비전에 대해 우리가 말할 수 있게 될 것이라 주장하였다. 현실적으로 다수의 영문학 전공 학생들이 가장 유익하게 느끼는 부분이 문학이나 문화연구가 아니라 독해와 글쓰기 능력의 향상일 때 독해와 글쓰기에 중점을 맞추어서 영문학이라는 분과학문을 새롭게 생각할 필요가 있다는 주장이다. 직업과 관련된 교육을 받기를 희망하는 학생들에게 리터러시 교육에서 유리된 문학교육은 관심의 대상이 되기 어렵다는 주장인데, 개인적인 경험에 비추어 볼 때 한국의 경우도 크게 다르지 않아 보인다.

글쓰기와 같은 실용 교과목은 세계화 시대 대학에서 영문학과가 본업인 문학·문화연구를 하기 위해 제공하는 일종의 서비스로 여겨진다. 이런 관점에서 글쓰기 관련 교과목을 확대하자는 주장은 많은 문학 교수자에게 위협적으로 보인다. 그러나 리터러시라는 개념을 좁은 의미에서 생각하지 않고, Miller와 Jackson이 제시하는 것처럼 넓은 의미에서 문학교육뿐만 아니라, 언어학, ESL, 미디어 연구, 문화연구 등으로 확장해서 본다면 영문학과 내부의 (교수들의) 문학·문화연구와 (강사들 혹은 대학원생들의) 글쓰기 수업이 가지고 있는 분열적인 단절을 극복하고 영문학이라는 분과학문이 오늘날 새로운 형태의 변화를 모색하는 데 있어 한 방편이 될 수 있다.

그러나 여기서 지적하고 싶은 것은 이러한 변화가 앨버타대학교의 예에서 볼 수 있듯이, 영문학과 내부에서의 주체적이고 자발적인 변화라기보다는 대학 본부와 학생들의 수요를 반영하는 외재적 동기에 의해서 발생한 변화라는 점이다. Berube는 영문학이라는 분과학문 내에서는 문학연구에서 문화연구로의 이행이 이루어지고 있다고 생각하나, 영문학을 바라보는 외부의 관점에서는 문학연구에서 실용-기술 작문으로 영문학 교육의 방점이 이행되고 있다고 지적하였는데(Williams, 1999 재인용), 앨버타대학교 영문학과의 최근 변화는 이런 이중적 모습을 잘 보여 주는 예다. 여러 가지 정황 때문에 면밀히 검토하기는 힘들지만, 이와 비슷한 경험을 공유하고 있는 대학과 학과들이 한국에서도 적지 않을 거라 예상한다.

4. 한국 대학의 영어영문학과와 실용영어

한국 대학의 영어영문학과에서 문학교육이 직면하고 있는 문제들은 일견 북미 대학의 영문과의 문제들과 매우 유사해 보인다. 그러나 당연히 영어가 모국어가 아니라는 점에서 한국의 영어영문학과는 북미의 영문과와 큰 차이를 가지고 있는데, 그 차이가 가장 잘 드러나는 지점이 실용영어라고 불리는 교과목이다. 한국 대학에서의 영어관련학과의 교육목표는 일반적으로 영어학, 영문학,

그리고 실용영어에 집중되어 있다. 이 중 실용영어 교육에 더욱 집중해야 한다는 목소리가 높다. 이병민(2003)은 「우리나라 및 비영어권 대학 영어관련학과 학부 교과과정 비교 연구」에서 "미국이나 영국의 대학을 모델로 선정할 것이 아니라, 더욱 상대주의적인 관점을 가지고 우리의 교육목적에 따라서 교육과정의 내용과 방법을 결정할 필요가 있다."고 지적하면서, 사회적 요구에 맞춰 교과과정을 새롭게 고려할 필요가 있다고 주장하였다. 신경구(2001) 역시 사회적 요구에 맞춰 한국 대학의 영어관련학과에서 이론(문학과 어학 포함) 중심 교육의 비율을 낮추고, 응용언어, 실용영어와 문화교육의 비율을 높여야 한다고 비슷하게 주장한 바 있다. (216-217)

실용영어 중심으로 교과목을 변경해야 한다는 요구가 교과목을 결정하는 가장 영향력 있는 주체인 교육의 담당자들로부터만 제기되는 것은 아니다. 김우창(1996: 11)이 「한국의 영문학과 한국문화」에서 "간단하게 말하여 오늘날 영문학과에 오는 학생이 원하는 것은 영어 공부이지 영문학 공부가 아니다."라 지적한 것처럼(11), 영어영문학과를 지원하는 많은 학생 또한 영문학교육보다는 영어교육 혹은 습득에 더 많은 관심을 보인다. 즉, 학생으로 대변되는 사회의 수요에 따르면 문학이나 언어학 이론 교육은 축소되어야 하며, 문화교육은 북미의 그것과 달리 실용영어 습득을 보다 효율적으로 해 주는 보충적 역할로 한정된다. 그리고 이러한 주장들은 점차 현실화되어 가는 추세다.

세계화 시대 한국 대학에서 실용영어 중심으로의 영문학과의 재편성은 개탄의 대상이 되기도 한다. 김주연 한국문학 번역원장은 2011년 2월, 세계일보에 기고한 칼럼 '영문학과에 문학전공생이 없다?'에서 다음과 같이 말했다.

> 영문학, 프랑스 문학, 독문학, 스페인 문학, 그리고 최근 많은 학생이 몰리는 중문학,
> 일문학 등의 외국 문학과에는 학과의 이름에 어울리지 않게 문학을 전공하려는 학생이
> 거의 없다는 것이다. 그 가운데에서도 영문학 쪽의 경우 더욱 문제가 심각하다는 것이
> 해당 교수들의 한결같은 지적이며 우려다.

이 기사에서 김주연은 대학 내부에서는 실용 중심의 교과 체계로의 변화와 그에 따른 문학 수업의 감소를, 그리고 대학 외부인 사회에서는 문학적 불모성을 비판하였다. 박종성(2007: 52) 역시 비슷하게 실용영어 중심으로의 교과목의 변화 결과를 비판한 바 있다. 그는 "'작금 대학이 영어학원'으로 전락한 느낌이다. 영어 열풍이 대학의 교양교육과 전공교육의 부실화를 낳는다."고 말했다. 김재화는 2011년 『월간 문학』에 실린 「국제화 정보화 시대의 문학의 기능」에서 "영문학과의 경우 주로 실용성(실용영어) 위주의 교과목 편성으로 아예 변경하거나 조정을 권고하고 있기에 문학과목을 깊이 있게 다룰 기회가 점점 줄어들고 있다."고 지적한 후, 대학에서의 인문학교육의 위기를 말했다. 김재화는 이 글에서 구체적인 해결 방안을 제시하기도 하였다. 그가 제시하는 방안은 전통적인 문학 수업의 해체 혹은 확대다. 그는 "옥스퍼드대학교와 하버드대학교의 초기 영문학과가 교양을 중시하여 문학, 철학, 그리고 종교 과목을 함께 가르친 경우처럼, 또 근래 미국 영문학과에서는 종래 문학과 창작 과목으로 나뉘어 있던 것에 문화와 언어를 더 첨가한 것처럼, 우리도 인문학의 영역을 열어 놓을 필요가 있다."고 말했다. 이러한 방안은 앞서 기술한 Miller와 Jackson이 강조한 리터러시를 중심으로 영문학을 재발견하는 것과 거시적인 측면에서 유사하다 할 수 있다.

지금까지 기술한 바는 두 가지 주장으로 정리될 수 있다. 첫째는 현재 한국대학에서 영문학교육은 실용영어에 그 자리를 일정 부분 양보해야 한다는 주장이고, 둘째는 영문학교육의 영역과 목적을 재정립해서 새롭게 강화해야 한다는 주장이다. 한국에서 영문학교육의 실질적인 주체인 영어영문학과가 가지고 있는 사회적 책무, 그리고 영어영문학과 졸업생에게 기대되는 사회적 요구를 생각했을 때 일견 실용영어의 교육은 앞으로 더욱 강화되고 전통적인 문학교육은 쇠퇴할 것처럼 보인다. 그러나 이런 현실 속에서도 만약 문학교육을 계속해야 한다면 그 사회적 정당성은 어디에서 찾을 수 있을 것인가?

5. 세계화 시대 한국 대학에서 (인)문학교육의 사회적 정당성

한국 대학에서 영문학교육, 나아가 인문학교육은 어떤 의미와 가치를 가질 수 있는가? 김우창이 보기에 문학 공부를 기피하는 학생들의 입장은 한국에서 영문학이 가지고 있는 근본적 정체성의 문제와 결부되어 있다. 그에 따르면 영문학의 정체성 문제는 학생들만의 문제가 아니라 학문적 문제다.

> 근년에 영문학계에 자질과 훈련 면에서 뛰어난 학자가 부쩍 늘어났지만, 이들이 토의하고 쓰고 하는 학문의 내용의 의의는 극히 모호한 것이라고 할 수밖에 없다. 아무리 우원한 방식으로라도 사람 사는 일의 한 구석을 밝혀 주는 것이 학문이 하는 일이라고 한다면, 영문학의 많은 문제를 다루는 데 바쳐지는 자원과 정력과 시간과 재능은 무엇을 위한 것인지 전혀 알 수가 없는 일로 보이고, 결국은 개인적인 취미의 차원과 더러 일어나는 유출 효과(spillover effect) 이외의 관점에서는 이해하기 어려운 공허한 정열이라고 할 수밖에 없다(김우창, 1996: 11).

이런 맥락에서 김우창(1996: 11)은 "영문학과에서 하는 일로 정당화되는 일은 적어도 근본적 재조정이 없는 한 영어교육밖에 없다는 결론이 불가피하다."고 주장하였다.

한국에서 이루어지는 영문학연구와 교육이 가지고 있는 모호한 정체성은 기본적으로 대부분의 영어영문학과가 가지고 있는 기이한 공생적 전공구조에 상당 부분 기인한다. 기이한 공생적 전공구조란 무엇인가? 한국 대학의 영어관련 학과들은 크게 문학전공과 어학전공으로 구분된다. 문학전공에는 최근 문화전공이 새로 유입되거나 생겨나고 있고, 어학전공에는 영어교수법 전공이 새롭게 첨가되고 있다. 대학원 수준에서는 모두 엄격히 분리되어 작동하는 개별 분과학문이나 학부 수준에서는 이 모든 전공이 혼합된 형국이다. 사실 북미 대학의 영문학과에서 어학전공과 영어교수법 전공은 대단히 낯선 분야다. 북미 대학에서 이 분야는 영문학과에 속해 있지 않고, 언어학과나 교육학과에 속해 있다. 개별적으로 구별되어야 하는 여러 전공이 하나의 학과에서 공생하고 있는 것이고, 그렇기에 김우창(1996)은 영어영문학과의 모호한 정체성 극복을 위해 지금의 영어영문학과를 언어학, 실용영어(영어교육), 그리고 영문학으로 나누는 제도적 구조조정을 제시하였다. 김우창이 주장하였듯이, 영어영문학과에서 어학과 영어교수법이 확실히 분리되어 학생들의 기대와 혼선을 올바르게 정립하는 것이 영문학의 사회적 정당성을 확립하는 데 있어 첫걸음이 될 수 있다.

물론 이러한 제도적 개선이 세계화 시대 영문학교육의 시대적 정당성을 자동으로 보장해 주지는 않는다. 김우창(1996: 19)은 그의 글에서 영문학은 "한국인의 내면적 형성의 수단으로 받아들여졌다."고 주장하였다. 나아가 그는 "영문학의 보편성은 한편으로는 근대의 성립에서 영국이 차지한 특별한 위치, 그리고 동양에서 다분히 일본의 영향 아래서 또 미국에 대한 의존적 관계에서 우리가 선택적으로 부여한 특별한 위치에서 온다."고 지적하였다. 영문학의 보편성이라는 것은 기본적으로 근대라는 시간적 틀과 결부되어 있다. 김우창(1996)이 지적하였듯이, 한국인에게 영문학은 분명 '근대성의 한 통로'였고, 그렇기에 우리는 한국 사회에서 영문학이 우리에게 근대라는 세계를 열어 준 근대적 보편성을 담지하고 있었다고 말할 수 있다. 김우창(1996)은 한국 사회에서 영문학교육의 정당성을 근대적 보편성과 이를 주체적으로 수용하려는 노력에서 찾고 있다. 그에 따르면, 우리가 한편으로 영문학을 당연히 받아들이고 있는 까닭은 영문학을 통해 '우리는 근대적 자아로 태어나고자 한 것'이기 때문이다. 그의 논리를 따르자면, 한국에서 영문학은 조선인/한국인이 근대적 시민으로의 정체성을 확립하는 데 사회적으로 이바지했다. 그리고 이제 우리는 이 근대적 보편성의 한 형태인 영문학을 우리의 맥락에 주체적으로 반성하며 받아들이고 비판해야 한다. 그렇기에 영문학은 인문과학으로서 구미와 근대를 연구하고, 교양을 형성할 뿐만 아니라 한국 사회의 이해에도 이바지해야 한다는 것이 김우창의 주장이다.

한국 영문학의 학문적 정체성 혹은 주체성 논의는 오늘날 갑자기 불거진 문제가 아니다. 백낙청(1985: 156)은 『영문학연구에서의 주체성 문제』에서 다음과 같이 말했다. "대학에서 영문학을 강의한다고 하면 일단은 '영문학자'로 대접을 받는다. 그런데 이 나라에서 영국이나 미국의 문학을 연구하는 것이 하나의 '학문'으로 정립되어 있는지는 나로서 아직 풀지 못한 숙제의 하나다." 백낙청(1985: 165)이 생각하는 "한국의 영문학자는 오늘의 한국이라는 상황에서 학자라면 누구나 해야 할 말과 일을 영문학의 연구를 통해 가장 잘 말하고 일하는 사람인 셈이다." 앞서 언급한 김우창의 주장과 유사하게 그 또한 영문학연구가 가지고 있는 보편성과 실천적인 측면을 강조하였다.

6. 세계화 시대 (인)문학교육의 (불)가능성과 '데리다'의 「조건 없는 대학」

한국 대학에서 영문학교육이 해결해야 하는 숙제는 앞서 제기한 영문학연구와 교육의 정체성 문제만이 아니다. 세계화 시대 문학과 대학이 직면하고 있는 좀 더 근원적인 문제가 있다. 바로 근대적 의미의 문학과 대학의 종언이다. 문학의 종언을 바라보는 데에는 크게 두 가지 견해가 있을 수 있다. 문학의 죽음은 좁은 의미에서는 앞서 기술한 바와 같이, 북미의 영문학과 내에서 행해진 정전 파괴로 요약될 수 있다. 그러나 여기서 더욱 중요한 것은 탈국민 국가적인 경향을 보이는 세계화 시대의 문학 종언인데, 이때 문학은 정확하게는 유럽에서 발생한 근대 문학을 가리킨다.

Miller(2002)에 따르면, 오늘날 우리가 의미하는 문학은 빨라야 17세기 후반에 서유럽에서 나타나기 시작했다. 영어권에서 미적 형식이나 감정적 효과를 가지고 있는 글쓰기라는 의미에서의 문학(literature)은 빠르게 잡아도 Samuel Johnson의 1755년 사전 이후에나 나타났다. Miller는 서구의 근대 문학을 형성

할 수 있게 한 조건들로 출판물의 보급과 식자층의 확대를 제시했다. 여기서 중
요한 것은 이 식자층의 확대가 정치적으로는 자유, 인권과 같은 민주주의 의식
의 형성·확대와 함께한다는 점이다. Miller(2002)는 근대적 의미의 문학개념이
대학에 의해서 확립되었다고 주장하였다. 최초의 근대 대학이라고 할 수 있는
베를린 대학이 내걸었던 사회적 의무와 정당성은 진리-지식의 추구와 보존, 그
리고 국민 국가의 특질(ethos)에 적합한 시민교육이었다. 일견 이러한 목표는 지
금의 대학에서도 중요하게 여겨지는 듯하다. 그러나 오늘날 우리가 사는 세계화
시대에 신자유주의적 경제논리가 삶의 모든 영역에 침투해 있는 현실에서 근대
에 기원을 둔 문학과 대학은 모두 일종의 종언을 고하고 있다. 물론 많은 이들이
지적하듯이, 이러한 종언은 더는 우리가 알고 있는 문학이 불가능해졌다거나 생
산되지 않다거나 읽히지 않을 것이라는 것을 의미하지 않는다. 그리고 결코 대
학이 갑자기 사라질 것을 의미하지도 않는다.

차라리 이는 근대 문학을 가능하게 했던 조건들이 이제 더는 유효하지 않은
사회에 우리가 살고 있다는 것을 의미한다. Derrida는 근대 문학은 사적인 공간
과 공적인 공간, 집과 사회, 국가와 국가 외부와 같은 다양한 쌍들의 이분법적 세
계관에 기반을 둔다고 주장하였다(Peters, 2004: 50-51 재인용). 그러나 이러한 이분
법적 경계는 오늘날 급격하게 해체되어 가고 있다. 즉, 전통적인 문학의 토대가
해체되어 가고 있다. 근대 국민문학과 달리 현대 문학에서 더는 작가의 권위나
자아는 크게 중요한 문제가 되지 않는다. 더는 문학은 개별 국민국가단위를 기
반으로 생산되거나 소비되지 않는다. 오늘날 많은 국민문학은 더는 하나의 언어
로 생산되지도 않는다. 더불어 문학이 순환되고 소비되던 공적 공간은 영화, 텔
레비전, 그리고 인터넷과 같은 새로운 미디어에 의해 점령되었다. 근대에 출판
문화 공간은 시민이, 시민이 될 수 있도록 하는 유형적·무형적 기반이었다. 그
러나 오늘날 과거의 출판문화가 차지하고 있던 공적 공간은 사이버스페이스로
대표되는 디지털 문화와 영상문화에 의해 대체되었다. 주지하다시피, 현대인은
독서보다 압도적으로 많은 시간을 텔레비전과 인터넷 서핑에 소비한다. 그렇기

에 오늘날에는 차라리 영화-텔레비전-인터넷이 시민을 형성한다고 말할 수 있다. 세계화 시대 문학교육, 혹은 인문학의 쇠퇴는 단순히 사회의 수요 변화에 따른 것만이 아니다. 그 이면에는 이처럼 더는 본래의, 혹은 과거의 임무를 사회 속에서 수행할 수 없게 된 문학교육의 현실이 자리 잡고 있다.

더는 대학이 혹은 문학교육이 본래의 임무를 담당하고 있지 않을 때, 대학과 문학교육의 유용성을 질문하게 되는 것은 당연하다. 대학이 가지고 있던 진리-지식의 탐구와 보존의 역할, 수백 년의 지식 축적 노하우와 인프라는 구글의 검색엔진, 구글 북스, 위키피디아 등으로 대체되어 가고 있다. 정보화 시대에 탈국민 국가적 세계시민 형성이라는 거대한 근대 계몽의 이상 프로젝트는 UN과 같은 국제기구나 대학보다는 2013년 기준으로 12억 명에 달하는 회원을 가진 페이스북과 같은 기업에 의해 선도되고 있는 듯하다.

이상의 시각에서 바라볼 때, 세계화 시대 한국 대학에서의 (인)문학교육의 위기는 흔히 지적하듯이, 신자유주의에 포섭되어 대학이 기업화되는 문제나 대학이 국가제도에 포섭되어 통제되는 연구기관이 되는 문제를 넘어선다. 정보화 시대에 다른 분과학문보다 개인과 사회의 가시적 성장, 자본의 이윤창출과 국가경쟁력 향상에 도움이 되지 않기 때문에 문학이 사회적으로 소외되었다고 말하는 것은 피상적이고 불충분하다. 차라리 우리는 대학에서 문학교육은 근본적으로 그 자신이 가지고 있던 고유한 사회적 역할과 책무를 상실했다고 말해야 할 것이다. 그렇다면 문학교육은 이 잃어버린 역할과 책무를 회복하기 위해 다시 과거로 돌아가야 할 것인가, 아니면 새로운 시대로, 미래를 향한 새로운 역할과 책무를 만들어 나가야 할 것인가?

문학교육이 직면하고 있는 이러한 문제에 대해 Derrida의 「조건 없는 대학」은 일종의 길잡이를 제공해 줄 수 있다. 이 글에서 그는 매우 조심스럽게 유토피아적 대학을 제시, 혹은 더욱 정확하게 유토피아적 대학에 관해서 토론해 볼 것을 제안한다.[8] Derrida(2002)는 현재 민주주의적 정체를 가지고 있는 대부분의 나라에 널리 퍼진 근대 대학은 무조건적이어야 한다고 주장하였다. 여기서 무조건적이라는 것은 대학이 원칙적으로 가져야 하는 절대적 자유, 진리에 대한 연구, 지식, 사유에 대해 마치 소설처럼 모든 것을 질문하고, 주장하고, 말할 수 있는 권리를 의미한다.

　Derrida에게 대학이 누려야 하는 무조건적인 자유는 근대 민주주의 발달의 근본적 요소인 공적 영역에서의 표현의 자유, 언론의 자유, 발화의 자유를 새롭게 하고 이어 나가려는 기획이다. 우리는 여기서 Derrida에게 문학, 민주주의, 그리고 대학이 단단히 결합하여 있음을 볼 수 있다. Derrida에 따르면, 문학이야말로 무엇이든지 주장하고, 질문하고, 말하고, 그러면서도 말한 바를 결코 책임지지 않아도 되는 자유를 사회적 관습 그리고 사법적 제도에 대항하여 항상 수행하고 실천해 왔기 때문이다. 그렇기에 문학이 가능하게 하는 것, 문학이 수행적으로 실천하고 있는 자유야말로, Derrida가 보기엔 대학이 누려야 하는 자유다. 과거 근대 대학에서 문학이 국민국가 내에서 민주주의 의식의 형성과 확대에 이바지하였듯이, 오늘날의 세계화 시대 대학 혹은 Derrida의 『조건 없는 대학』에서 문학은 세계화의 시대에 다시금 민주주의의 역사와 조건, 인권, 반인륜적 범죄, 그리고 주권과 같은 민주주의의 주요개념을 다루어야 한다.

　세계화 시대 영문학 혹은 영문학교육이 마주하고 있는 문화연구로의 이행, 실용영어의 강화와 같은 다양한 요구들은 근대 대학과 문학이 가지고 있던 사회적 기능의 상실이라는 구조적 문제에 대한 증상이다. 이러한 현실에서 Derrida의 「조건 없는 대학」은 인문학과 그리고 문학교육의 잃어버린 사회적 유용성을 다시 찾고자 하는 일종의 (불)가능한 시도다. Derrida는 주권 정치를 넘어서는 도래할 민주주의, 국민국가를 넘어선 새로운 형태의 정치−경제체제를 꿈꾸는 해체적 사유의 공간으로서 대학을 제시하였다. 문학의 자유와 도래할 민주주의를 결합하는 조건 없는 대학에서 문학은 그리고 문학교육은 다시금 더없이 중요해 보

---

8) Derrida는 1983년 다른 동료들과 함께 재정적으로는 정부의 지원을 받지만, 독립 운영을 하는 국제철학콜레쥬(College International de la Philosophie)를 설립하기도 했다.

인다. 그러나 그 문학교육은 우리가 알고 있는 대학에서의 문학교육과는 분명
다른 모습을 가질 것이다. 과연 우리는 어떠한 문학교육을, Derrida가 말하는 문
학의 정신처럼 모든 것을 자유롭게 말할 가능성의 장에서 사유할 수 있는가?

7. 불온한 상상력과 실천의 문제

세계화 시대 대학에서 인문학교육의 가능성을 탐색하기 위해서 우리는 대학
이라는 특수한 기관 혹은 제도 안에서 새로운 비전을 찾아야 한다. 우리는 대학
을 규제하는 신자유주의적 경영모델에 저항하며, (그러나 때론 절충하며) 새로운
비전을 찾아야 할 것이다. 과연 오늘날 우리는 인문학교육의 새로운 가능성에
대한 어떤 사유를 하고 있는가? 송승철(2013: 172)은 「인문대를 해체하라!」에서
인문학 위기를 구원하는 방안으로 역설적이게도 인문대 해체를 제시하였다. 그
는 이 논문에서 "전공의 벽에 갇힌 인문학을 '교양인문학'으로 바꾸는 방안을
검토해야 한다"며, "아예 인문대학을 해체하고, 인문대 교수들이 교양교육원으
로 소속을 옮기고 더 나아가서 적극적으로 교양교육원을 접수하자"고 제안하였
다. 전공인문학에서 교양인문학으로 자신을 새롭게 하고, 이를 통해 각 분과 인
문학이 고도의 전문화로 인해 상실한 인문학 고유의 현장성, 혹은 동시대성을
회복해야 한다는 것이 요지다. 구체적인 예로 '근대화 과정' '동북아시아의 정
치 상황' '미래, 지구 환경적 위기'와 같은 시의적이며 간학문적인 교과목들이
필수교과로 자리 잡는 새로운 교양교육과정 모델을 주창하였다. 송승철은 「인문
대를 해체하라!」에서 영문학교육의 문제를 중점적으로 다루고 있지 않다. 하지
만 우리는 인문학교육의 위기 개선을 위한 그의 논리를 영문학교육의 위기 극복
을 위해서도 적용할 수 있을 것이다. 즉, 영문학교육의 위기를 구원하기 위해 우
리는 영어영문학과를 해체해야 한다는 주장도 가능하리라. 그리고 이를 통해 오
늘날의 시의성을 담은 한국적 영문학과 영문학교육, 그들의 것이 아니라 우리의

것, 그리고 단순히 우리의 것을 넘어 세계적 보편성을 획득하는 글로컬 영문학 교육을 상상할 수도 있을 것이다. 물론 송승철이 제시하는 전공이라는 분과학문의 해체는 인문학 교육과 관련된 위험한, 혹은 불온한 상상력이기도 하다. 다분히 대학본부의 신자유주의적 경제논리에 의해 악용될 위험의 여지가 큰 제안이다. 그러나 이러한 종류의 파괴적 상상력은 오늘날 세계화 시대 한국 대학에서의 다양한 인문학교육이 가질 수 있는 (불)가능성에 대한 한 극단의 논쟁적인 예로써 그 시사점이 크다고 할 수 있다.

어쩌면 우리는 오늘날의 세계화 시대에 발맞추어 이미 우리가 알고 있던 과거의 인문학교육을 해체하고 새롭게 구축할 충분한 상상력과 가능성을 가졌는지도 모른다. 만약 이것이 사실이라면 우리에게 중요한 것은 이제 상상력이 아니라 어떻게 이를 실현하는가가 될 것이다.

참고문헌

김동익(2009). 대학교수 그 허상과 실상. 경기: 나남.

김우창(1996). 한국의 영문학과 한국문화. 안과밖. 1, 10-41.

김재화(2011. 3.). 국제화 정보화시대의 문학의 기능. 월간문학.

김주연(2011. 2.). 영문학과에 문학전공생이 없다?. 세계일보.

박종성(2007). 한국에서 영어의 수용과 전개. 영어, 내 마음의 식민지의. 윤지관 편, 45-66. 서울: 당대.

백낙청(1985). 영문학연구에서의 주체성 문제, 민족문학과 세계문학. Vol. 2, 156-166, 서울: 창작과 비평사.

송승철(2013). 인문대를 해체하라. 안과밖, 34, 148-176.

신경구(2001). 국가 경제의 효율을 높이고 사회정의의 실현을 위한 영어교육제도의 개혁, 영어교육. 52(2), 193-218.

이병민(2003). 우리나라 및 비영어권 대학 영어관련학과 학부 교과과정 비교 연구. 영어

교육, 58(2), 1-33.

Abrams, M. H. (1997). American Academic Culture in Transformation: Fifty Years, Four Disciplines. *Daedalus, 126*(1), 105-131.

Bartholomae, D. (2004). Composition, 1900-2000. *Writing on the Margins*, 343-348. Boston and New York: Bedford & St. Martin's.

Brantlinger, P. (1999). Who killed shakespeare? An apologia for English departments. *College English, 61*(6), 681-690.

Derrida, J. (2002). The university without condition. *Without Alibi*. Trans. Peggy Kamuf. 202-237. Stanford: Stanford UP.

Kirp, D. L. (2004). Shakespeare, Einstein, and the Bottom Line The Marketing of Higher Education, MA: Harvard University Press, 전제아 역(2007). 대학 혁신 마케팅으로 승부하라. 서울: 한국방송통신대학교출판부.

Miller, J. (2002). *On literature*. New York: Routledge.

Miller, T., & Jackson, B. (2007). What are English majors for? *CCC, 58*(4), 682-708.

Peters, M. (2004). The university and the new humanities: Professing with Derrida. *Arts and humanities in higher education, 3*(1), 41-57.

Scholes, R. (1999). *The rise and fall of English*. New Haven: Yale University Press.

Williams, J. (1999). Brave new university. *College English, 61*(6), 742-51.

찾아보기

저자 소개

허 숙(Hur, Sook)
서울대학교 대학원 교육학과 석사
캐나다 앨버타대학교 대학원 철학박사(교육학)
경인교육대학교 교수/총장
(현) 경인교육대학교 명예교수

이승렬(Lee, Seungryul)
서울대학교 대학원 외국어교육과(영어전공) 석사
고려대학교 대학원 문학박사(영어학)
캐나다 앨버타대학교 대학원 철학박사(교육학)
(현) 한국항공대학교 교수/한국캐나다학회 회장

고대혁(Ko, Daehyeok)
한국학중앙연구원 한국학대학원 석사
한양대학교 대학원 교육학박사(윤리교육)
캐나다 앨버타대학교 방문교수
(현) 경인교육대학교 교수

김미정(Kim, Mijung)
캐나다 앨버타대학교 대학원 석사
캐나다 앨버타대학교 대학원 철학박사(과학교육)
(현) 캐나다 앨버타대학교 사범대학 교수

이근호(Lee, Keunho)
충북대학교 대학원 교육학과 석사
캐나다 앨버타대학교 대학원 철학박사(교육과정)
(현) 한국교육과정평가원 교육과정교과서본부 연구위원

오만석(Oh, Mahnseug)

서울대학교 대학원 교육학과 석사

캐나다 앨버타대학교 대학원 철학박사(교육학)

한국학중앙연구원 한국학대학원 교수/부원장

(현) 한국학중앙연구원 한국학대학원 명예교수

홍영숙(Hong, Youngsuk)

미국 뉴욕주립대학교 대학원 TESOL 석사

캐나다 앨버타대학교 대학원 철학박사(교사교육)

(현) 중원대학교 교수

박세원(Park, Seowoen)

미국 센트럴미주리대학교 대학원 석사

캐나다 앨버타대학교 대학원 철학박사(초등교육)

(현) 대구교육대학교 교수/인간실천지연구소 소장

김대군(Kim, Daegun)

서울대학교 대학원 윤리교육과 석사

서울대학교 대학원 교육학박사(윤리교육)

캐나다 앨버타대학교 방문교수

(현) 경상대학교 교수

김영훈(Kim, Younghoon)

캐나다 앨버타대학교 대학원 석사

캐나다 앨버타대학교 대학원 철학박사(영문학)

(현) 서강대학교 대우교수

교사의 재발견
교육과정 주체로서의 참모습
Rediscovering Teachers: Teachers as a Principal Agent
for Developing and Implementing a Curriculum

2016년 5월 10일 1판 1쇄 인쇄
2016년 5월 20일 1판 1쇄 발행

지은이 • 허 숙 · 이승렬 · 고대혁 · 김미정 · 이근호
　　　　오만석 · 홍영숙 · 박세원 · 김대군 · 김영훈
펴낸이 • 김진환
펴낸곳 • (주) **학지사**
　　　　04031 서울특별시 마포구 양화로 15길 20 마인드월드빌딩
대표전화 • 02-330-5114　　팩스 • 02-324-2345
등록번호 • 제313-2006-000265호

홈페이지 • http://www.hakjisa.co.kr
페이스북 • https://www.facebook.com/hakjisa

ISBN 978-89-997-0895-4 93370
정가 17,000원

이 도서의 국립중앙도서관 출판시도서목록(CIP)은 서지정보유통지원
시스템 홈페이지(http://seoji.nl.go.kr)와 국가자료공동목록시스템
(http://www.nl.go.kr/kolisnet)에서 이용하실 수 있습니다.
(CIP 제어번호: CIP2016003194)

교육문화출판미디어그룹 **학지사**

심리검사연구소 **인싸이트** www.inpsyt.co.kr
원격교육연수원 **카운피아** www.counpia.com
학술논문서비스 **뉴논문** www.newnonmun.com